厦门社科丛书

鹭岛人家

中共厦门市委宣传部
厦门市社会科学界联合会　编

厦门大学出版社　国家一级出版社　全国百佳图书出版单位

图书在版编目（CIP）数据

鹭岛人家 / 中共厦门市委宣传部，厦门市社会科学
界联合会编. -- 厦门：厦门大学出版社，2023.8
（厦门社科丛书）
ISBN 978-7-5615-9107-9

Ⅰ．①鹭… Ⅱ．①中… ②厦… Ⅲ．①厦门-地方史
-史料 Ⅳ．①K295.73

中国版本图书馆CIP数据核字(2023)第167345号

出 版 人　郑文礼
责任编辑　章木良
封面设计　蒋卓群
美术编辑　张雨秋
技术编辑　朱　楷

出版发行　厦门大学出版社
社　　址　厦门市软件园二期望海路 39 号
邮政编码　361008
总　　机　0592-2181111　0592-2181406(传真)
营销中心　0592-2184458　0592-2181365
网　　址　http://www.xmupress.com
邮　　箱　xmup@xmupress.com
印　　刷　厦门集大印刷有限公司

开本　720 mm×1 000 mm　1/16
印张　17.25
插页　2
字数　260 千字
版次　2023 年 8 月第 1 版
印次　2023 年 8 月第 1 次印刷
定价　78.00 元

本书如有印装质量问题请直接寄承印厂调换

厦门大学出版社
微信二维码

厦门大学出版社
微博二维码

目　　录

鹭岛人家

新中国的奠基石

——革命烈士刘惜芬的故事

口述人：刘锡杭

采访人：罗　布

采访时间：2022 年 9 月

采访地点：厦门市社科联"社科之家"

【口述人简介】

刘锡杭，1957 年出生于厦门市思明区霞溪路顶井巷 23 号原刘惜芬住宅。20 世纪 80 年代初跟随二伯——厦门著名中医师刘永言练习气功、学习中医，并在思明区中华卫生院从事临床工作。1985 年到福建中医药大学进修。1985—1987 年在厦门市思明区康复医院气功科工作。1987 年后到菲律宾行医至今。业余收集、研究刘惜芬烈士等革命先辈的故事。

我们刘氏家族是个大家族，以前都住在厦门市霞溪路顶井巷的 10 号和 23 号，这是两座相对的大宅院。整个宅院大约有几十间房子，能住百十人。

据祖上传说，我们刘氏来到厦门的过程是这样的：刘氏祖籍河南，在清康熙年间，我们刘氏一位先人从军多年，积功升职，后被朝廷派到厦门岛上做总兵，负责厦门海疆防务。从这位刘总兵到我爷爷刘铁庵，已经传了十三代了。

刘氏家族以前有个名号叫刘太兰家族。刘太兰是十六世祖江汉公的名号。到清末，共有兄弟六大家住在这两座相对的大宅院里，家族由太老夫人曾氏管理。后由于家族人口增加，两座宅院已不足居住。到民国二十四年（1935）时，曾老夫人年迈，兄弟六人分家析产，就有部分家族成员到外居住了。

刘氏家族早年主要合伙经营店名为和丰、海丰、江丰的中药行，以贩售洋参为主，在厦门乃至闽南一带，都还比较有名。后来由于受到外来廉价洋参的冲击，生意渐渐惨淡，虽然家族成员还住在一起，但各房都得自谋生路，自食其力。

我想说一说我们刘氏族人中一位革命烈士的故事，就是刘惜芬。

在介绍刘惜芬之前，先把我爷爷刘铁庵简单地介绍一下，因为他在近代厦门历史上也是饶有名气的。他本名刘义尊，号铁庵。早年毕业于厦门名医吴瑞甫主持的厦门国医专门学校，后到菲律宾谋生，以中医为职业，是菲律宾有名的医生。但他更为世人所知的还是他的书法。他擅长金石篆刻，也能文善诗，在东南亚一带很有名气。20世纪80年代初期，文化部本来计划给他举办书法展览，他还为此专门归国进行准备。但因他不久后去世了，展览就没办成。

吴瑞甫为刘铁庵颁发的厦门国医专门学校毕业证

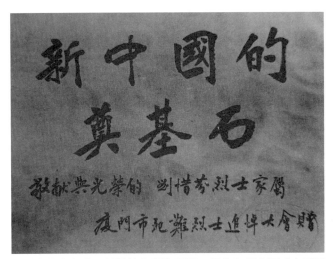

追悼大会赠予刘惜芬家属的题词，据传由新中国成立后厦门市第一任市长梁灵光题写

注：1949 年 12 月 19 日，厦门市各界隆重召开为厦门解放而牺牲的死难烈士追悼大会。

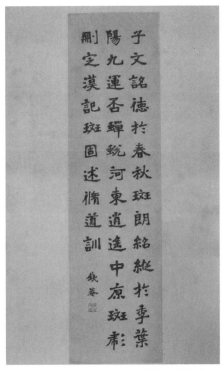

刘铁庵书法作品

刘惜芬为新中国的建立和厦门的解放做出巨大贡献。刘惜芬是刘氏六兄弟中三房的后人，我爷爷刘铁庵是长房这一系的。他们是同辈，刘惜芬是我爷爷的妹妹，所以我应该叫刘惜芬姑婆。

刘惜芬是牺牲于厦门解放前夜的共产党员。在她身上，真正体现了共产党员那种英勇无畏、敢于牺牲的品格。关于她的故事，现在人们虽然经常提起，但大多讲得也不是很清楚，甚至有的地方以讹传讹，有的地方张冠李戴，我觉得很有必要如实地介绍给大家。

刘惜芬的这些事，有的是我从叔叔刘永言等人，就是过去受她教导、跟着她做些地下交通工作的那几个前辈那里听来的；有的是从几位与姑婆战斗在一起的革命老前辈，比如郭秀治那里听来的。我年轻的时候，专门访问过这些革命的老前辈。我还专门去查阅了一些史料，基本上了解得还是比较清楚的。

刘惜芬刚参加党的地下工作

一、刘惜芬的幼年

刘惜芬是 1924 年农历七月二十九日出生在顶井巷 10 号刘氏大院的。母亲叫王梅，是一个陪嫁的丫头。由于这种出身，王梅在封建大家庭中受尽欺辱，几次想自杀，因为顾惜到刘惜芬年幼，所以就隐忍了下来。但到刘惜芬快两岁生日时——这时刘惜芬已经断奶，就是1926年农历七月十三日，王梅就在这天晚上深夜吞下大量鸦片膏自杀了。由于出身低微，她第二天就被抬出去埋葬了。有一个说法是，过了几年，因为要给王梅捡骨头（一种二次葬风俗），开棺后发现王梅遗骸是脸朝下的，人们就说她当时并没有死，应该只是昏迷了，是在棺材中醒了过来翻的身。可见当时后事处理得匆忙，也说明当时封建大家庭是不把下人当人看的。刘惜芬后来之所以走上革命的道路，母亲的惨死是一个很大的原因。她痛恨这吃人的旧世界，要打倒万恶的旧社会。

刘惜芬没有了母亲，一开始是由好心的姨母抱去抚养。1930年时，她到了上学的年纪，但在旧社会这样的大家庭，母亲又出身低微，一开始家里并没有安排她去上学。还是大妈，就是她父亲的正妻，看不下去了，变卖自己的嫁妆首饰让她和一个姐姐去上了学。

刘惜芬（前排左二）儿时与大妈等亲人合影

刘惜芬（左一）儿时与兄姐合影

她一开始在雅化小学读书，读了半年就转入群惠小学了，在那一直读到小学毕业。在小学的时候，由于聪明，读书又用功，她还跳过一级。当时学校为了鼓励学生用功学习，经常给成绩优异的学生发放一种奖券，可到学校的小卖部里去换铅笔、橡皮擦等学习用品。刘惜芬因为成绩好就经常领到奖券。1936年，她考上了初中。但这个时候家族生意艰难，就让她和姐姐辍学回家了。在家里的这一段时间，为了补贴家用，刘惜芬还和姐姐学会了织毛衣，出售给别人赚取生活费用。

群惠小学十一班全体同学到中岩（今厦门万石植物园内）远足时留影（前排左六为刘惜芬）

刘惜芬小学结业证书上的照片

注：1935年刘惜芬毕业于厦门群惠小学。

二、到博爱医院当护士

当时社会上西医兴起不久，我们家族的长房由于一直是做中医的，对这一行也有所了解。1938年底，正好日本人办的博爱医院招护士，刘惜芬就考上了。到医院后，她一直在外科和药房等处当见习护士。见习生是什么累活脏活都要做的，还要忍受日本护士长的打骂。当时有个叫五十方的日本护士长，对人非常凶残，经常打见习生。有的见习生绷带卷得松一些不行，紧一些也不行，她一看到就打他们嘴巴。

刘惜芬勤劳肯干又聪明伶俐，就有好心肠的医生悄悄地教她一些临床护理和急救等方面的医疗常识。有个台湾岛来的内科郭医生，还有一个姓黄的药剂师，就经常教她一些配药、护理方面的知识。后来，由于她护理水平比较高，就把她调去医院的护理部，这个是水平比较高的护士才能调进去的，因为护理的病人大多是日本人或者中国的有钱人，一般人是住不进去护理部的。而门诊每天都要接触普通的穷苦老百姓，比如码头上的工人、沿街叫卖的小贩、大户人家的雇工等。但刘惜芬却主动要求去门诊，大家都说她傻。刘惜芬的一个好朋友黄淑珍也来问她："你干净清爽、不脏不臭的活不做，为什么偏要整天和那些臭头烂脚的患者打交道？"刘惜芬回答说："淑珍姐啊，你有所不知。什么干净清爽，在高级病房伺候的是那些日本人、有钱人太太，他们整天对我们呼呼喝喝，一不小心就得挨骂受辱。在那些人眼里，我们连婢女都不如。我是不怕重活脏活的，只要能有机会学到一些医疗知识，用这些知识来帮助我们中国的穷苦人，我苦一些脏一些有什么要紧？你看那些穷苦人，对我们护士有多么尊重，只要我们用心一点给他们诊治，他们都是真心感激我们，这才是我们应该做的呀。"刘惜芬虽然出身大家族，但从小到大也经历了不少苦难，可以说对底层的劳动人民有天然的感情，所以她服务这些穷苦病人是实心实意的，这些穷苦人也对她有感情。

少年时代的刘惜芬

青年时的刘惜芬

刘惜芬是很有民族情感的人，胆子也大。医院有一个姓黄的化验员，是从台湾岛来的，平日对日本人、有钱人点头哈腰、逢迎拍马，但对贫苦病人不是刁难就是臭骂。有一次刘惜芬实在看不下去，就对他说："黄先生，不可以这样骂人的呀。他们生病已经很可怜了，你要帮助他们。"

　　那时日本人看不起中国人，她却敢于和日本人做斗争。有一次一个日本病人对刘惜芬说"中国病人真臭"，刘惜芬马上就顶回去说"日本人更臭"。她还对那个日本人说："你可以爱你的日本，我却爱我的中国！"同事们都为她捏一把冷汗，她却不怕。而且，医院的日本护士都有假期，中国护士却没有。刘惜芬就和大家一起去抗议，院方这才给了中国护士一样的假期。

参加工作后的刘惜芬

　　1938年，日本侵占了厦门，我国军民奋起反抗。1941年夏季的一天，我抗日志士用自造的手榴弹炸死了好几个日本士兵和汉奸，其中有两位志士不幸受伤被捕。日军想从他们口中逼问出情报，就把他们送到博爱医院来医治，但不许中国医生和中国护士同他们接触。刘惜芬懂日语，从医院日本人用日语交谈的过程中探得情况。为了帮助抗日志士，她就利用值班的机会，等日本人离开抗日志士病房后，从另外一侧的一个空房间穿过外面的阳台，然后从窗户爬到抗日志士的病房，对他们说："我是中国人，不是坏人，我来帮助你们。"问他们有什么需要。他们喊伤口痛、口干，刘惜芬就马上给他们上好药，拿水给他们喝。当外面传来脚步声时，她急中生智，躲进门边一条黑布帘里。来检查的日本兵用手电四处照，幸好没发现她。之后，刘惜芬从原路脱险出来。

1939年刘惜芬（前排左三）在博爱医院当护士时留影

　　关于这件事，我听朱家麟先生讲过更详细的事实经过，与我上面讲的有些出入。他说黄猷先生以前介绍过，在厦门刺杀日本人这件事是国民党军统发动的。军统侦知《全闽新日报》社社长兼所谓"兴亚院"院长泽重信是日军华南情报部部长、日本在厦各方的最高负责人，于是决定除掉他。1941年初，军统闽南站奉令实施暗杀。闽南站决定这项任务由行动队队长张静山负责实施，张静山把任务布置给汪鲲和苏群英二人执行。

　　苏群英当时潜伏在台湾浪人林仔滚所开的蝴蝶舞厅，舞厅开在厦门思明南路。他探听到泽重信每日都要到舞厅跳舞，舞罢必到高亭西餐馆进餐。1941年七八月间，汪鲲潜入厦门，在厦门海岸街一个单身老乡的家里潜伏下来。苏群英得知泽重信 10 月 26 日要在蝴蝶舞厅请客，立即通知汪鲲等分两组在当天上午到舞厅附近跟踪蹲守。泽重信宴罢离开舞厅，《华南日报》社社长、汉奸林谷随行，汪鲲等尾随二人至大中路与中山路交界的喜乐咖啡店门口，埋伏在街上的一组先开枪，没击中泽重信，反被他的护卫击伤。尾随在背后骑楼下的汪鲲立即开枪射中泽重信，使他当场毙命。

得手后，汪鲲立即由思明西路转入山仔顶，经小路回到海岸街住处。一个月后闽南站寄来救生圈，汪鲲由筼筜港渡海游到嵩屿转入漳州。苏群英见汪鲲得手，即悄悄溜回蝴蝶舞厅，不动声色地照常工作。过了月余，苏群英才乘帆船回惠安老家，再绕道至漳州报到。

受伤的军统特工被送到鼓浪屿博爱医院抢救，军统亟须知道此人死活，但找不到合适人选去打听。黄猷当时十三四岁，和一个小伙伴被派去打听。他们在医院乱转，看到认识的刘惜芬，就去搭话。刘惜芬有点猜中他们的来意，说："小鬼头，问这干什么，那个人已经走了。""走了"在闽南话里有死掉的意思。黄猷回来就把打听到的消息报告给军统。

刘惜芬也是一个有理想的人。她的好朋友黄淑珍和一个叫周必福的小伙子结婚，请刘惜芬在他们的结婚纪念册上题字留念，刘惜芬写下："记着吧！不要忘了青年的使命！"

1942 年时刘惜芬出席婚礼当女傧相

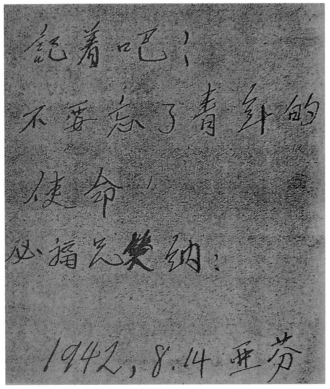

1942 年 8 月，周必福与刘惜芬好友黄淑珍结婚，刘惜芬在结婚纪念册上题字

三、加入中国共产党

　　1945 年抗战胜利后，刘惜芬看不惯来接收医院的国民党腐败黑暗，就离开了博爱医院，到一家私人诊所当护士。不久后，她就辞职回家，开了一个小小的私人诊所。因为她这个地方只能放下一张床和一个放医疗用品的柜子，条件比较简陋，前来就诊的人也不多。但刘惜芬对所有来看病的人都精心照料，用所学到的知识来为群众服务。有的贫苦人看病没钱，她就不收医药费。有的人家三更半夜小孩发烧，她照样起来上门看诊。

　　我下面讲的这一部分内容，很多是从郭秀治那里听来的。

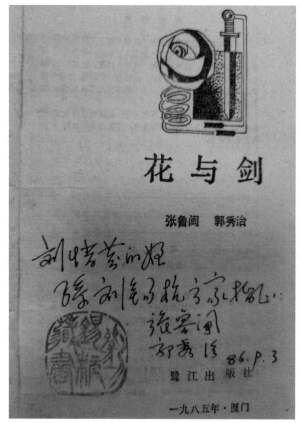

刘惜芬当年战友郭秀治将她宣传刘惜芬事迹的《花
与剑》一书题赠口述者刘锡杭

　　1948 年 3 月，在厦门的党的地下组织成立了工委妇女支部，支部书记是
郑秀宝，胡惠敏和郭秀治是这个支部的党员。当时支部提出两项任务：一是
开展宣传活动，唤醒群众，扩大党的影响；二是发展党的组织，吸收一些有
志革命的优秀青年加入。支部还要求党员深入群众，广交朋友，从认识的人
中发现、培养有理想、有志气和敢斗争的青年，将他们发展成为党的政治群
众。当时要求一名党员争取发展三名政治群众，胡惠敏和刘惜芬有亲戚关系，
就住在惜芬家对门，是看着惜芬长大的，平时对惜芬也有很深的了解，就提
出争取把刘惜芬发展成政治群众的想法。

　　支部书记郑秀宝听了胡惠敏的介绍后，就提出要对刘惜芬进行考察，并

要对她进行政治教育。胡惠敏就有意把一些革命书本，如《一个女人翻身的故事》《李家庄的变迁》《洋铁桶的故事》等给刘惜芬看。刘惜芬看了这些书后，对胡惠敏说了她的感想，进一步增强了她为人民解放事业献身的革命意志。胡惠敏后来又陆续拿了《中国革命与中国共产党》《新民主主义论》《目前形势和我们的任务》《向群众学习》等革命书给刘惜芬看。这些书对她的思想成长起到了决定性作用。

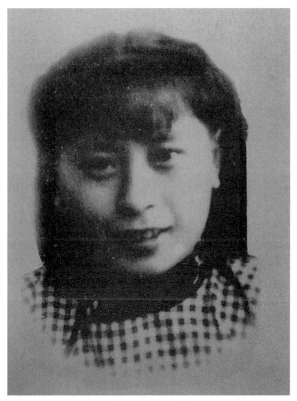

郑秀宝任闽中厦门工委书记时留影

注：1948 年初秋至 1949 年 5 月，郑秀宝任闽中厦门工委书记。此前，刘惜芬已由郑秀宝和胡惠敏介绍加入中国共产党，刘惜芬由郑秀宝单线领导。

当时郑秀宝也隐蔽在胡惠敏家做地下工作。因为刘惜芬经常来胡家串门聊天，郑秀宝也经常和她谈心。她们谈妇女解放斗争，谈青年人的历史使命和革命的道理。通过谈话，党组织了解到刘惜芬确实是一个要求进步、敢于奋斗的青年，同时她因从事医疗工作，交际广，为人热情，熟人很多，各方面的关系都能接触到。当时人民解放战争进展迅速，党组织还特别了解到刘惜芬在私人诊所当护士时认识了国民党厦门要塞司令部的一些官员，可以很好地为党工作。

另外，刘惜芬也已察觉到郑秀宝是为党做地下工作的。有一天晚上，她听到外面有人交谈，说"顶井巷23号（胡惠敏家）住了一个'土匪婆'"。她马上把这个消息通知给郑秀宝，郑秀宝当晚就转移出胡家。

刘惜芬（前）与胞姊刘惜贤

1948年初秋到1949年5月，郑秀宝任中共厦门第四届工委书记，工委机关设在妙法林（今励志里1号）。刘惜芬就经常到妙法林找郑秀宝，后来就由郑秀宝单线联系领导她，给她下达任务布置工作，刘惜芬也直接向郑秀宝汇报。从这时开始,刘惜芬的生活翻开新的一页。党组织为了培养她,于1949年3月在禾山五通前头社的林水枞家举办了一个学习班,安排刘惜芬进班学习,同时参加学习的还有胡惠敏、林圣雪等人。

闽中厦门工委的秘密机关所在地旧址——妙法林(今励志里1号)

刘惜芬思想认识提高后,决心献身革命事业,对郑秀宝提出了加入中国共产党的要求。郑秀宝严肃地对她说:"参加共产党这条路是光荣的,但也充满了严峻的斗争,随时都有被捕、坐牢、流血、牺牲的可能,你能经得起这样的考验吗?"刘惜芬坚定地说:"我经得起!"

1949年5月,由郑秀宝、胡惠敏介绍,刘惜芬加入了中国共产党。她噙着眼泪在党旗下庄严宣誓,从此,刘惜芬把自己炽热的青春和生命投入革命的大洪流中去。

四、带领青年战斗在暗夜里

我有个亲叔叔叫刘永言,他的父亲就是刘铁庵,他叫刘惜芬姑姑。虽然刘惜芬是他姑姑,但只比他大7岁,所以他们从小也是在一起长大的。他从青年时起，就在刘惜芬的教育感召下参加了革命工作，为人民的解放事业做出了贡献。我十六七岁起就在我这位叔叔身边学习中医，前后受到他教诲十几年。在那些日子里，他经常和我讲跟刘惜芬在一起干革命工作的故事，让我至今难忘。

听我叔叔讲，刘惜芬平时对老人小孩都有礼数，嘴甜脚勤，所以人缘很好。她人又长得好看，打扮也时髦，很受青年人的喜欢。所以，在她身边也经常汇聚了一群青年人。刘惜芬参加革命后，就通过谈心、读书交流等方式，引导我叔叔刘永言等青年人走上了革命的道路。这些青年人有十几个，他们对刘惜芬很尊重敬爱，都叫她"姑姑"。

刘惜芬烈士生前所住房间（今顶井巷 10 号）

在顶井巷 23 号的刘氏大厝里，当时住的有刘惜芬的入党介绍人之一胡惠敏的一家。因为胡惠敏的母亲刘却是刘家的女儿，刘惜芬叫她姑姑，所以刘惜芬与胡惠敏是表姐妹的关系。

胡惠敏有个侄儿叫胡庆文，与我叔叔刘永言差不多大，他们两个正好住楼上楼下，是经常在一起玩的好朋友。当时闽中厦门工委书记郑秀宝化名王先，也住在胡家。受这些党员的影响，刘永言、胡庆文都对国民党的反动统治深恶痛绝。

我叔叔回忆说，刘惜芬那时候对他说的一些道理，他一开始也是不太明白的。比如有一次，刘惜芬晚上到他书房来，在窗口看着黑暗的天空和闪闪星光，说："夜是黑暗的，但这是黎明前的黑暗，光明就在明天。"刘惜芬还问："你懂我的意思吗？"叔叔摇头说不懂。刘惜芬又说，人民都向往着未来美好幸福和光明的生活，黎明前的黑暗就是现在国民党的反动统治，它虽然黑暗，但很快要过去了。光明的未来很快就要到来。但是要推翻这个反动派的统治，要有坚强的组织领导，才能成功。这种斗争叫革命。世界上只有共产党才能领导中国人民去推翻国民党反动统治。她还说："完成这个伟大任务的共产党人，要不怕坐牢，不怕牺牲，有大无畏的精神，革命才能成功。革命还要以革命理论来指引道路，才能百战百胜。所以我们既要勇敢，不怕流血，还要刻苦学习革命理论，明确革命方向，坚定信念，把革命进行到底。现在，我借给你一本杂志，你细心读完，就会有进步。"

经过刘惜芬不断地教育引导，刘永言和胡庆文都表示了参加革命工作的决心。后来，刘惜芬要求他们注意从同学中发展可以参加革命工作的对象。刘永言与吴素丽的弟弟吴幼川是大同中学的同学，因与他同有美术刻印方面的兴趣，就经常到吴家去。他发现吴素丽的言谈思想比较先进，就把吴素丽介绍给了刘惜芬，不久又介绍了陈笃初。胡庆文联系发展了洪福清。此后，我叔叔他们这个小团体不断扩大，加入的青年越来越多。吴素丽先后介绍了林丕正、虞京、吴幼源、虞昭、王珊珊、王碧英、鲍雪英与"姑姑"认识。陈笃初联系发展了杜丕显、陈笃信、杨邦俊、纪文斌、薛嘉宝、陈神恭等。

因为小组成员增加，这么多人在我叔叔家经常出入怕引人怀疑，郑秀宝他们经过商量，就把小组的活动地点转移到靖山路15号陈笃初家的三楼大厅。刘惜芬代表组织宣布小组负责人为陈笃初，要求小组成员陈笃信、刘永言、吴素丽、林丕正、杜丕显等人每天要在陈家三楼工作和学习文件，并随时听候组织安排工作任务。

刘惜芬经常和这些青年见面，并组织他们学习。大家谈当时社会现实，看到贪污腐败的事层出不穷，老百姓受尽各种苛捐杂税的苦，整个社会黑暗无边，民不聊生，都感觉到很气愤。刘惜芬还拿叔叔身边的事举例："你看你哥哥刘永浩，被国民党军队抓去参军，因不服从被关在区政府的大牢里出不来。你母亲哭了多少天，央三托四到处奔走，好不容易才花大钱把你哥哥买了出来。"她还分析说："这是国民党反动政府榨取人民财产的一种恶劣手段。这种人吃人的黑暗社会，我们有责任把它推翻，把人民从水深火热中拯救出来，解放出来。而要解放全中国人民，单靠少数人的力量是不可能的，要天下所有受苦受难的人团结起来，万众一心，才有力量把这个旧世界打倒。"大家听了这些话，都增加了对这种黑暗社会的愤慨，也增强了自己的革命意志。

五、接受革命工作

进入1949年，组织安排叔叔他们小组对新发展成员加强启发和引导，帮助他们提高思想觉悟水平。同时，刘惜芬代表组织还给他们安排了新的任务。

青年人爱活动，借活动做地下工作，不容易引起敌人怀疑。刘惜芬一开始就安排这些青年人到胡里山、五通的海边游泳，暗中观察国民党军队在沿海阵地的布防、工事、炮垒、驻军等情况，回来后向其汇报。

当时有个美的照相馆，老板欧阳璜是从菲律宾回来的，老板娘叫林清玉，刘惜芬因为给他们精心治病，就成了老板娘的好朋友。后来刘惜芬参加革命工作，还把他们的儿子欧阳咏发展成了党的地下组织的政治群众，他为党的地下工作发挥了很好的作用。当时经常有驻防厦门的国民党军队的人来照相馆照相，特别是要塞司令部的一位高级军官，与老板经常有联系，刘惜芬就交代欧阳咏要注意从他这里收集军事情报。果然在 7 月中旬，那个军官叫他的副官来照相馆晒印要塞碉堡的分布图。欧阳咏巧妙地瞒过副官，多晒印了一份要塞碉堡分布图交给刘惜芬，后又通过地下交通线转交给了解放军部队。

1949 年 6 月间，解放军已解放江南大片地区，正在向福建开进。刘惜芬在青年小组会上介绍了革命形势，提出为了配合解放军解放厦门，要进行募捐活动，并宣布募捐工作由吴素丽负责。

一天下午，刘惜芬通知小组成员，和她一起到现在思明西路民主大厦对面一户人家的二楼，参加一次秘密募捐会。到会的有十几个人，大多是妇女，地下组织成员郭秀治、林圣雪等也参加了。会上先说明了募捐支援解放军的意义，然后组织大家进行募捐。来的人都踊跃捐献了金戒指、美元、银圆，有的也捐了牙刷、毛巾等生活用品。刘惜芬说游击区最缺乏药品，于是小组就推选陈笃初负责联系动员谦德药房老板的儿子陈神恭，由他捐出很多药品和医疗器械。这次募捐活动后来得到了组织上的表扬。

输送革命青年进入厦门附近的游击区参加一线战斗，也是叔叔他们小组的一项主要任务。小组先派遣胡庆文利用工作关系，到星光日报社收发室学习收发报，胡庆文还利用机会搞到了一些通信器材，先寄存在陈笃信家里。1949 年 5 月，胡庆文学成后，就带着器材到了泉州附近的游击队，建立起电台。

1949 年 7 月间，刘惜芬通知陈笃初安排林丕正进入安海游击队。本来也要安排陈笃初去游击队的，但后来因为内河航线被封锁而没有成行。小组成员虞京被安排进游击队，也是待命很久未能成行，直到 1949 年 9 月，才通过关系进入龙岩地区的游击队。

地下小组成员还有一项主要工作，就是进行革命宣传。1949 年 8 月间，毛森到厦门后，国民党特务四处搜捕地下组织党员，厦门全岛陷入白色恐怖之中，局势十分紧张。为了反击国民党反动派，配合解放军解放厦门，刘惜芬交代刘永言组织小组成员在陈笃初家刻印《中国人民解放军约法八章》和《告厦门市同胞书》两份宣传材料。这两份油印件后面的落款是"闽浙赣边纵队队部"，但没有印章。小组成员因为没有见过印章，也不好刻印。后来小组成员叶绍书来了，他从鞋跟底里掏出一张印好的布告，上面盖着一枚方形大印，印文就是"闽浙赣边纵队队部印"九个字。因为我叔叔以前学过制印，就由他刻印章，由地下组织党员吴文声刻印制文告的钢板。叔叔起初用肥皂来刻印章，但肥皂比较软，没盖几张印迹就模糊了，后来改用地瓜刻印，使用起来效果不错。

那天是星期六，叔叔和陈笃初、杜丕显一起将3000多份油印文告盖好章，装入信封。因为陈笃初的父亲在邮局工作，利用这个关系，陈笃初用父亲预先带回家的邮袋装满宣传材料，再送到邮政局盖邮戳，然后派送到厦门国民党政府机关和党政要人手中。当天，杜丕显还把宣传材料直接投送到了住在虎园路的一个国民党副军长和住在蓼花路的一个副师长的家中。

这次行动，极大地鼓舞了日夜盼望解放的厦门人民，而对国民党反动派却是一次沉重的打击。

因厦门形势持续紧张，党的地下组织也采取了相应的对策。1949年9月5日下午，刘惜芬与小组成员见面，代表组织宣布陈笃初、刘永言、杜丕显三人暂时撤往香港，行动由陈笃初负责实施。继续留在厦门开展隐蔽工作的小组成员由吴素丽负责领导。

这是我叔叔与他姑姑刘惜芬见的最后一面。

六、打入敌人内部

刘惜芬为革命事业做出了突出贡献。在入党后不久，她受党组织指派打入国民党军队内部，获取了大量敌人驻防厦门工事设置、武器装备、部队分布和敌人特务机关搜捕我地下组织党员等绝密情报，通过地下组织的情报线，转送到有关部门，为人民解放军解放厦门和地下组织隐蔽、保护党员起到了不可替代的巨大作用。

关于刘惜芬做情报工作这件事，曾经流传有很多说法，但都不翔实。我经过多方访问和查找资料核对，对这件事的前因后果是比较清楚的。

当时在国内战场上，解放军正挥戈南下，厦门的解放指日可待。但即将失败的国民党反动派也更加凶残，在厦门全市不断进行大逮捕，党的地下斗争也更为艰苦残酷。

1949 年 8 月间，国民党军统的"杀人魔王"毛森被派到厦门当警备司令，白色恐怖立刻笼罩整个厦门。敌人不断垂死挣扎，对革命群众进行残酷迫害。虽然敌人困兽犹斗，但也有一些国民党内部的党、政、军、特人员，在迅速发展的革命形势面前，选择了走向人民的道路，并通过各种渠道表达出要站到人民这一边来的愿望。有的要提供各种情报，有的要和党的地下组织取得联系。

1949 年 7 月，就发生了这样一件事。晋江的地下组织党员杨波，由中共晋江中心县委介绍给厦门工委代书记杨梦周。缘由是，杨波要前来转达他哥哥杨越（一个国民党军官）的起义要求。杨越在国民党一个叫海外社的组织任社长，当时正驻守厦门。海外社虽然名义上是面对海外华侨的新闻通讯社，但暗地里也是国民党的一个特务机构，社里的情况很复杂。杨越这个人年纪不大，但进过国民党的军校，受过特务训练。当时在他身边聚集了一些失意的军人、特务、政客，他们在这个通讯社当食客，但其中有些人手眼通天，利用过去的关系搞活动，权势不小，其中既有我们可以做工作争取的对象，也有所谓"忠于党国"的死硬分子。

杨越决定投诚后，就希望与党的地下组织取得联系，以便提供情报，取得人民的谅解。他平时喜欢跳舞，为了掩人耳目，便提出由党的地下组织派一个女交通员，在厦门丽池舞厅以跳舞的名义和他取得联系。在跳舞过程中，他把有关情况当面口述给交通员，由交通员带出来。

当时厦门党的地下组织为了派谁去做这个联络工作，曾进行了仔细的研究。到敌人内部去做策反统战和情报工作，既要胆大心细，更要对党无限忠诚，有敢于献身的共产党员的精神。厦门工委把挑选人员的工作，交给了工委组织委员梁明富。梁明富从 1948 年 3 月就知道刘惜芬的情况，对她的为人、成长经历和对党的忠诚都有了解，也知道她会跳舞，就向组织推荐了刘惜芬。

经过研究，大家都认为刘惜芬比较适合担任这一艰巨任务，但因为她刚入党不久，对她来说这是一个严峻考验。

就在 8 月间，梁明富把刘惜芬介绍给了工委代书记杨梦周，杨梦周代表组织指示刘惜芬打入敌人内部：她的工作就是每晚去舞厅找机会陪杨越跳舞，并获取情报。

刘惜芬要打进敌人内部，就要打扮得漂亮些。往后，她就经常穿着花点的绸质旗袍、白色高跟皮鞋。但她从不画眉、擦脂粉，只在口唇上擦些淡淡的口红，显得端庄秀丽。

刘惜芬在与杨越见面的第二天，就向杨梦周交上了一份写好的情报，并汇报了情况。她说杨越这个人很小心，不让她当场记下有关情况的内容，一定要她在脑子里记牢全部材料，回去后再写出来。而那些情报数字又很具体，兵力、武器配备和阵地等情况又十分复杂，一时半会很不好记下来。杨梦周鼓励她说："我们做地下工作的，就得这样，必须有这个本事，再难也要强记下来，而且只能听一遍至多听两遍就要记牢记清。你开头可能不太适应，慢慢就可以学会了。"

后来，刘惜芬一次又一次地圆满完成了任务。她带出来的情报有国民党特务机关要逮捕我地下组织党员的名单，使组织能迅速通知他们转移；有国民党军队在厦门的布防情况，为以后解放军解放厦门提供了准确情报，减少了我军牺牲；等等。

当时在晋江安海地区，安溪、南安和永春三县的交界地区，都有我党领导的游击队。游击队需要的武器弹药，也曾经过刘惜芬与敌军的巧妙周旋，通过层层关卡，送到了游击队手中。

据地下组织党员林圣雪讲，有一次地下组织开会，刘惜芬也来了。她看到刘惜芬神态疲乏，眼睛还有点红，却显得有点兴奋的样子。因刘惜芬当时对外的身份还是护士，她就问刘惜芬："是不是上夜班又熬了夜，还这么高兴？"刘惜芬回答说："做完了一件好事，送走了，自然高兴。"林圣雪后来想，肯定是又完成了一次取送情报的任务，所以刘惜芬显得又疲乏又兴奋。

在敌人堡垒里战斗是非常危险的，稍有不慎就可能被敌人发现。刘惜芬曾对林圣雪讲，有一次她和一个国民党军官在聊天，看到窗外有国民党的炮兵阵地，就对那个军官说想出去看大炮。结果那个军官马上翻脸说："怎么，你是不是共产党？"刘惜芬以"你胡说什么"搪塞过去了。

七、开辟第二条情报线

与海外社的社长杨越联系并获取情报，这只是一条线。后来我查找资料，发现刘惜芬还有第二条线。而这个第二条线，走的是时任国民党厦门要塞司令部少将参谋长周烈的路子。

1949年5月中旬，国民党厦门要塞司令部参谋长周烈通过杨恩溥的关系与我党地下组织联系，要求介绍他与地下组织的中坚人士见面。杨恩溥就把周烈这个要求转告给洪国琮。洪国琮时任国民党《中央日报》的校对员，也是闽中厦门工委的地下党员。洪国琮把这一消息上报后，经工委研究，决定先由他与周烈见面了解情况。

经杨恩溥居中联系，几天后洪国琮、周烈和杨恩溥三人，以到鼓浪屿游玩为名，约到鼓浪屿见面。三人见面后，约定了日后地下组织与周烈的经常联系方法，即由我组织派出一个联络员，在每周日与其在国际联欢社（今中山路4—14号中国银行楼上）以跳舞的名义联系；每周二，在海后路大丁俱乐部同样以跳舞的名义联系。而这位联系人，经工委研究后，也决定由刘惜芬担任。

组织之所以派出刘惜芬，除了前面所说的她会跳舞又聪明伶俐、对党忠诚外，主要是因为她以前在一家牙科诊所当过护士。而这个牙科诊所的医师老板，抗战期间曾在国民党"中美合作所华安班"的医务室服役过。中美合作所华安班全称是"中美合作所第六特种技术训练班"，是1944年8月美国军方情报机构与国民党情报机构军统组织合作，举办的一个以训练军事情报人员为目的的机构。抗战胜利后，这些人中的一部分来到厦门，进入国民党驻厦门的军事、特务及政府部门等组织工作，其中部分人还担任了要职。这些人到厦门后，因过去的关系，经常到这家牙科诊所治牙。刘惜芬在这里做护士，也经常被前来治牙的国民党军官邀请到国际联欢社参加舞会或音乐会。因此，她与很多国民党军官都认识。

刘惜芬与周烈接头的暗号是见面后由刘惜芬送周烈一本当时翻译出版的外国小说《中国泰山历险记》，而周烈回赠一本小笔记本。

当时党的地下组织和周烈双方商定的情报往来方法是：组织发往周烈处的指示，写在当时香港、广州地区出版的一份报纸《周末》上，用明矾水写在这份报纸的第1、4版的空白处，或者写在厦门出版的《中央日报》《星光日报》等上面，并按先后顺序编写号码，以防中间遗失。周烈提供的情报，则写在一种用4号字印刷的尺牍书本或是商务印书馆出版的《学生文库》第27页，也用明矾水书写并编号。从外表上看，这些报纸图书与普通书报无异。所以，双方交换情报过程中，中间尽管要由几道传递人员经手，但他们都不知道其中的秘密。

刘惜芬与周烈接上头后，就直接负责党的地下组织与周烈的来往交接。她每次都要到厦禾路一家书店去领报纸，回收书本后也要送到这家书店一位姓黄的先生手中。这家书店是党的地下组织后溪交通站设在厦门的一处临时联络点。由于周烈担任国民党厦门要塞司令部少将参谋长，位居要津，这条由刘惜芬负责的第二条情报线，也为我军提供了大量国民党军政内部的情报。

1949年9月中旬，由于形势日益严峻，党的地下组织派刘惜芬的入党介绍人之一胡惠敏前来通知，凡在厦门曾经出头露面的同志，要暂时离开厦门撤到附近游击区。但周烈与刘惜芬分析后认为，他们的来往仔细小心，目前看来没有暴露的危险。因此他们继续坚持在厦门工作，从而失去了最后逃生的机会。

八、被叛徒出卖而被捕牺牲

战斗在敌人堡垒中，当然会有危险。但刘惜芬打入敌人内部为我党做情报工作，还是做好了准备的，各个方面都小心谨慎，务求每一环节周全稳妥，这也是她在最后关头仍然能坚持战斗的原因。但由于内部叛徒出卖，她最后英勇牺牲。

位于厦门鸿山脚下的厦门警备司令部看守所旧址，刘惜芬被捕后关押在这里

刘惜芬被捕牺牲的具体经过，应该是这样的：

先是有一个晋江人林伟，在安溪时接近党的地下组织，认识了组织成员。后他到厦门，被介绍到闽中厦门工委委员梁明富处。梁明富后撤往游击区，就把林伟介绍给留在厦门的地下组织成员周荣淮。

林伟有一个朋友叫李振声，在国民党交警第二十二总队做军需官。李振声介绍林伟认识了这个总队的少将总队长杨卓夫。因为杨卓夫手中掌握一定权力，林伟就想对其进行策反。

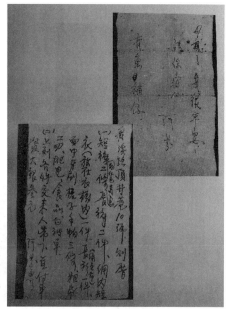

关押刘惜芬的牢房　　　　刘惜芬被捕后，从牢房中写给母亲（即大妈）的亲笔信

　　不承想杨卓夫采取反革命的"两面派"手法，一面表示愿意起义走向人民，一面又在暗中打报告给大特务毛森，并与毛森定下了捕获我地下组织党员的毒计。他向林伟提出，要与党的地下组织负责人见面，以便面商起义事项。

　　我党地下组织疏于防范，商定在9月16日这天，安排成员周荣淮和地下组织工作团成员张幼铣，在林伟家与杨卓夫见面。结果杨卓夫带特务前来，到林伟家后马上先将林伟逮捕，后将前来参加商议的周荣淮逮捕。张幼铣是国民党厦门警备区的参谋，同时是我党地下组织工作团成员，他到林伟家附近后发现情况有变，就转身离开，未被逮捕。

　　林伟被捕后当晚叛变，供出了他所知道的党的地下组织同志的姓名和地址。不仅如此，林伟还亲自带路搜捕了数名革命同志。在毛森审讯周荣淮时，林伟还出场对质做证。

1949 年 10 月 17 日厦门解放后，家人将刘惜芬迁葬
于家族墓地

　　包括刘惜芬在内的党的地下组织成员，如周景茂、伍文祺等同志，都因林伟出卖而被捕。刘惜芬被捕后，大义凛然，受尽敌人多种酷刑而绝不低头。厦门解放后，据内线人员和同一时期被捕而幸存下来的人介绍，刘惜芬看起来是位嫩肤玉肌的小姐，却胜过一些勇猛壮汉。在那些杀人不眨眼的刽子手面前，刘惜芬自始至终坚贞不屈。任凭敌人软硬兼施，并加以种种酷刑，刘惜芬宁愿牺牲自己的生命，也决不向敌人低头。面对敌人夜以继日的逼供，多次的残酷拷打，刘惜芬英勇不屈，没有任何出卖组织、同志和朋友的行为。一同坐过国民党监牢的同志们都说，惜芬真是一个宁死不屈的好共产党员！

　　10 月 16 日，刘惜芬与周景茂等同志一起牺牲于鸿山脚下。最后时刻刘惜芬仍视死如归，从容不迫走上刑场，充分表现出了共产主义革命战士的坚强斗志和崇高的革命气节。

20世纪50年代厦门革命烈士陵园

注：1954年10月17日厦门革命烈士陵园建成后，刘惜芬和其他革命烈士遗骨移葬于烈士陵园内。

厦门解放后，林伟被人民政府逮捕归案，判处极刑。

刘惜芬牺牲后，被反动派埋在牺牲地鸿山脚下。厦门解放后，刘氏族人将刘惜芬迁葬于家族墓地，并经常祭扫。1954年10月，厦门革命烈士陵园建成，人民政府将刘惜芬移葬于烈士陵园，供各界人士瞻仰。

我们刘氏族人至今仍会在清明等节日来厦门革命烈士陵园祭拜刘惜芬姑婆，并永远怀念她。

烈士周景茂

——周景钊口述实录

口述人：周景钊

采访人：欧阳鹭英

采访时间：2021 年 3 月 6 日、5 月 29 日

采访地点：周景钊家中

【口述人简介】

周景钊，1923 年 12 月出生，烈士周景茂的二哥，1949 年 11 月参军，1952 年参加抗美援朝战争。转业后从事教育事业三十年，为厦门二中退休老教师。2019 年获第九届"全国健康老人"称号。

一、我的祖父

我祖籍在福建安溪县龙门镇溪州尾村。祖辈早年在印尼辛苦经营瓷器店，这个店面在当地被称作"鬼屋"。"鬼屋"没人敢要，祖父不信邪，用便宜的价格把它租了下来，收拾整理后把一些瓷盘瓷碗摆放在架子上对外出售。白天陈列在售的瓷器总会卖剩下一些次品，到了晚上，祖父把那些挑剩下的瓷器调整排列重新上架，隔天这些有点瑕疵的瓷器就又被买走了。

有天晚上，我祖父做了个奇怪的梦，梦见有人在对他说："某某人啊，都快打仗了，你还不去买些火油来储备？"祖父惊醒之后，把所有的钱都拿去买火油。但觉得买来的火油不够多，他又向别人借钱买了一百桶。这些火油后来就成了祖父致富的第一桶金。

致富后的祖父回到老家安溪买地建房，但内地土匪很多，房屋常常被土匪强盗侵袭。没办法，祖父只好回到厦门岛和鼓浪屿购买房子。

　　父亲周明森年轻时也随着祖父的足迹，漂洋过海到了印尼，在其兄店里协助经营。中年积劳成疾又回到家乡厦门，一边养病，一边求发展，在开元戏院旁边营建楼房，作为定居之所。之后，他又投资漳嵩汽车公司、厦门自来水公司等民生企业，曾任漳嵩汽车公司董事长，又参股合营永利钱庄。

　　1937年抗战全面爆发，漳嵩汽车公司的公路被勒令破坏，厦门自来水公司也被日本人征用，永利钱庄也因战争无法经营，我家从此家道中落。

周明森与林质

二、少年时期的景茂

　　我有十个兄弟姐妹，六个兄弟、四个姐妹，大哥早年随父亲到南洋谋生后没再回来，我是老二，景茂是老三。

　　景茂1927年10月出生于厦门，六岁就读于大同小学，抗战期间父亲将全家转移到安溪，十岁的景茂就读于安溪龙门小学高小。我的舅舅林绿竹（后改名为张连）当年在集美中学读书时就加入共产党，回乡后他积极参加党的地下组织活动，发展了许多进步群众。舅舅的一举一动影响了少年时期的景茂，景茂受其熏陶，懂得了什么是正义，什么是真理。在一次全县作文比赛中，他的一篇作文抒发了对日寇的痛恨，对家国的担忧，这篇文章荣获第一名。

当时共产党在安溪很活跃。父亲从南洋回来后就在厦门做生意，在安溪老家我们只有一两亩祖上留下的薄田，收入甚微。有次，景茂在家里的院子里晒谷子，保长路过以收税的名义把仅有的谷子全部刮走。景茂亲受这些恶势力的霸凌，心里十分愤慨。

景茂小学毕业后要升中学，此时的安溪县中学迁到莆田，父亲不放心十二岁的景茂到莆田独立生活，托人带着景茂回到鼓浪屿就读于英华中学。

青年时期的周景茂（前排右二）

1942 年秋，因老家的几个年幼弟妹无人照顾，母亲便和我回到安溪，景茂留在鼓浪屿与父亲一起，一边上学一边照料病中的父亲（因胃出血在鼓浪屿救世医院治疗）。大姐已经出嫁，住在厦门岛，姐夫是台湾人，脾气不好，懂事的景茂不想住在姐姐家，给姐姐添麻烦。当时厦门居民的生活都不好过，每人每月只分配两斤发霉的大米，饿殍遍地。思明电影院门口，每天都有饿死的饥民尸体十几具。

周景茂大姐结婚照（前排左一为周景茂）

父亲因胃出血失血过多，又没有及时补充营养，最终于 1943 年病逝。

此时的景茂才十六岁，孤苦无助。父亲临终前将他托付给一个堂亲，这个堂亲是荷兰籍侨民，他将国外的浪漫生活做派搬到鼓浪屿，在家开设公馆，呼朋唤友打麻将玩扑克。景茂到他那里成了免费童工，每天被呼来唤去，干买酒、买烟、买糕点、沏茶、送毛巾等杂活，手脚不停忙到深夜。景茂是勤快的孩子，他并不怕忙碌，只是看不惯这种醉生梦死的生活，觉得自己的付出毫无意义，便找了个借口独自搬回厦门思明北路的房子居住（当时英华中学已停办），每天靠变卖家里的旧家具、旧衣服维持生计，饥一餐饱一餐将就过日子。后来在亲戚介绍下到一家南洋面包店当了学徒，该店在思明南路与中山路的转角处，地段好，生意兴隆，但劳动强度很大。景茂十分卖力，每天工作十几个小时，对那些烤出来的香喷喷的蛋糕面包从不偷吃一口，只有师傅拿那些品相差、不成型的下脚料给他吃时，他才浅尝一口，师傅们都很喜爱这个诚实又勤劳的孩子。

1945 年 8 月抗战胜利，母亲和我又带着弟弟妹妹返回厦门居住，全家人得以团圆。当我带着景茂向面包店老板辞行时，师傅和老板都依依不舍把送他送到店门口，不停地夸奖景茂说，这孩子很懂事，今后不是当官就是当老板的料。

景茂由于长期独自生活，没人照顾造成营养不良，身体不是很好，个头差不多在一米六出头就没再长了。

当时，英华中学尚未复办，我又领着景茂到集美中学报名入学。读了高一上学期，不久英华复办，景茂又返回英华中学读高一下学期。在学校里，他被誉为班里的"小鲁迅"，文笔犀利，笔锋尖锐。他的作文常常被老师当作范文在课堂上念给同学们听，给同学们参阅。他带头为班级办墙报，用俗语"竿头日出"的"竿头"作为墙报刊名。在他的带领下，同学们纷纷投稿，有小品、诗歌、漫画、书法、谜语等。

1947年景茂毕业于英华中学，1948年考进厦门大学政法学院经济系。入学后，他又被推选为新生院生活股长。当时物价飞涨，伙食很难安排，生活股长不好当。当时厦大的进步思潮非常活跃，景茂思想觉悟比较高，他追求真理，追求进步，主动靠拢组织，并要求承担任务。

1949年4月，南京大专以上学生和教职员工集体到国民党总统府请愿，遭到残酷镇压，酿成"四一"惨案。厦大校本部发起签名抗议，号召罢课，新生院积极响应。景茂在"垦荒社"倡议举行"四一"座谈会，把反动派杀害青年，迫害青年的罪行和假和平的阴谋诡计一一揭露。

1949年6月，厦门大学受当时政府所迫，以担心学生闹事为由提前放假。很多党员和进步学生先后转入安溪、南安、永春等游击区。景茂经校医检查患有肺病，本想回老家疗养。这时，传来毛主席和朱总司令于4月25日颁布的《中国人民解放军布告》，又传来厦大校主陈嘉庚先生要全闽乡亲"策进和平，迎接解放"的呼吁。迅速发展的革命形势极大地鼓舞了景茂，他把回家养病的计划搁在一边，与外地留校的同学一起参加护校斗争。

同年7月初，景茂参加"海音歌咏队"和"垦荒社"大联欢，用进步歌声代替口号投入战斗热潮中。也是在那几天，由蒋九如当介绍人，景茂光荣地加入中国共产党。

入党后，他以共产党员的标准要求自己，更加努力地完成党交给的任务，如募捐支援游击队，调查国民党军政机关、工厂、企业、文教单位负责人的情况，收集和提供军事情报，领导和创办新生院工友夜校，帮助工友扫盲，教唱进步歌曲等。

三、离别在天亮之前

我一辈子也忘不了这天。那是 1949 年 9 月 20 日凌晨，景茂被国民党抓走，从此再也没有回来。

当时，中国人民解放军已经打过长江，解放了南京、上海，国民党兵败如山倒，苟延残喘纠集在闽粤两省，计划退居台湾岛。他们想把厦门当作屏障和桥头堡，提出"确保厦门"的口号，企图做最后的顽抗。

1949 年 8 月 25 日，国民党急调上海警察局原局长，外号"杀人魔王"的毛森到厦门担任警备司令部司令。毛森一来厦门就大抓党的地下组织成员。此时，闽中地下组织都撤退了，一些琐事都交给学生地下组织处理。

那段时间，我考虑到景茂的安全，劝他是不是也到香港避一下风头，或者到内地找舅舅张连，舅舅当时在中国人民解放军闽粤赣边区纵队任职。景茂知道革命是残酷的，留下来意味着随时会有生命危险，他对我说："二哥，我知道你的好意，但离开厦门不是我说了算。不管是留下来还是去外地，一切行动都要听从组织安排。"

此时，景茂已经把自己当成党的马前卒，党叫干啥就干啥。

毛森一上任，即于 1949 年 8 月 31 日夜，在全市大肆搜捕共产党员和革命群众 60 多人，厦门大学本部被捕 11 人，新生院被捕 2 人。顿时，白色恐怖笼罩着厦门。当时厦门有闽西南地下组织、闽中地下组织、城工部地下组织。

闽西南地下组织工委根据上级指示，及时做出部署，有序撤退。闽中地下组织留有苏琳辉、周荣淮、吴静邦等人组成工作团，留下继续做地下斗争。景茂属于闽中地下组织，他的直接上级是周荣淮，周荣淮有个别号叫"蛇头"。

根据上级指令，景茂在家里建立临时联络站并担任联络员。

周家老宅

　　周家老宅，坐落在厦门市开明戏院的隔壁。思明北路 171 号、173 号、175 号、177 号全都是周家房产，一共八栋房子，八个店面。天井坐落在大露台上，大露台有上百平方米。客厅有两排酸枝木雕花椅，墙面挂着字画，大厅、后厅及所有房间全部铺着花瓷砖，这在当时是很豪华的。177 号的店铺是"老元成"小杂货店，卖些油、盐、酱、醋、火柴、草纸之类的杂货。店主李鱼和太太郑纳外表看似一对乡下老夫妇，其实他们可是有经验的地下工作者。这店是闽中地下组织的联络站，店主是联络站负责人，周景茂作为联络员，主要工作是与他俩对接情报，再由郑纳将情报转交通信员带往游击区。

　　当时，我党派遣潜伏在国民党军统 3811 特务组织里的厦大学生党员林嘉禾与周景茂单线联系，同时周景茂还与地下组织党员陈世民联系，陈世民在南普陀佛学院任职作为掩护。

鹭岛人家

1949年9月18日，地下交通员陈顺言从集美乘船来厦门找郑纳，郑纳带他去找周景茂。陈顺言说，目前解放军急需国民党在厦驻军布防图和六只手表。我便要脱下手腕上的浪琴金表交给景茂。景茂说不行，解放军首长需要的是夜光表，方便夜间作战。周荣淮说，厦门驻军布防图在洪碧玉、洪碧云姐妹手里，手表可以立即购买。

当天下午，陈顺言和周荣淮分头行动，陈顺言找洪氏姐妹拿图纸，周荣淮负责购买手表。陈顺言来到住在九条巷的洪氏姐妹家里，洪氏姐妹说图纸埋在院子里的大树下，大白天的特务密布，不敢轻举妄动，最好等到深夜再挖，约陈顺言翌日凌晨来取。而另一头的周荣淮到商场买了手表后顺利在当天下午4点将六只夜光手表交给景茂。

周荣淮约林嘉禾19日下午6点在景茂家里汇合。6点整，林嘉禾准时到了。景茂和他买了一些当季的龙眼一边吃，一边等着周荣淮。时间过了晚上9点，周荣淮依然没来。当晚，景茂同时还约了陈世民到家里谈工作，两人一直谈到深夜。陈世民住在南普陀，途经大生里，大生里一带已经住满国民党兵。出于安全考虑，景茂请陈世民在家留宿，林嘉禾则回到大同路亲戚家里睡。那晚，景茂将自己的房间腾给陈世民，自己在走廊打起竹篾床睡。由于天气热，我那晚也从房间里挪到走廊打地铺。

当时的厦门只有一家电厂，就是厦港火力发电厂，居民供电只到半夜，过了半夜电灯就自动熄灭，如果整夜通电一般是有情况。

那晚正是整夜通电。

天快亮时，景茂来到我地铺前将我推醒："二哥、二哥，我发现昨晚电灯通夜不灭，会不会发生什么事？"我看看手表说："是啊！抓人一般都在半夜两三点，现在天都快亮了，不知啥原因。"景茂忧心忡忡地回到他的床位，我也躺下，辗转无眠。

突然间，我迷迷糊糊听到有人喊"不许动"。我猛地坐起，看到两个宪兵从小楼梯冲上来，一个朝北往景茂方向追去，一个朝南向我扑来。我双手被反剪起来控制住。宪兵把我连推带押带到小楼后厅，这时后厅地上已经坐着几个租户。不一会儿，景茂和陈世民也被押了进来。

原来宪兵先冲进到小楼，把小楼的人都抓到后厅，再冲到主楼去抓我和景茂。

这时，一个国民党军官开始逐个喊名字对照公民证，第二排第二个是陈世民，陈报出姓名，军官听出他不是本地人，问："你来这里干什么？"陈说："我昨夜在开明戏院看戏，时间太晚，就在朋友家借宿。"那军官喊："滚！"陈赶快离开。当问到景茂时，"周景茂"三个字刚说出口，旁边一个军官往前一把抓住景茂的手腕，说："在这里，就是他！"随即押着景茂到他房间翻箱倒柜搜查，搜出几本书和笔记本夹在腋下，又找出绳子将景茂捆绑起来。这两个军官一个是魏光清，他有个特征就是一只眼睛眨得很频繁；另一个是稽查科科长沈步峰，两人经常搭档出来抓人。

接着，魏光清把景茂推过庭院，来到小楼不远处停下。小楼门前坐着一个年轻人，眼神躲躲闪闪，似乎不敢与人对视。他穿着长袖白衬衫，胸前一片暗红色血迹从衬衫里渗透出来，脚踝似乎被棍棒击得乌青红肿。魏光清把景茂推到这人跟前，问道："是他吗？"穿白衬衫的人点点头。原来这人周荣淮，他出卖了周景茂和刘惜芬。

这时，母亲从后面追上来，"扑通"一声向魏光清跪下："求求你们放了我儿子吧，他还是学生，从没干过坏事！"周景茂脸色铁青，他没料到昨夜一直在等的人竟然出卖了他。他转头对母亲说："妈，你别这样，快点起来！"坐在地上的周荣淮喃喃自语，好像有意要说给景茂听："我也是没办法啊，昨夜被他们打得屎尿都渗出来了。"周景茂把脸别向一侧，他不愿看到这个出卖战友换取苟延残喘的败类。

我和弟弟妹妹急忙冲下楼，看见魏光清和沈步峰已押着景茂和周荣淮坐进门口停留等候的黑色小轿车里离开。这时开元路巷口已经站满街坊邻居，人群中也有"老元成"的老板娘郑纳。她用眼光向我探询，我默默点了点头，她明白景茂被捕了，赶忙回到店里叫醒陈顺言，告诉他景茂已被捕，令他立即撤离，并塞给他三块大洋做路费，又把六块手表交给他。陈顺言便匆匆出门。

四、坚强不屈

陈顺言直奔九条巷的洪氏姐妹家，她们已经做好准备，把国民党驻军布防图剪成小片，垫在陈顺言的鞋子和袜子里，让陈顺言马上离开。办完事的陈顺言赶到第一码头，这时全市已经宣布戒严，所有的船只不得离岸。陈顺言站在码头，心急如焚，正在束手无策的时刻，停靠在码头的集厦电船公司五号船的轮机长陈文猪（地下革命群众）走到陈顺言身边喊："船快开了，还不赶快下船准备，你是不是还玩不够？"说着，拉着陈顺言下到机舱，用沾满机油的棉纱往陈顺言的身上和脸上涂抹，把他装扮成轮机手。这艘轮船是国民党六十八军军长刘汝明征用的专轮，陈顺言乘坐这条船顺利离开厦门岛到达集美。

这张布防图由闽中地下组织交给解放军先遣部队的隋连长和孙参谋，最后送达解放军第十兵团司令部。司令员叶飞看了非常欣喜，他知道这张布防图分量不轻，是党的地下组织冒着生命危险传递出来的。他高度赞扬闽中地下组织为厦门解放做出的重要贡献。

过后，我才从185号的邻居那里知道周荣淮带这一伙国民党兵半夜两点就到了。因为周家的183号楼梯门锁着，他们就把隔壁185号门叫开，一伙人冲进去后，命令所有人都不许说话。一直等到了天快亮，183号的楼梯门打开了，那是一个卖荷兰豆的租户提着一桶荷兰豆要出门去卖。魏光清一伙立即从183号楼梯冲上，先控制了小楼的租户，再冲到主楼去抓景茂。

景茂被捕之后，心里依然牵挂着陈顺言是否顺利离开厦门，他仅能做到的就是拖延时间让陈顺言平安脱险。他机智地带着敌人到郊区等地绕了一圈，心里盘算着陈顺言去洪氏姐妹那里取布防图和离开厦门是否有足够的时间。

最初，景茂被关押在警备司令部虎头山的麒麟别墅，到了9月底又被转到思明南路大生里的厦门法院看守所。敌人使尽手段软硬兼施，严刑拷打，景茂始终咬紧牙关保持缄默，他知道只要自己一松口，就会有战友和他一样受刑。他咬破嘴唇，咬破舌头也不吐一个字，只是啐出一口口带血的唾沫。这更惹怒了审讯官，他们抄起铜扣皮带恨恨地抽在景茂身上，景茂被打得皮开肉绽也没说出一个字。

由于有人告密，厦门大学党员林嘉禾被军统特务组织勒令前来报到，接受审查，也被关进麒麟别墅。一次上厕所时偶遇景茂，景茂摇摇头，表示他什么也没说。

一次深夜，毛森亲自提审景茂，把林嘉禾也提去，毛森突然转头问林嘉禾："你是为国民党服务还是为共产党服务？"林嘉禾回道："我为国民党服务。"毛森紧接着说："那么你是特务？"林嘉禾说："是。"毛森得意地对景茂说："你听见没有？他是特务！"景茂说："我听见了。"毛森随即叫人把林嘉禾带走，继续审问景茂。过了几天，林嘉禾借口向景茂要草纸上厕所，问他："那晚最后怎样？"景茂说："你放心，他们的伎俩我还不清楚？想套我？没门！"外表瘦弱，平时文静腼腆的景茂，在敌人五花八门的手段磨炼下愈发成熟和老练。敌人最终无法确定林嘉禾的身份，没有对他下毒手。

景茂被捕后，国民党留下三个特务日夜埋伏在我家，妄图能够再抓到不知情的同志。过了五六天，有两个国民党军官拿着景茂的亲笔纸条，要求家里送去一些换洗衣服和一条毛毯。我不敢出面，由母亲与他们周旋。母亲找出几套换洗衣服和一条红毛毯，还有几条新手帕，又叫四弟再去买些西饼和面包一并托他们送去，最后母亲还被这两人敲诈了一百美元。我匆匆写了一张纸条塞进面包里，纸条意思大概是："你被捕之后，全家人都很着急，我们会想办法营救你！"其实我们哪有什么办法，只是安慰而已。

他们离开我家后，雇了一辆三轮车，我便让四弟尾随他们。四弟景成那时才十二岁，他慢跑紧跟，看见他们先到公园附近的一栋别墅，景成就闪到马路边的树后观察。等他们出来后又一路尾随，跟到大同路一家金子店，景成又躲到柱子后，看到两个军官一家家收东西，最后到了大生里。他们下车后，先把得到的美元瓜分掉，又把好吃的东西塞进嘴里，抹抹嘴巴走进对面两扇大铁门。景成跟着走近一看，门口挂着一个牌，写着"厦门法院看守所"。

景成回家后告诉我这一情况。隔天，景成带我到大生里，我们站在对面马路遥望看守所，心里万分惦记着景茂的安危。

五、被景茂保护的党的地下组织

过后我很后悔自己斗争经验不足，否则景茂那天完全有逃生的可能。

从我家顶楼的天台到隔壁楼的屋顶只需要一个箭步就能跨过，而且每栋楼都有通往大街的楼梯，一头通往厦禾路，一头通往思明北路。我当初怎么没想到让他去屋顶睡觉？一旦发现楼下有动静就可脱身。想到这事，我一辈子都很自责。

从景茂被捕直到10月17日近一个月时间，"老元成"一家心惊胆战地度过每一天。厦门解放后，郑纳拉着我的手说："景茂真是个好孩子、好党员、好同志，他用自己年轻的生命坚守党的机密，保护了我们一家的安全。"

厦门解放前夕，毛森在全市大肆搜捕地下组织，在搜捕名单中，有闽中地下组织书记吕荣春，他因病住院躲过搜捕。9月1日，党组织决定把吕荣春转移到景茂家中，景茂原来并不认识吕荣春，陪同的同志告诉景茂，吕因为撤退来不及，需要在他家暂住一段时间。景茂不怕承担风险，毫不犹豫地答应下来，并把自己的房间让给吕荣春住。他对家里人说："这是我外地来厦看病的朋友，暂住家里几天。"他每天递饭送药照顾吕荣春，非常周到。一周之后，组织上就安排吕荣春转移到内地游击区。

厦门解放后，10月19日吕荣春随军重返厦门，本想能再见到景茂一面，却听到了景茂遇害的噩耗，他泣不成声。

周景茂烈士

六、迎接曙光

1949 年 10 月 16 日，这晚我在家听到枪炮声不绝于耳，子弹"嗖嗖"地划过天空。我心情激动万分，一夜未眠，想到厦门即将解放，我的亲弟弟周景茂很快就能获救！

天刚亮，忽然听见军车的轰鸣声从思明北路传来，我依着栏杆往下看，前面一辆车转向厦禾路朝着美仁官方向驶去，随即听见一阵猛烈的机枪声响，接着又听见几声北方口音在喊："举起手来，缴枪不杀！"我心中一阵惊喜。啊！解放军来了！只见一辆国民党军车停在不远处的厦门煤炭公会门口，几个解放军战士正持枪把那辆军车包围住。车上的国民党兵一个个举着双手从车上跳下，最后都被解放军押走。三四十名解放军战士沿着马路一侧前行，来到对面一家仕达汽车公司门口。只见一位指挥员模样的首长命令队伍停止前进，他上前去拍仕达汽车公司的门板，喊道："老乡，请你派个司机帮忙开车好吗？"连喊了几声依然没有反应。我在楼上看得着急，抓了一件衬衫套在身上，三步两步奔下楼去，过了马路来到仕达门口。我用厦门话喊："仕叔，仕叔，我是对面林质大妈的儿子景钊，解放军要你们派个司机出来开车，你们不要怕，厦门已经解放啦！"过了一会儿，里面似乎有点动静，接着店门开了一条缝，从里往外推出一个汉子。汉子很壮，穿着的一身衣服明显不符合他的尺码，像裹肉粽一样包得过紧。他默不吭声地跳到车上驾驶室，解开上衣的扣子，开始发动汽车。穿着四个兜的指挥员大手一挥，命令战士们"上"，战士们便一个个爬上军车，我急忙向他凑近："同志，我们还有一些地下组织成员被国民党抓走，现还关在看守所里，我带你们去营救他们好不好？"指挥员二话没说，将我推进驾驶室里。我坐在驾驶室旁边，指挥员也上了车，车子沿着思明北路向厦大方向开去。开到双十中学十字路口时，天已经大亮，忽然听到国民党飞机轰鸣着从低空飞过，那个司机赶紧刹车，打开车门跳车跑了。指挥员见状也下了车，手一挥，战士们纷纷跳下车，朝厦大方向奔去。

到了大生里看守所，铁门已经打开，我指着大门说："看哪！这里就是！"我请指挥员派人跟我进去，他拍着我的肩说："我们另有战斗任务，你自己进去看吧！"说完，他转身带着队伍向沙波尾方向疾步去了。

我目送着队伍走远，独自站在看守所外，只见里面空荡荡的，连个人影都没有。我沿着牢房一间间看，封闭式的牢房黑乎乎的，还有一股尿骚味，墙上涂写了一些字。到了第二排最后一间，这里已经接近后山了，这间屋里空洞无物，但墙壁上还有喷溅的血迹，地上还丢着一团团带着污迹的破布，空气中弥漫着浓浓的酒精味。我心里想，这里如果不是卫生室就是杀人的刑场。

我走了一圈之后，心里有些发怵，就往回家的路上走，一路祈盼能看到安全回家的景茂。到家仍找不到景茂的影子，我心里开始着急，有种不祥的预感。听说厦大一位姓安的教授也被抓，但已经被释放回家了，我便设法打听并找到安教授。安教授说："昨天（16日）下午，大炮已经打到后山，看守所的人都跑了，只剩下唐所长一人。当时所里还关着一百多号狱友，我和几个监狱代表出面与唐所长交涉，警告他说：'厦门快解放了，你再不放了我们，解放军来了你绝没好下场。现在你将我们放了，你还有赎罪的机会，我们也会替你说好话。'"唐所长眼看大势已去，便掏出监狱钥匙把大门打开，大家一拥而出，各自回到家里。至于景茂，他表示自己并不清楚。我很失落，怏怏不乐地返回家里。

第二天，我继续四处打听景茂的消息，按照四弟景成之前跟踪的几个地址，我一一前往打听。先到公园那里的曾家别墅，曾家一个十六岁的女儿曾蓉蓉，由于协助党的地下组织工作也被抓去。据说，毛森看到年轻美貌的曾小姐，没向她下毒手，还想将她带去台湾当二房。逃离大陆时，毛森把她带到沙波尾一带等待国民党军舰来接他们。毛森让一位副官领着曾小姐躲在石头边，等船靠岸。快艇一到，几个官兵争先恐后要爬上去，被毛森鸣枪警告。官兵们看毛森如此无情，都散开了。但此时的毛森只顾自己的性命，哪里顾得上这个曾小姐了。再说他如果带着曾小姐却把士兵们撇下，大家非扒了他的皮不可。副官便对曾小姐说："看来毛森已经顾不上你了，你赶快走吧！"曾小姐撒腿跑到曾厝垵亲戚家躲避，等第二天厦门解放了，她才放心回家。向她问起景茂，她也摇摇头说不知道他的下落。

我又到大同路一家首饰店，这家人的亲戚也放回来了，但他们同样不知道景茂的下落。中午，遇到我家附近一位大妈，她悄悄告诉我，在她家楼上有一个年轻的国民党特务，因为内部"狗咬狗"被关进去。他刚被释放回来，不妨去打听看看。我来到她家三楼，看到一个三十岁左右的年轻人正在打理行装，看样子是准备马上要离开。我问："听说你被毛森抓去？"他点点头，我再问："你知道周景茂的消息吗？他被毛森抓去了一个月，还没回来，他是我弟弟。"他摇摇头说："不知道，不过前天（16 日）晚上，牢房里听见远处有人呼喊，似乎在喊口号。口号停止之后，从牢房的小气窗看到一些人好像用竹杠抬着什么往后山去，你不妨去后山找找看。"我心里一震，心想他是不是在暗示我景茂遇害了，那些人是抬着尸体到后山。我心里好像压着一块石头，迈着沉重的步子回家。母亲问我是否有消息，我摇摇头，午饭随便扒了几口便再也吃不下，无形的悲伤和郁闷笼罩着我。我找表哥林庆云，把情况告诉他，请他陪我到看守所后山找找看。

我们到了看守所，里面仍然空无一人。我们就往后山去，一路寻找，大约走了一百米，发现路边一处草地上有一块直径约二丈的圆形土地，周围都长满高高的杂草，唯独中间这片寸草不生，好像是刚刚填埋的新土，泥土十分疏松，其间还有一些龟裂的痕迹。想到上午那人跟我说的话，我便推断毛森潜逃前下了最后的毒手，并在这里掩埋尸体。我的推断得到表哥的认可，我们急忙回家，把所知道的情况通知了刘惜芬的姐姐刘惜贤和庄建福的弟弟，并约好隔天上午 8 点到看守所后山会合，看能否找到烈士遗体。

19 日上午 8 点多，我、表哥、弟弟妹妹和母亲一起到了鸿山脚下。我和表哥到山上，弟弟妹妹陪母亲在山下等消息。此时，军管会也来了几个同志，我和表哥将情况向他们做了详细说明。他们便根据本地的习俗到厦门港棺材店里雇了 4 个工人（俗称"土公"），把情况跟工人做了交代。工人带着工具，分别从东西两侧往中间挖掘，约半个小时后，西侧开始有人喊："挖到了，挖到了！是个女的！"在被杀害的 17 位烈士中，只有一位女同志，那就是刘惜芬。紧接着，表哥喊我："钊啊，你快过来看看，这是不是景茂啊？"我赶忙又跑过去，一眼认出绑住遗体嘴巴的那条格子手帕，那是我们之前和衣服一起送进去的新手帕。如果不是那条格子手帕，我恐怕认不出眼前的景茂。我无法控制住情绪，不禁失声痛哭，表哥过来拉住我，拍拍我的肩膀，劝我说："钊啊，现在不是哭的时候，得赶快安排家人回去拿干净衣服来收殓。天气那么炎热，安排入葬为先。"我收拾起情绪，把悲痛埋进心里，抹干眼泪赶快下山，叫妹妹翠玉快点回家把景茂的衣服和鞋袜带来。母亲和嫂子看到我红肿的双眼，问我："阿茂找到了？"我点点头，母亲随即号啕大哭，拨开我们要往山上去。我拉住她，极力劝她并安抚她的情绪，让她先留在山下。我岂能让母亲看到景茂的惨状，让母亲受二次伤害呢？我让嫂子及弟妹陪着母亲先回家。

表哥到附近棺材店买来一口棺材，将遗体入殓封棺，埋在不见天的一块地。我去找来一块木牌，把一头削尖钉在墓地上，并在木牌上写上"烈士周景茂之墓"。

第二天,《江声日报》刊登了烈士遗容,真是惨不忍睹。文章字字声讨,行行都是泪!

至于那个出卖周景茂和刘惜芬的叛徒周荣淮,国民党认为他已没啥价值,最终没落得什么好下场,据说已被击毙。

1954 年 10 月 17 日,厦门革命烈士纪念陵园建成,周景茂、刘惜芬等烈士移灵其中的圆形陵寝,景茂排序第九号。

七、沿着先烈的足迹

景茂牺牲后,我和四妹翠玉、四弟景成相继参军,以继承景茂的遗志。

景茂短暂的一生,朴实无华,但他是新中国的一块奠基石。

1949 年 11 月,还沉浸在悲愤中的我到华东军政大学福建分校培训,1950 年入编解放军炮兵第三师文工团。说起炮兵文工团还有个小插曲,我刚进炮兵时,连队组织文艺活动,我被化装成一个账房先生表演节目。遇到文工团正在组建,就把还没卸妆的我带走了。

周景钊与周翠玉

文工团常常下连队演出，没演出时就吊嗓子、翻跟头、搭建戏台、演小品等，但是我心里其实很想到前线去。

周景钊（右二）军旅照

1951年秋，炮兵第三师奉命入朝参战，85寸的榴弹炮用卡车拉着，整个队伍浩浩荡荡。才到闽北建瓯，忽然传来命令要求部队停止进朝。因为国民党趁我军抗美援朝之际，要"反攻大陆"。我们全师连夜赶回，蒋军见我军有备，不敢贸然出兵，后来国民党打东山岛，才登陆三天就被我军打跑了。

1952年秋，我们炮兵第三师第二次奉命入朝参战。到了朝鲜之后，战斗已近尾声，双方进行和平谈判，在"三八线"划定问题上拉锯了很久。

抗美援朝一共打了五个战役，最后一个是金城战役，我军拉了很多大炮，准备以战促和。我们到了朝鲜，金城战役也快结束了，炮兵都在第二线，我们要消灭他们的炮阵地，敌方也要消灭我们的炮阵地。战争很残酷，炮弹打得像下雨一样，阵地上一个战士被炮炸中，齐腰以下被炸飞了，因失血过多而牺牲。

1953 年 7 月，美军不得不签下停战协定。

1954 年，志愿军开始分批回国。我也于 1954 年秋经志愿军总部批准，退伍转业参加地方建设，于 1955 年转业到山东潍坊市。1959 年，母亲以烈属身份申请将我调回厦门工作。我先在厦门师范工作，后来又调到厦门一中。那时，晚上常常要开会学习，因为我家住在鼓浪屿，坐船回家总是到了深更半夜，还要为第二天教学备课，身体实在吃不消。1974 年秋我申请调到厦门二中，在厦门二中任教政治学科，直至 1984 年退休。

周景钊在周景茂遗像前

厦门二中地址迁往五缘湾后，学校组织退休教师过去参观。中午在学校食堂就餐时，看到一些贫困学生伙食很差，一小盘青菜就着一碗白米饭，再也没有荤菜，这个细节触动了我。中学正是学生长身体的时候，学生又是祖国的未来。我便想筹集一笔资金，来帮助这些孩子。但我势单力薄，经过校友程思敏、陈剑峰同学的协助，找来 1981 届学生纪宏曦同学，他的经济条件较好。我把想法说给他听，他说："老师，我听您的，您怎么说就怎么办！"

我说："我们各自出 5 万元吧，建立一个助学基金。"他欣然同意。后来加上陈毅德校友和一位美国校友各捐的 1 万元以及 1981 届、1982 届校友的捐款，合计凑足 24.4 万元。我们找了一家理财机构，从 2013 年起，每年 9 月支取 2 万元助学金用来资助贫困学生，如今助学基金累计已达 33 万元。虽然这钱不是很多，但只要能够源源不断地帮助到一些需要帮助的学生，我就十分欣慰了。

一个平凡闽南人的往事

——关于抗战时期厦门的回忆

自述人：陈玉华

自述时间：2006 年 4 月

自述地点：陈玉华家中

【口述人简介】

陈玉华，女，1932 年 8 月 16 日生。福建漳浦佛昙人，1936 年随家迁居鼓浪屿。曾就读福建中医学院。1963 年 9 月参加工作（邵武市立医院医生）。1970 年病休，前往南靖县梅林公社科岭大队与当时下放的家人团聚，1972 年全家一起返回厦门居住。1987 年 9 月正式病退。2021 年 2 月 15 日因病去世，享年 89 岁。

我叫陈玉华，福建漳浦佛昙人。我在四岁那一年（1936 年），随着母亲和舅母一家六口人来厦门。岁月流逝，不知不觉我从四岁到了今天七十四岁。在这七十个春夏秋冬，我们的往事始终在我的记忆中回荡。我并没有特地去记起，那些往事已然我的脑海里生根结蒂。不管走到哪里，不管什么时候，往事时常就会涌上心头。一二十年前我就想把我们的往事梳理起来，但心有余而力不足。因为文化程度不高和身体病痛等种种障碍，我一直没有动笔。后来是看了电视连续剧，尤其是与我同时代的苦难剧触动了我，使我认识到很有必要把我们的往事叙述出来。儿子也非常鼓励我，他说："写吧，也可以让我们后辈知道你的过去。"再者，七十年前我们和舅母两家共八个人来厦门，有的不幸遇难，有的年老去世，唯有我还活着，我应该为他们发声。

我特别要倾诉在日本侵占厦门时期我家和舅母家受到的灾难。我妈被日本人捉去关押了十个月，舅母家被飞机轰炸死了两个人，以至家破人亡。今天，我忍着一身病痛，在年老体弱、睡眠失常的情况下，要把我所记得的倾吐出来，也顺便讲讲抗战时期我的所见所闻以及旧厦门的情景。

请你们听我从头讲起，从我妈妈讲给我听的开始。

一、孤儿寡母随舅舅到了鼓浪屿

妈妈林轻生了三个男孩，个个都是胖胖的、漂亮可爱的，但都在几个月里就夭折了。妈妈说这几个小孩是在欺骗她，使她苦命人伤心。不久爸爸得了鼠疫也去世了。苦命的妈妈二十九岁就成了寡妇，我十一个月大就失去了爸爸。妈妈过度伤心，奶汁阻滞，无法给我喂奶，婆婶们把我抱去喂野菜吃。妈妈情绪好转后，奶汁回潮，才继续给我喂奶。不久，与她相依为命的婆婆也去世了。

可怜的妈妈在短短几年内就死了五个亲人。她怕在家乡又养不活我，也因生活所逼，就打算在我四岁那一年与舅母一家六个人一起来厦门。舅母人比较精明，先去厦门走一趟，看看厦门是怎么样的，顺道找找落脚的地方。她看了后回家说："厦门不坏，可以去那里挣饭吃。"

到了那一天，我们真的要动身来厦门了。妈妈一手提着包袱，一手牵着我这个路还走不稳的小女儿，从她和爸爸原先住的房里走到厅里。妈妈回头看厅中的神主，经过灶房，她回头看那煮饭的鼎灶。走出家门口，她回头看舂米和晒谷子的土埕，然后转身往去厦门的路上走。乡亲们送我们到村口，与我们挥泪相别。我们依依不舍地一步一步远离乡亲和家乡的一切。妈妈边走边流泪。这时妈妈的心情可想而知，三十来岁的寡妇带着四岁的女儿离乡背井到异乡谋生活，求生存，尽管在家乡过得很苦，离别时未免会伤心流泪。但无论如何伤心，还是只能往前走，不能回头。

到了漳浦佛昙搭船的码头，舅母一家人在那里等着我们一起上船。我们是乘大船的。船行驶到港尾，我看到两座高山夹一道窄海的山顶上，站着两个大小不一的女孩子。小的大约与我同龄，大的七八岁。她俩在高处往下看我们的船。七十年来，我仿佛还经常看到她们。在我的右手边是大的，我的左手边是小的。两人还一直站在那山顶上，好像她们都没有家回似的。

船到了厦门海港，大船不能靠岸，就让小船靠在大船旁边，再用藤篮把人和行李卸下。

到了厦门，我们暂时住在鼓浪屿同乡家里。那同乡的丈夫不知犯了什么法，被政府捉去关，她就怪我们是"白脚蹄"（闽南话"扫帚星"之意），住到她家，害她丈夫"罗锤"（闽南话"落难"之意），就把我们八个人赶出去，把行李摔在路上。我们只好去找了一个破平房住下来。饿了，就去拔路旁的野菜——刺苋和猪母菜来充饥。不小心吃到刺苋的刺，就会刺破嘴巴。猪母菜很酸，牙齿都被酸软了。

不知过了多久，才在内厝澳租了一个比较不错的平房。舅母一家人都去找工做了。舅父去挑大粪，弄一担木桶每天赶早放在人家附近，让早起倒马桶的把粪便倒进去。舅母也找了份工。妈妈让我吃奶到四岁，之后她去给人家当奶母。她奶汁甚好，把别人的孩子喂养得很健康。她把我寄在舅母家，当奶母挣到的工钱拿给舅母做我的伙食费。

二、后父、公岱安和一个深深爱我的母亲

有一个到妈妈老板家卖柴的男人常常和妈妈见面，他们相互认识了，也愿意在一起过日子。不久，我们三个人就成为一家人，住在一个生锈的铁皮屋里，地上是泥巴地，经常湿湿的。我六岁那一年，妈妈不幸生病。她生怕自己病死后，后父会把我卖掉，于是就托大表姐把我送回家乡，交给没儿没女的穷寡妇——我的伯母寄养。

到过年了，家家户户在土埕酿酒、做花生糖等。我每一摊都围过去看，他们有的还拿给我吃。我的伯母不能像乡亲们那样置办得那么隆重，只能煮两碗平时没有吃过的好菜。除夕三十当天不在灶房吃饭，而是把公孙椅拿到厅中间，把两碗好吃的菜放在椅子上，椅子下放个生木炭的小炉，一老一小

鹭岛人家

围在炉边吃饭，这就是我们的三十日晚围炉。第二天正月初一日，我高高兴兴起特别早，伯母就在床上给我穿上新衣新鞋，吃了不像昨晚那么好的饭菜，我就跑去隔壁村"湾仔内"，站在公井边看"新正"（春节）热闹。

之后妈妈病好了，便回家乡把我带回厦门，这是我第二次离开家乡和伯母。回到鼓浪屿来，虽然搬了家，但照样是生了锈的铁皮屋，甚至比原先的房子更简陋。屋后是烂泥地，散发着臭气。每天晚上屋后有脚步声，有灯光，有许多青蛙的呱呱叫声。我感到奇怪，有一晚打开窗看，只见是一个老阿伯在抓青蛙。不久我们又搬到几十步外的一个小破屋。隔壁住了一个嘴巴很厉害的女孩子，名叫英子。我们经常吵架，但常吵常好。对面住的是卖鸭贩，他每天早上就用黑沙灌进鸭的嘴巴，再用指头往鸭的喉咙一插，让鸭把沙子咽进肚子里。

我和表姐一起上学去了。她大我六岁，但我们两个念同班。刘先生给我们俩改了名字，表姐由凤娘改为宝钻，我由玉花改为玉华。孩子气的表姐认为新改的名字更好听，可高兴了，就经常把两个人的名字拿来当歌唱。

后来我转学到附近一个小学，叫诚德学社。一个房间好几个班级上课，厨房也当先生办公室。先生经常叫学生去厨房打手心。我们的级任先生是陈校长的女儿，她没有什么文化，前一天她妈妈先教她，第二天她才来教学生。校长要学生叫她水月姐。她站在黑板前教书，身穿长衣衫，脚穿木屐。我刚开始写字时用左手握笔，水月姐走到我的座位来，用她的右手把住我的右手教我写字。我永远忘不了那个时刻。她是我开笔的第一个先生，我会永远惦记她。

我们那时住的地方是鼓浪屿康泰路，人们都把此地叫作"公岱安"①。公岱安不好玩，可我很喜欢它。我玩遍了公岱安。因为贪玩，不去上学，妈妈就叫两个男人把我扛去学校。我边哭边喊："快把我放下来，羞死我了，我自己走去！"此后我认真念书，随后的考试考了第三名，妈妈一直赞扬我，

---

① 公岱安，应为"蛏蚬坡"。早期康泰路一带的滩涂产"蛏蚬"（一种海涂贝类），迁居此处的居民便称此地为"蛏蚬坡"。

逢人就夸。

我那年可能是八九岁，不仅爱玩，也爱漂亮了。妈妈不知怎么有钱买了一把很好看的小纸伞给我。这一把雨伞的伞面浅平，蓝色打底，点缀着五颜六色的花草，漂亮玲珑。我喜欢极了，天天在家里把它打开看一看，给自己遮一遮，在屋里走来走去，期待着下雨。

有一天我和表姐一起去龙头玩，走到工部局的小边门口，看到里面的犯人戴着脚铐在扫庭院。头上包布、身穿马达服、手拿马达棍的"马达子"（当警察的印度人）和身穿土黄色兵服的北兵在监督着他们。从此，我就害怕工部局，从门口经过都不敢往里面看。

后父以挑柴卖柴为生，活重，收入又少，不够养活一家三口，妈妈经常向人家借钱买米。有一次，我不知犯了什么错，他就用捆柴火的绳子抽我，绳子尾巴带了一个木勾，勾尖扎进我的小腿，血流不止。我哭叫起来，妈妈赶紧把我抱起来，用烟丝给我止血。

有时候后父对我也不错。一次他从外面拿回来一个玩具给我，那是一个比较大的红色小汽车。我非常高兴，就放在窗台，每天早上起床先去看一看，摸一摸。玩了几天，后父说玩具是向虎巷一个熟人借来的，该拿去还了。我心里好难过，临拿走时，我的目光久久不肯离开这个心爱的小汽车。

三、日本人来了，妈妈被捉去了

我九岁那年，传来了风声，说日本人快来了。

有一天，日本飞机从我家门口那棵栗子树的树梢擦过去，我听到树叶哗啦作响（这树像凤凰树那么高，长得很整齐，像把雨伞），又看到日本人短短的又白又长毛的手伸出来放传单，我惊叫起来。从此，我就常常产生杂念陷入失眠。妈妈睡得很香甜的时候，我就经常捉弄她，给她摸头摸脸，有时候还把她叫醒。

不多久，日本人真的来了。这个靠海边的偏僻的公岱安变得又热闹又混乱。热闹的是来了很多小摊小贩。摊贩们都点臭土火（乙炔，一种燃料，点起火来会散发臭气），公岱安被照得成了不夜的公岱安。混乱的是从厦门岛躲过来许多难民。由于鼓浪屿是所谓"万国公地"，没被轰炸，所以很多人都逃到这里。因此，有难民病死，家属在惨哭，还有很多乞丐在人堆中唱恨命怨天的哀歌。有抬死人的、伤者的，也有逃兵。

我十岁那年的正月初九日，是厦门拜天公的日子。邻居送来拜天公的龟糕，妈妈把一块龟糕切成四瓣，拿一瓣给我。孩子气的我认为边玩边吃很有意思，东西会更好吃，也更好玩，就把龟糕拿到马路上去吃。吃完后，玩了一圈从另一头回来，看到很多人站在露天楼梯往我家看。有的还说："很多日本兵到轻姑家（我妈叫轻姑），现在门关起来，在屋里打轻姑，轻姑在喊叫。"不懂事的我也跟着大家站在那里，听到妈妈被打发出的惨叫声。可能是我刚出来时，日本兵就进家了，一进去马上就拷打妈妈。一会儿门开了，妈妈颠颠倒倒地先出来，后面跟着的日本兵把她从家里押走了。

我以为晚上妈妈就会回来，但并没有，第二天、第三天也都没有回来。我的家没了，被别人住进去了，还好表姐把我接到舅母家，否则我就无家可归了。但我离不开这里，天天跑回来走一走，看一看。有次碰到日本兵来了，邻居都怕得跑光，我也跟着躲起来，不曾想到妈妈就夹在日本兵中间。后来我们才知道，是与我们闹矛盾的一个人偷东西被捉，他胡乱招供，说偷来的东西寄在我家，导致我妈妈蒙受不白之冤。

正月过了，学校开学了。校长是我们的邻居，她知道我家的情况，就叫我继续念书，不收我的学费。因此我照样上学，每天上学放学都要经过家门口。看到新来的那一家人在门口晒衣服、吃饭，我心里十分难过，像失了魂一样地往前走。脚往舅母家的方向走，心往自己家的方向想，多想这个时候能立即回家去啊。

四、妈妈被关在虎头山，娇惯儿成了小童工

舅母家只有一个男孩在念小学，女孩有的当童工，有的给人家挑水，当然不能让我吃闲饭。有一次，一家有钱人出殡，请人"扛泽"（闽南习俗，即雇人扛着布匹等吊唁物品出殡），舅母便叫我去。临走时，我拿顶破帽子戴上，遮住自己的脸，使别人认不出我。可是偏被一个男同学认出来了，我很害羞，还好上学时他没有把这事闹开。当时我挣了一元钱交给舅母，她高兴，我也感到欣慰。

舅母是以磨豆干为生的，一夜磨到天快亮才回家。有一次她叫我去帮磨，舅母人高，磨柄也挂得高。我举手握着磨柄往前推，整个人就向前扑，若往后拉，整个人就向后倒。舅母生气地说："你拖着磨柄，害得我更费力。"干脆就不让我再去帮忙了。

我妈妈出事后，后父也躲在舅母家。有一天他走了，再也没有回来。口毒心好的舅母常去探监，给我妈妈送吃的、穿的。她说牢狱潮湿，就炒米糠给妈妈送去，还告诉我说："你妈妈故意把话讲得很大声，要让我听到她的声音，让我知道她好好的。"

舅母不仅不能送我念书，也不能长期养活我，就托邻居蚊子嫂帮我找了个有钱人家去当童工。这一家住在鼓浪屿旗尾路。一到老板家马上就要干活，活怎么干我全然不懂。我第一次看到痰盂，觉得痰盂很漂亮，但不知要怎么洗刷，还得其他佣人教我。

老板娘一家和她亲家母一家住在一起，两家人共四个佣人、两个丫头、两个雇工。我们四个女孩子都睡在老板娘房间的地板上。上厕所要经过大小两栋楼。楼边是山和树，非常凄清。我夜里不敢上厕所，整夜憋到天亮。我把这事告诉姑娘们，她们说："你就在彩梅官（老板娘）的便盆尿嘛。"我说："我不敢。"也因此想到在家里，不想下床解小便，妈妈就端便盆在床铺上给我解，不觉又难过起来。

老板娘有次生病住救世医院，我去照顾她。听说妈妈关在虎头山，当老板娘睡觉的时候，我就跑去给病人晾衣服的栏杆边往虎头山看，想着妈妈何时才能从虎头山回来。

冬天的某一日，舅母拿了一张物品救济单给我，叫我去毓德女子中学领取救济品。我第一次看到毓德，觉得这个中学很简陋，几排白粉刷的老旧平房，远远不如英华中学，进去看也是这样。课室里的课桌上堆满了救济品，我站在门口排队领取。递救济品给我的是一个身穿暗蓝色长衫校服、胸前别着三角形校徽的女中学生。面对着她，从她那接救济品过来，我感觉好羞，拿了东西便赶快走了。

总之，无论走到哪里，听到鸟啼虫叫，都会想到家门口栗子树上的鸟在啼，家周围的虫在叫。尤其在万家灯火的时候，就会想到这其中没有一盏是我家的。我想家，想妈妈，想跟妈妈回公岱安，想妈妈早点从监狱回来。

五、隔一栋楼好比隔大海，我和妈妈分头打工不得相聚

日日盼，夜夜盼，盼了十个月，妈妈从关押囚犯的虎头山回来了。我高兴得飞快地往舅母家跑，脚一踩进门槛，就看到十个月不见的妈妈脸色苍白，失神地坐在床板上，我情不自禁地哭起来。尽管妈妈说"婴儿过来"，我还是不敢靠近她。担心、思念、难过、委屈各种心情交织，我一下子用哭声吐露出来。妈妈也理解我的心情，她也在流泪。

虽然妈妈回来了，但我们还不能住在一起。为了温饱，照样得分开，看来我们跟公岱安和那个小破屋是永别了。妈妈也去做工了，母女各干各的，我要和妈妈见面就得在下午干完活，向老板娘请假后再去。和妈妈见面时无所不谈，两个钟头很快就过去了。回去时也照样飞快地跑，来回都跑，就是为了多挤一些时间和妈妈相聚。若妈妈来找我，都是晚上事情做完才来。妈妈在门口叫我，我听到声音后，顾不上先答应，赶紧跑下去。她每次来看我都有带吃的，那是她老板给她吃的，她舍不得吃，带来给我的。我不懂事，

也就吃了，没想到妈妈没有吃。

后来妈妈认为我在旗尾路做工路较远，见面不容易，就给我找了一家住在鼓浪屿内厝澳的雇主。这一家是五个大人、一个小孩。我这一双十二岁女孩的手，要洗六个人的衣服，尤其是女人的长衫和男人的洋裤，洗起来更是吃力。妈妈觉得这一家活重，又找了一家专门负责带孩子玩的，但老板嫌我人小，说："与孩子一样大，怎么能带孩子？"于是我只好在原来这一家继续干。

之后又找了另外一家开米店的雇主，也是住在内厝澳的。他们人都很好。子女们跟我没有分彼此，有说有笑，但是吃得很寒酸，经常有饭吃，但没有菜下饭。有一次，盘底剩下一点黑汁，我以为是酱油，很高兴，就全部倒在饭里，吃起来才发现不是酱油而是醋，酸得连饭也不能下咽。晚上是睡在大厅边的地板上，厅前后很长，两边各三个房间，各房间都关门睡觉。我一个人睡在又长又宽的屋子里，实在很怕。即使刚洗过地板，晚上照样棉絮铺下去就睡觉。第二天起床，棉絮和身上都湿湿的。

一天我正在小后门门口劈柴火，邻居一个大姑娘从街上回来。她脚大步大步地迈着，惊慌失措地对我说："后面日本兵跟着我来了！"我怕得赶紧把柴刀连柴搬进屋里，把门关起来。姑娘也进屋了，我们躲在门后偷偷观察，片刻间日本兵穿着皮鞋走路的声音慢慢传过来，他找不到姑娘，就在那里东张西望。我们很怕他会来敲门，还好他没有来敲就走了。后来我再也不敢在小后门劈柴了，万一日本兵再来就麻烦了。

有一天刮台风，路上没有一个行人，除了风雨声到处静悄悄的。有人站在窗口走马楼（闽南话"阳台"之意）欣赏风景，有人在听明星歌曲，有家庭的人此时更感到家里的温暖。可是我呢？这个时候老板叫我去给他小姨太干活。他小姨太住在我以前住过的公岱安，算是我们的邻居，大家都叫她琴嫂。

去公岱安的路直通海边，风力特别大。十二岁个子小小的我拿了一把大大的破雨伞。大风吹来，伞就像一张帆遇到风就要跑起来，快把我卷走了。我还抓住破雨伞不敢放，结果被风连人带伞一起刮走，一直刮到原来我家门口菜园子铁栅栏的铁钩上。我的耳朵被铁钩钩破了，顿时痛楚难忍。

鹭岛人家

因为耳朵被钩破的伤口红肿发烂，我没办法做工，就到妈妈老板家去休息。坏事变成好事，因为能和妈妈相聚几天又不用做事，就像在公岱安时一样。我像从前那样抱着妈妈睡觉，但高兴之余，想到伤好了就要回老板家去做工，又有点难过。两三天过去，伤也快好了，我又要离开妈妈了。临走时最后跟妈妈讲几句话，我流着眼泪勉强走出门外。到了屋外，不断回头看妈妈在的房子，直到转弯望不见了才往前走。

后面陆续又换过几家雇主，有一家是从越南回来的。这家的女儿驼背，二十多岁了，驼得像五六岁小孩那样高。可能是要让她换一换环境，就把她从南洋带回来。这姑娘一口流利的厦门话，人好又乖巧。这一家住在鼓浪屿笔架山，和我妈妈的老板家距离很近，算是邻居。老板家地势很高，可以看到整个英华中学。这是一所男子学校，学生天天从门口经过。他们冬天戴黑帽、穿黑校服，夏天则戴白帽、穿白衬衫配黑裤，很少见到他们背着书包，书多半是用手拿，看起来极有风度。

老板家前后左右都是风景。下雨或月明的时候，景色更加优美。可以看见隔一条羊肠山路的一栋小洋楼里的孩子们在花园里玩，踢毽子、跳过五关等。我看了一边笑一边想，我在公岱安不也是那么玩的吗？不知我的小伙伴们有没有想念我？

我老板的楼和我妈妈老板的楼很近，只要那一楼的烟囱在冒烟就是我妈在煮饭了。她的老板家是大家庭，下午三点钟就要开始煮晚饭。我可以晚一点煮，因此有时间看那烟囱冒烟，想象妈妈就在那烟囱下烟熏火烤。我下午活干完了，虽然离妈妈很近，但不敢偷跑去找妈妈。等到老板叫我去买东西，路过妈妈那里，才急急忙忙地跑去看看她就走。

日本侵占时期，飞机经常来轰炸、扫射。窗户有玻璃的都要贴上纸条，以防扫射时玻璃碎片乱飞。有一天上半夜，日本兵来敲门，我以为要查户口，赶快爬进床铺底下，因我户口不在老板家，怕被刁难审问。结果是来探查窗户问题。但我还是吓了一跳，尤其是看到穿着军裤的日本兵的两条腿在我的眼前走来走去，我极力压制自己，生怕自己忍不住惊叫起来。

之后一段时间我不在别人家当佣人了，住到舅母家。舅母早已搬到厦门双莲池了。表姐也嫁人了，表姐夫在日本人办的烟草公司——南兴烟厂里给日本人拉黄包车。他介绍我到烟厂当女工，有一天烟厂叫前来应工的女孩子排队比大小，我排在最后一个，他们说我人太小不合格。找不到工作，舅母虽然不太高兴，因为要额外负担我的生活，但还是把我带回去。

每个星期天，日本兵都要到厦门公园"通俗"去喝酒（"通俗"就在中山公园西门进去左手边）。有一天，舅母和表姐又一起带我去找工，路过公园西路，突然一个喝醉的日本兵向我们走过来，对着我们哇哇叫。我和表姐吓得先走几步，舅母也很害怕，勉强应付着他，他手还朝着我和表姐指过来。舅母惊慌失措地问他："你是不是说'她给你'？"表姐很怕，马上向舅母喊道："妈，快走啊！"还好那日本兵最后自己就走掉了，我们心里的大石头才终于放下。

妈妈后面又给我找了一个雇主，也是住在鼓浪屿。这一家活儿也不轻，房间很多，要打扫很大的地方。但老板女儿很好，从来没有责怪我，有时候还趁着她妈妈不在，拿吃的给我，使我感到温暖。她的旧鞋筐里有一双很漂亮的咖啡色翻面皮鞋。她说是她在香港飞机来轰炸时跑下楼穿的。我非常喜欢这双鞋子，经常跑去看一看。

鼓浪屿中华路直如笔，其中有一段路两旁都是围墙，有几个大门也是关闭的。有一天，老板娘叫我去买东西，路过这里，突然飞机的机枪扫射声猛然响起来。我赶紧沿着墙边往前跑，枪声越来越近，好像在追赶着我。到了有房子的地方我就跑进去，马上摸摸自己的身上，发现并没有中子弹，心才放下来。

六、恐惧饥饿的年代

抗战时期，柴米统一供应。柴火凭发票购买，人们半夜就要去工部局排队等购。说是排队，其实是人扎成堆，人挤人。"马达子"手里拿把棍子在人堆中挥来挥去，动不动就要打人。柴火有多少卖多少，卖完了就算有票也买不到。假如帮老板买，买不到还要被训斥。

粮食方面，每人每月供应13斤白米，要去米仓排队购买（米仓是在现鼓浪屿轮渡上岸后左手边的小亭前）。有一天去买米时，碰到飞机来轰炸。老旧的仓库墙壁单薄，屋顶是瓦片和玻璃天窗。人们在这里和在露天差不多，只能扑在米包旁边，心惊胆战，静静地听着飞机的轰炸声和扫射声。

那天飞机轰炸持续特别久，躲在一起的人没有不想到也许自己马上就会被炸死的。相当长时间过后，轰炸声和扫射声停止，钟楼解除警报声响起。大家都赶紧回家去，怕回头飞机再来。回家也只不过是个安慰而已，每个家庭都在飞机的轰炸和扫射下度日，自己哪一天会不会被轰炸而死，谁也不知道。

被日本侵略的厦门，百姓是饥饿的，穷人每天只能吃两顿饭。早上约十点钟吃饭，这一顿可以算是早饭或中饭。下午约五点钟吃饭，这一顿可以说是中饭或晚饭。晚上早一点睡觉，就不知道肚子饿了。当时每人每月只有13斤白米口粮，连干饭都吃不上。煮稀饭还要兑很多牛皮菜一起煮，稀饭才能稠一点，量多一点。在我做工的第八个老板家里，两妯娌住在一起，各自有一个丫头。她们生怕丫头偷量米煮干饭，就把放米的房间门上锁，要煮饭的时候，由老板娘量米给丫头。

百姓不仅闹饥荒，还闹疾病。当时疟疾流行，病的人很多。听说这病是从禾山传来的。那时百姓都很穷困，连一个电罐（开水瓶）都买不起，哪有办法治病？只有等自己病好起来或者病死。我表姐也得了这种病，当新娘那一天照样发作，新娘服刚脱，就躺在铺上，时冷时热，呻吟不息。寒热退了以后，胃口又不好，食量减少，身体就亏损了。

我的户口寄在舅母家，发粮时间到了，就要到舅母家拿我的口粮，给我的老板作为我的伙食。回舅母家那天，我起得特别早，把活干完，早些去渡口搭船。老板娘给我船钱让我坐电船。虽然急着早点见家人，但为了给自己存一点钱，我就把坐电船的钱拿去搭双桨子。船开到了半途，另一只双桨子向我坐的船慢慢靠过来。两个装束朴素、身穿短衣黑裙的大姑娘跨上我的船，温和地说："不要惊，搜身和检查路照而已。"查完后，她们的船又划走了。

上岸后，脚踏土地，看到一个月不见的厦门。汽车、脚踏车响着喇叭、铃子跑来跑去，我感觉生疏。到了舅母家，见到他们一家人和屋里熟悉的一切，我并没有高兴，反而难过，因为只能和他们相聚极短暂的半天。临走时，一家人到门口送我，我坐上表姐夫的脚踏车后架，依依不舍地离开。

七、离别永难忘怀的公岱安

不久我又没在这一家做了，回到舅母家去。这下要和舅母一起去禾山捡柴火了。我们天天都要到何厝附近的一个叫土窟的村庄村口去捡。抗战时期连草都被割光了，山上光秃秃一片，只有地里才有一点毛草根。舅母挖草根，把锄头挥得很高，但挖起来的只是一锄头的泥巴和几条草根。我负责扒草和捡地瓜屑。捡起来的地瓜屑用手搓掉皮上的泥巴，马上就吃。每捡到一块地瓜就高兴地吃起来，味道是那么香甜。

我们每天一早就要起来煮牛皮菜粥，带到那里去当中饭。干活时到了大太阳时就停下来吃中饭，看到太阳西下，就停下来捆柴火，准备回家。柴火是用板车载运，舅母拉车，我推车。到了要下金鸡亭那个斜坡，舅母挡住车把手，我往后拉，搞不好板车就会往下乱冲。

过了金鸡亭，就是莲坂。为了少走一点路，我们就走清河别墅围墙旁边的一条小路，板车只能勉强通过，而且这一条小路有几步长的崩塌处。一到这个地方，整个车就往外倾斜，车轮陷入崩塌处。舅母腰弯成九十度跟着板车在崩塌的破路上扭来扭去，我在后面拼命推，方才过得去。这样的路天天走。拐过这一段路就是双涵，再往前走，就顺利地到达在双莲池的家了。

一次在去禾山的路上，我碰到以前在公岱安的隔壁邻居、我的小玩伴英子。她的境况也不好，可能被家里卖到禾山了。谈了几句话，她就先走了。我看着她越走越远，心中无比惆怅。两个当初朝夕见面、时吵时好的小伙伴，如今只有在路上偶遇才能相见，何日才能再相见呢？

鹭岛人家

　　有一天从禾山回来，得知又有人帮我找到工作了。这一家老板是住在公岱安的，叫我明天就去。我都给七个人家当过佣人了，还是干不习惯。我情愿天天跟舅母一起跑山路，日晒雨淋，坐在太阳下吃牛皮菜粥，但我又不敢说不去，因为靠捡柴火不能养活我自己，我非去不可。

　　第二天，到了新老板家，和以前到其他老板家一样，一切都是生疏的。老板家在我以往住的公岱安，距离以前我的家只有两栋房子。这里一切如常，小摊贩依然在梧桐树下卖吃的，傍晚卖汽油（灯油）的照样来叫卖。我们以前就是向他买汽油，有时候还向他赊账。卖汽油的老叔也很可怜，只有一只手，就用有手的这一边肩膀挑担子和摇油，没有手的那一边袖子则空荡荡的跟着他的动作来回摇晃。他艰难地谋生，辛苦地养妻养儿。电灯公司的工人早上下班，照样走这条马路回家。他们三五成群，边走边讲他们的上海话。他们的子女是我以前的同学。对面菜园的青蛙依然早晚在呱呱叫，以前我在家门口吃饭的时候，就是听着它们的叫声下饭。今天旧景重逢，令人伤感。人在这红砖大楼，心却在只隔着两栋房子的那个破小屋。多想马上回去，又不可能，那个屋早已是别人的家了。

　　有一天我忍不住回去看了看。到了那里，首先看到跟我很有感情的那棵栗子树。日本飞机曾经从这棵树的树梢掠过去吓到了我，但我没有讨厌这棵树，我只痛恨日本飞机。接着又去看我住过的屋子，屋子早已被面包店的伙计住进去了。他们也是穷人，依然用着我们的家具，家具仍然摆放在原来的地方。我睡觉的那一副床板、床前我天天晚上在上面写字和温习功课的抽屉桌、我三顿在上面吃饭和有时蹲在下面玩的那个没有刨过的桌子和桌前的条凳，它们都更旧了一点。再次告别了我的旧屋、家门口的栗子树、我曾经吃饭玩耍的土埕和英子走出来找我玩的那条巷子。

　　后来一段时间妈妈没有当保姆了，而是去禾山干活，她就固定住在舅母在土窟租的一个小屋里。妈妈一个星期回来一次，她把捡来的柴火和批发的一些像地瓜这样的食物带回来卖。

八、一个炸弹炸死了两个养活她们的人

一天晚上，震动整个鼓浪屿的轰炸声把我震醒了，不知轰炸了什么地方。第二天早上听说是轰炸双莲池，而舅母就住在双莲池。我马上打电话，电话打不通，就知道是坏事了。我哭起来，向老板娘请假去看舅母。

到了双莲池，看到舅母、我妈妈和抱着婴儿的表姐瘫在地上痛哭。回头看房子，已被炸成平地。一栋崭新的二层楼倒得只剩一个弯角楼梯，表姐夫和表兄都被炸死了。当时生怕飞机回头再来，不敢点灯，只能摸黑找埋在废墟的人，找了很久才把表姐夫和表兄清出来。表姐当时才二十一岁，抱着四个月左右的儿子，小婴儿躺在妈妈的怀里睡觉，可能还在做美梦，脸上微微发笑。

被炸以前，舅母一家的生活已经有好转了。表姐夫和表兄能养活一家五口人，全家不会饿肚子。但是一个炸弹炸死了两个养活她们的人，吃的、穿的、用的也一炸而空，只剩下两个女人和一个小婴儿。他们只好搬去斗西路的一个破屋里，不知从哪里弄来一副床板和锅灶，三个人就在那小破屋里过着乞丐般的生活。

表姐夫死去一年多后，他的儿子小阿辉也一岁多了。舅母和表姐精心喂养他，大人吃稀汤，给他吃浓粥。孩子虽然骨瘦如柴，穿着一身破烂，但聪明可爱、调皮机灵，会讲很多话，会做怪相逗他外婆和妈妈开心，使舅母、表姐母女俩脸上有了笑。但为了三个人的温饱，舅母不得不去做工，表姐出去卖菜，把孩子放在家里。有一次，孩子生病了，几天后病死了，一家人伤心欲绝。当土工把小棺材放在肩膀上抬出去的时候，表姐发狂似的跟在后面，边叫儿子的名字边冲出去……

抗战胜利时，我十三岁了。妈妈靠柴火生意和养猪供我念书，我从小学三年级开始继续念。抗战胜利第三年，舅母和表姐回家乡去了。她们临走时，我妈妈痛哭一场。当时一起来厦门的两家共八口人，现在只有她们母女俩回去，怎能不叫人伤心？我们看着她们的船越划越远，直到人影模糊了，才离开渡口回家。（几十年来，我还一直想起这个情景，看到表姐站在船上，好像那船没有开走似的……）表姐回去不久就又嫁人了，但没有生育。不久后，表姐夫的外甥过继给了他们，这孩子漂亮又聪明。虽然生活苦了点，但他们日子过得不错。

后来，妈妈又到同乡家去做工了。我也跟到这一家来，就在那里念了一年中学。1954年，我到厦门罐头厂做工。为了提高自己的文化水平，一有空余时间我就抓紧学习。厦门中医学院招生，我也去报名，并在1958年考上了中医学院。学校后来与福建中医学院合并，我便随着学校一起到福州。五年后，我毕业分配到邵武医院。到岗位后因为经常生病，院领导关怀和照顾我，常常让我半工半休，多次让我到福州检查身体，并让我回家养病。

九、补遗

回忆往事，我总是泪流满面。写到哪里，整个人就好像回到了哪里，心情就沉浸在哪里。我虽受苦时间不长，但心灵深受创伤。我害怕离别，时常担惊受怕，终身睡眠失常。因为早早给人当丫头，我从小事事不敢声张，听人使唤成了习惯。

舅母活到九十四岁，表姐活到七十一岁。我可怜的舅母生活困难，我就每半年给她汇钱一次，数额不大，一直寄到她和表姐去世。我的妈妈也早已于1976年去世。现在我经济状况好转了，可是她们再也享用不到我的钱了。

老来我经常去鼓浪屿玩。每逢去鼓浪屿，悲惨的往事总是浮现在眼前，在脑海里盘旋，使我不能很好地欣赏我从小瞧到大的风景。每次到我以前给人做工的八个老板的家门口，我便站在那里，默默地静思。我仿佛看到自己在这八座楼房里忙来忙去，边做事边想家想妈妈……

我也去瞧我的旧屋，它已经变成了平地。我站在原来的家门口，仿佛看到我四十岁左右的妈妈从生锈铁片当屋顶的灶房端一钵稀粥到破屋里，后父蹲在家门口劈柴，我在巷口边蹦跳边叫英子出来玩……回过神来，才发觉什么也没有，眼前跟刚才一样是一片平地。

家住延平戏院

—— 王思元口述实录

口述人：王思元

采访人：陈 芳

采访时间：2021 年 11 月 24 日、25 日，12 月 14 日、15 日

采访地点：延平戏院旧址、厦门瑞景生活广场

【口述人简介】

王思元，祖籍惠安，延平戏院①缔造者之一王其华的长孙，1949 年出生在鼓浪屿，2016 年搬离鼓浪屿。

一、我的祖父辈

我的祖父王其华，1888 年出生于惠安玉坂。玉坂以前叫长坂，因地形特点而得名，到清朝中期改名叫玉坂，清属二十二都苍云铺，今为惠安县东园镇下辖村。

王其华共有三个兄弟，老大在家乡务农，紫如居二，其华居三。因家境贫寒，紫如、其华兄弟少小离家到马来西亚槟城拉人力车谋生，略有积蓄后移居缅甸仰光，在仰光开设"泉胜栈"人力车行。生意规模最大时在仰光的十五处主要街区都开设有分行，获利颇丰。②

当年缅甸为英属殖民地，他们兄弟二人和英国人关系不错，获得了汽车牌照专营权。也是因为这层关系，考虑到当时的鼓浪屿也是以英国人管理为

---

① 本文所讲的延平戏院，根据习惯包括延平戏院本体、鼓浪屿市场本体及海坛路、市场路上的副楼部分，门牌号包括海坛路 3~5 号、15 号，市场路 6 号、28~34 号（双）。

② 紫如、其华兄弟移居缅甸仰光后，适逢上海出现人力车使用滚珠花鼓筒以减轻劳动强度的新技术，他俩吸纳了其中的优点，巧妙地将缅甸人力车进行技术改造，并申请专利，因而获得市场优势而致富。

主，他们动了回鼓浪屿投资的念头。

1927年，兄弟俩从缅甸回国。据祖母回忆，当时从缅甸运回的钱财物资多达六船。小部分运回惠安家乡盖了新厝，回馈乡亲，大部分留在鼓浪屿投资。①

两兄弟的资产主要还是在缅甸，鼓浪屿只是其中的一部分。20世纪30年代，是二伯祖父王紫如在缅甸，负责缅甸的产业；祖父王其华在鼓浪屿，负责在厦门的产业；大伯祖父在老家照顾父母亲。

抗战全面爆发后，二伯祖父王紫如从缅甸回到了惠安；抗战胜利后，又重回缅甸，1974年在缅甸去世。

二伯祖父娶了三个妻子，其中两个妻子抗战胜利后定居鼓浪屿，没回缅甸。其中一个前几年才去世，享年一百岁有余。他的子孙众多，如今后辈分布在世界许多国家，大多事业有成。

我祖父热心社会活动，曾经担任过省议会参议员。他还非常关心教育建设，捐建群惠小学，为双十中学捐款，任双十中学的董事。祖父长期在国内。1950年末，祖父为了福建硝皮厂的发展去缅甸筹集资金，1959年在缅甸去世。他曾经抱过我，但是当时我太小了，对他没有印象。

我从小是跟着祖母长大的。祖母也是惠安人，祖父回国成亲后带她一起去缅甸创业。后来祖母回鼓浪屿定居，负责管理家族事务。所有从国外汇回来的款项，由我祖母打理，再分配给惠安祖家、二伯祖父留在厦门的家人及自家用。祖母还管理家人及工人的餐饮。她热心助人，在家威望很高。祖母住在市场二楼中间的房子。每次一下楼梯，邻居都亲切地招呼她"其华嬷"。祖母1896年出生，1980年去世，享年84岁。祖父母共育有四男四女，我父亲是长子，家族中就我们这支留在了厦门。

---

① 俩人在家乡捐建医院，创办惠南中学、玉坂小学，修桥铺路，参股漳嵩汽车公司，收养弃婴并为他们提供读书的机会，等等。玉坂小学的著名校友有王汉斌，曾任全国人大常委会副委员长。

二、我的父亲母亲

20世纪80年代的海坛路上，时常有个老人带着两个孩子用流利的英文在对话。对，那就是我的父亲和我的儿子、侄儿。

我的父亲王文水，1921年出生，在哪里出生我并不清楚。因为他是长子，祖母对他寄予了厚望。他在缅甸仰光长大，曾赴英国留学，毕业于英国某商业专科大学。

我的母亲杨秀琼也是惠安人，1926年出身于书香门第，少年时在教会办的财会专业学校就读。日军侵略厦门，学校内迁到南靖，当时我母亲才十多岁，只身辗转赴南靖求学。抗战胜利后她曾在银行任职。

1946年，母亲结婚后不久，应父亲的要求回归家庭，相夫教子。她是鼓浪屿著名的好媳妇，非常孝顺祖母，邻居们都称赞她。

母亲不爱社交，热衷看书。小时候她常带着我和弟弟上图书馆看书，那时的图书馆还在港仔后一带。在家里母亲也经常读书读到入迷。

1948年，父亲负责福建硝皮厂的营销工作。硝皮厂是当时全省唯一加工生产皮革的企业，设在鼓浪屿西北边。产品质量好，在台湾、香港等地比较受欢迎，父亲经常在厦门和台湾之间来来去去的。厦门解放时，父亲正在台湾管理硝皮厂设在台湾的批发部，因而滞留在台湾。祖父和政府都叫他回来，接到召唤后，他偷偷转道香港，回到了鼓浪屿。

20世纪50年代，硝皮厂公私合营后改为厦门皮鞋厂，父亲任副经理，并担任市政协委员。鼓浪屿菜市场和延平戏院那时候也已经公私合营了。

1955年，父亲从皮鞋厂辞职，开了鼓浪屿唯一一间卖进口物资的商店。商店开在现在鼓浪屿华侨文化展馆对面往二院方向的斜坡旁。1957年因为国家政策调整，这家店加入鼓浪屿信托公司，后来改名物资回收公司，其实是买卖二手货的，开在龙头路上。我母亲后来就在这家公司任会计一职，她对真假古董的分辨能力很强，还写得一手好字，工作又很认真，同事们也尊重她。

改革开放后，父亲因为扎实的英语功底，成了不少鼓浪屿孩子的课后英语老师。我的孩子及我弟弟的孩子，很小的时候就跟着爷爷学英语。

2008年《厦门商报》纪念改革开放30周年专刊摘录1986年《厦门日报》文章《6岁堂兄弟能读写上千个英语单词》

不过，父亲更多的是为公务人员和海关人员一对一地辅导英语。当时国门初开，英语人才非常紧缺。父亲自编教程，教他们很实用的商业英语，他的学生们很多因此很快走上了重要的岗位。

父亲去世在工作岗位上。走的那天，他上课上到一半，忽然心肌梗死晕倒，听课的学生吓得手足无措。那年他74岁。

三、延平戏院的变迁

延平戏院这栋建筑，是当年我祖父王其华请荷兰设计师来设计的。这个荷兰设计师就是当年为厦门市政修建堤岸的那个。建筑用料是德国的水泥、缅甸运来的红木，都是最好的。一船一船的白银和建材，从国外运回来。建房子，每一分用的都是自己的钱。

市场和戏院，虽然是家族产业，但是都由专业的职业经理人打理，已经采取了很现代的经营形式，家族成员并没有直接参加经营。我祖父当时四十多岁，仰光、厦门两处跑。建市场时，我父亲是最大的男孩，才十多岁。

我们家原来有一大箱的地契、房子的设计蓝图等。"文革"期间被抄家，很多丢失了。后来落实政策，发还了部分地契和一张土地所有权证。

从现存的11张地契可以看到，延平戏院地块的收购始于1928年1月。到1929年3月、5月，已经完成了主要地块的收购。但是直到1941年，还有记录王家购买相邻地块的地契。

延平市场是先建成的，后来建设了戏院。① 当时建市场还有个竞争对手，就是黄仲训。他和法国人关系好，但当时轮到英国人管理鼓浪屿，所以我们王家胜出，有了市场经营权。②

当时的市场旁边还有个碾米厂。鼓浪屿不产大米，大米要从龙海运过来。但是龙海没有电，无法很好地加工大米。所以，鼓浪屿人吃的大米都是在这个碾米厂加工生产的。

20 世纪 30 年代，我家族大部分人在缅甸、惠安等地。菜市场二楼原来是规划作为店面、办公室的，家人租住在中华路上。抗战全面爆发后，家族的人渐渐搬回鼓浪屿。家里的人越来越多，就住进了菜市场二楼。当时二楼还有我祖父与其他人合股经营的硝皮厂的办公房。1938 年日本人入侵厦门岛，很多难民逃难到鼓浪屿，延平戏院也住满了人。

1956 年开始公私合营，楼下的市场、隔壁的戏院、副楼的店面、市场路上的碾米厂，都是合营的生产资料。起初约定二楼是我家族的生活用房，当时政府给了定息，每月 85 元。到了 1966 年，定息没有了。42 个红卫兵来抄家，把我们都赶到了左边 5 间房居住。

1973 年 4 月，落实华侨私房政策，中间 160 多平方米退还我们居住。1986 年 5 月又退还了右边 3 间。1989 年后，除了原电影院大厅，二楼其余部分全部落实华侨私房政策，给予退还。

---

① 从现存的资料和紫日收藏的照片可以看到，1929 年，菜市场和延平戏院都已经落成营业。当时的菜市场仅有一层。1932 年，王其华向工部局提交了大型市场建设计划书，并签订了专营合同。1934 年 1 月开始，整个鼓浪屿市场进行了较大的改、扩建，在原单层市场地址上拆除重建了两层市场；新市场扩大完善戏院功能，在二层增设了戏院售票、候场退场、办公等功能区域，现场售票、进退场大厅位置在重建时完成。新市场于 1934 年 11 月 15 日正式开业。

② 这一说法和现存资料记载有出入。1929—1934 年鼓浪屿领袖领事均为法国领事花芬嫩(Fernand Boy)。工部局的主要事项是由董事会决定的。根据工部局报告书可知，如华公司承诺将租金收入的一部分用来支付工部局编制第 27 号及第 44 号巡捕的薪金，王家由此顺利胜出。1932 年如华公司与工商部订立合同。

四、20世纪50年代的延平戏院

1949 年我出生在延平戏院，从小在那里长大。除去 1969—1986 年间上山下乡和参加煤矿工作离开厦门的 17 年，我一直住在里面，直至 2016 年。在很长时间，我都不愿意搬出鼓浪屿，虽然在厦门岛有房子，而且鼓浪屿的居住条件还比较差些。2016 年鼓浪屿申遗，政府动员我们搬出去，说这里曾经是鼓浪屿文化活动中心，是鼓浪屿文化最重要的见证。既然这里这么重要，家人商量后同意把地方腾给政府。

到现在，我仍然能记得延平戏院 20 世纪 50 年代的模样。

（一）海坛路副楼及入口处

从海坛路进来，两侧副楼分别有三个店面，是相互对称的。左侧的三个店面，分别是米店、杂货店和酱油店。右侧的三个店面，有豆腐店、油粮店等。西侧楼梯旁开的是间卖荷兰豆和豆腐的店面，生意超好。其实，店面经营的范围时常随租户的变化而变化。

米店和杂货店原来是属于王家的产业，20 世纪 40 年代末爷爷因为硝皮厂经营缺乏资金，把它们卖了。当年将左侧两间店面卖出时与买家约定要保持开窗的原状，不可以开后门。后来时间久了，也就开了。

北面正立面东西两边戏院楼梯原来是互为对称的，均为单跑楼梯，用铁栏杆围着。

根据社会主义改造时的约定，市场二楼的房子留给我们家作为住家，西侧楼梯是我家和戏院的公共楼梯。20 世纪 60 年代，来影院的观众增多，天天有人排队买票。为了不违反原来的约定，方便房东生活，政府将西侧进场楼梯加宽，并将原铁艺栏杆扶手拆除、改造，同时也将原来副楼一楼店面的窗户堵上了。

（二）菜市场

一楼市场原来是南北通透的，中间是铁拉闸门，两边用铁艺栏杆围住，楼梯边上都是空地，通风、透气很好。这铁艺栏杆和现在二楼左侧尚存的栏杆是一样的。作为菜市场，保持通风最要紧，反而并不怕雨。其实除非是有大风，否则雨不会淋进市场。

1958 年大炼钢铁，铁栏杆就都拆了去炼钢。后来用板围起来，整个环境不通风了。现在改成了玻璃，虽然透光，但通风却是不好的。

这流水沟上的玻璃原来是没有的，原来的沟也没有这么大。但是当时的排水做得很好，即使下大雨刮台风，也没有出现过漫水的现象。

左、右两侧的天井，原来是对称的。由于观影的人日益增多，原来约定观众不可以出入的戏院左前门越来越多地成为观众通道，极大地影响到了我家的生活。20 世纪 70 年代末政府出于补偿，又另外加倒了水泥地板作为观众通道，形成了现在左边窄、右边宽的样子。

从北进入市场，左手边第一间、第二间店面，都是卖肉的。从第三间起，卖各种海鲜。右边的店面，卖蔬菜、卖干货、卖鸡蛋的都有。中间用水泥墩和五厘米厚的木板架起，隔成一个个摊位，卖青菜和各种食杂干货。摊位卖的货品都是事先约定的，不能随意改。

（三）后楼空地

走到市场尽头，现在是空地了，原来是一排共 5 间的店面，卖活鸡、活鸭等。门口还有一间房，是当时看管菜市场的哑巴住的地方。

右手边门口原来有两口井，门内一个，门外一个，是当时打扫菜市场的主要用水。后来，门内的井被填了，门外的还在，现在成了雨水井了。

1956 年公私合营，店面被拆除建成了鼓浪屿食品厂，开始时只有一层。鼓浪屿食品厂当时很有名气，馅饼、蛋糕等的销量很好。后来又建了第二层，在市场和厂房之间空地上方做了临时搭盖，工人们就在这一片做馅饼。

（四）菜市场的二楼

从西侧跑梯上楼，右手边原来有五个房间。每个梁柱都对应一间房。楼下是菜市场，我们家有时候买菜，就直接把篮子吊下去，也是一种偷懒的方法。

鹭岛人家

右手第一间是个售票窗口。当时戏票、电影票紧俏的时候，常常有人来我家借道走"后门"。现在的窗户原来是个门，直接通向原来碾米厂店面的楼上二层。二楼原来是我家的厨房，很大的一间，我的老祖母当时要管二十多个人吃饭。

碾米厂是20世纪30年代开业的。车间是找我们家租的，工厂老板外号叫"和尚"，住在边上的红楼。厦门解放后碾米厂停产，社会主义改造后基本上闲置了。1959年刮大台风，街心公园的房子塌了一大片，太多灾民没有地方住，政府就将碾米厂改造成四间房子，用来安置住户。当时的条件很简陋，有的人家一家十口人都挤在一间房。

1966年我们家被赶到东侧，这一片不许我们住，住户就违章搭建到了二楼，甚至建成了三楼。

右手第二间是我家的餐厅，可以直接过天桥到二楼的厨房。

右手第三间有一段时间是我的房间，我十三岁后搬到这里，单独住一间。

右手第四间原来也是我们家的，后来租给电影院做小卖部。

右手第五间原来是办公室，社会主义改造后属于政府财产。

二楼中间这一片房有一段时间是硝皮厂的办公场所。右侧是经理办公室，中间是会议室，左侧是间琴房。琴房里当时放置了一台很大的钢琴，可能是九尺演奏琴，常常有人在里面学琴。"文革"时钢琴被拆了。

我祖父曾住在中间靠右最里面的一间。中间靠左最里面的一间是我二伯祖父（王紫如）的家人在住。

通往三楼的直梯，20世纪80年代末被一位导演看上了，借这片房子拍了部电影叫《七日》，讲警察破获假钞制造、走私大案的故事。

小的时候走廊摆上了乒乓球桌。20世纪60年代，会议室成了我们孩子们练武健身的地方。

东侧跑梯上楼，左手边二楼这一片，原是要做店面的。20世纪40年代末，我父亲和母亲的婚房就设在最靠近戏院的这一间，我小的时候也住里面。

（五）延平戏院本体

当时戏院基本上只有一个门，进口、出口都是这个门。两名工作人员分站门口两边，用两张小桌子挡住门，中间留出一个小口，可以两人同时检票让观众入场。电影演完后就将桌子移开，变成大口，方便观众退场通行。

门口这个通往二楼的楼梯，原来是个直梯，贴墙而建。门更居中些，在楼梯尽头形成个小小的、仅可以让一两人站立的平台。演出开场前，常有人在平台上和朋友打招呼寒暄。

既然是戏院，一定是有戏台的，当时的戏台就设在最前面这两根柱子之间。演戏的演员需要换服装，面对戏台的右侧，从一个小门进去的小房间，是演员换装的地方，现在已经拆除了。

当时我们称戏台上的演出为"人戏"，最常演的是高甲戏，也有讲古。常常白天演戏，晚上放电影。小时候我常常偷偷溜进戏院看戏、看电影，管理人员也不管我。

戏院前面的地面是平的，共放 20 排，每排 21 座，用的是藤椅，椅子很宽，200 斤的人坐着都没有问题。后面是 5 排，每排 18 座，用木头楼梯层层架高，座位是比较小的椅子。到最后一排，个高的已经只能坐着，无法站直了。

戏院二楼，左右两侧分别有 47 个位置，然后是十几排每排 17 座有高差的位子。整个戏院总的座位约 700 个。

当时负责电影放映的工作人员是从戏院一层的工作人员入口走楼梯直通二楼的放映工作间，现在这条路被堵了。电影放映口现在还在，但是楼梯以及半墙高的放映员放映电影的工作台都拆了。

当时电影是中华影院、思明影院、开元电影院轮流放完后再到鼓浪屿的。片子放映完还要送回厦门岛循环播放。跑片来不及时，就有中场休息的时间。这二楼的长廊，到中场休息时就很热闹。

电影院这片弧形空间，在 1935 年的老照片上并没有看到，应该是之后加建的，但肯定是 20 世纪 50 年代以前的事了。

1987年电影院搬走后，这里曾经很短暂地做过一段时间的歌舞厅。歌舞厅停业后改成了棋牌室，最多可以放到二十多张麻将桌。棋牌室开张有三五年。后来房管所又把这里隔成几个小房间，用来住人。那时候戏台估计就已经被拆了。

（六）三楼天台

从天台上，我们可以看到鼓浪屿市场牌坊后的大水泥柱，原来是插旗杆的，后来截断了，直接浇水泥封上了。

我们还可以看到天井的顶棚。顶棚原来铺的是德国进口的钢化玻璃，长方形，有1.2厘米厚，中间夹着六角形的钢丝网，后来玻璃碎了，钢丝网还在。1958年刮大台风，屋顶被台风掀翻的部分就改成了铺瓦片。直到20世纪80年代，西侧屋顶仍有部分钢化玻璃。顶棚的大梁连同屋顶和侧边的木檩条，用的是来自缅甸的红木。

天台西侧是个大的储水池。1929年时鼓浪屿没有自来水，这个储水池可以收集雨水，还设有出水口，接上水管就可以作为扫洒用水，也可以作为消防用水。

1949年延平戏院入驻了很多国民党的士兵。厦门解放后，这些大兵偷偷地将枪塞进楼梯底下，逃跑了，后来解放军来搜出了很多枪。到"文革"时期，红卫兵又来搜查，说我们私藏枪支，把三楼天台顶上的储水池砸烂了个口，还把屋顶敲坏了，到现在下雨天还漏水。

以前在天台还可以看到升旗山进港的信号旗，看旗语就大致知道是哪个轮船进港。现在边上的楼房建高了，从屋顶已经看不见升旗山的旗杆了。

云烟拂去话当年

——李铭竹口述实录

口述人：李铭竹

采访人：李向群

采访时间：2008—2009 年

采访地点：李铭竹家中

【口述人简介】

　　李铭竹，厦门老教育工作者，在厦门教育系统工作 33 年，曾任教、任职于厦门一中、厦门五中和厦门六中。退休后 30 余年，发挥余热，回馈社会，涵养自身，安身惜福。2019 年去世，享年 96 岁。

　　我 1923 年 6 月 29 日出生在厦门，一生较长的时间也是在厦门度过的。我的回忆就从出生时开始。

一、温馨和乐，我的年少记忆

　　1923 年我出生时，厦门开埠建设新市区已具相当规模，鹭江道、开元路、大同路、中山路和思明南北路均已建成。我出生在一条僻静的小巷里，也就是现在沿着中山路经太平路、定安路，从通奉第经钱炉灰埕到石坊的一条小巷"旗杆脚"。一座闽南古式住宅，两进一厅四房的民居就是我的家。我出生在一个小康家庭里，祖父李玉衡是厦门海关的老职员，退休后在家养病；父亲李毓骐是一个钱庄的职员，担负维持一家人生活的重担；母亲吴凤玉是一个贤惠慈爱的家庭主妇，担负照顾老人和抚养子女的重任。

　　当时我们家的大厅挂着一对大红灯笼，上面写着"陇西李"，那是我家的灯号。20世纪初，我们祖上自甘肃陇西迁来厦门。年少时，每逢清明扫墓时节，父亲就会带我们到胡里山公墓去祭扫先人的坟墓，记得曾祖父和上几辈先人的坟墓还完整地排列着。抗战胜利后，我们一家返回厦门时，这些先人的坟墓已经无从查觅，包括祖母的坟墓也不知去向。祖父的坟墓在将军祠山上，还保留完整，后来他的坟墓和我父母亲的一起迁到薛岭山公墓。这是我们李家后辈年年清明节都要前往打扫的唯一在厦门的祖先墓地。

我出生时家里已经有两个孩子：大姐李佩梅、大哥李炳松。我是老三，但我感到爸妈似乎对我特别钟爱。按照闽南风俗，他们二老还替我起了个女孩子的名字——"锦绸"。于是，"阿绸"就是我小时候的小名，一直到我成人之后，有些长辈亲友还习惯叫我的小名。不仅如此，我小时候左耳还穿了耳洞并且戴了一个小耳环，因为这样显得比较金贵。

母亲是福州人，家住福州南门兜，十五岁因家中父母离世，只身来到厦门做手工为生，来到李家为媳时还尚年少。她一辈子为人和善可亲，她与几位老邻居几十年如一日常有来往，足见母亲与人为善的美德。

父亲大约念过私塾，有一定的文化程度，1949年前在厦门一家大钱庄（美源）任职，我们一家均靠他养活。1949年后父亲由通商银行转入市人民银行工作，1953年逝世，享年56岁。父亲一生爱好字画，曾留下上百幅字画，"文革"期间被销毁一空。此外留给我们兄弟的只有南田巷砖木结构住宅一座。父亲给我的最深刻的印象就是对人诚恳，克己待人，几乎没有见过他对人家红过脸，发过火。他对家庭、子女关爱有加，是一位尽责的好父亲。

在我的少年时期，特别是小学阶段，我生活的活动范围很有限。现在厦门市区很多地方已换新颜，今非昔比。不妨由我来回忆当年的街景、情境，让大家有所了解。

我最初上的小学是三民小学，已经记不起是在什么地方。后面念过桃源小学，地点在现在的小走马路，是永春会馆开设的。当时学校附近还在开挖修路，定安路就是那时开筑的。我和几个同学还从开挖的土石中寻找小小的水晶石，觉得很好玩。当时中山路靠定安路一侧还铺设着一条从思明南路到鹭江道的轻便铁轨，时有轻便的翻斗车满载砂石泥土，风驰电掣般驰往鹭江道填海造堤。

不久，我们家搬到"大字酒"，这是定安路旁的一条小巷。我们家宅子比较大，有一厅四房，宅子前面有一石板庭院，外面还有一个外埕，父亲种了好多花草，环境很幽静。对面有一座三层楼房，住着一位在海军司令部当官的，据说楼房是花了一万银圆建成的，在我小时候这算是一座最亮丽的豪宅了。

后来我们又从大字酒搬到盐溪街，虽然叫街，其实还是一条小巷。我们住的仍然是旧式民居。邻居是20世纪30年代厦门著名文人陈桂琛，他创办了励志女学，抗战后移居菲律宾，因坚持抗日而牺牲。

当时大姐、大哥都在省中念书，我在群惠小学念书。群惠小学是女校，但也收一部分男生，我就是其中之一。20世纪30年代爱国运动风起云涌，群惠小学经常组织师生义演义卖，深得社会好评。学校女子篮球队是厦门的一支劲旅，很有名气，大姐曾是队员。1949年后群惠小学仍保持一定的办学特色，最近因城建规划迁往他处另建新校舍。几十年过去了，现在一个我当时的老同学何永茂还在世，他在新街礼拜堂当长老。

我们姐弟三人在父母亲的教育下，养成良好的学习习惯。每天晚饭后我们都会自觉地围着一张桌子温习功课做作业，姐姐的同学寄居我家，也参加我们的阅读，大家往往都坚持到晚上十点左右。夜里小巷里传来卖烧肉粽、扁食面的小贩的吆喝声，似乎在提醒我们该休息了。

当时我家又有了三弟陶菊（李威）、四弟清华，还有小妹阿兰。阿兰大约三岁时因病住院，记得那天下午看到妈妈一个人从外面回来，满脸泪痕，我们就知道小妹已经离开我们了。后来我们迁居香港时，还有一个妹妹叫阿芳，也没了，最后还有五弟伯祥。我家从几代单传到我们这一代人丁兴旺，共有大姐一人和兄弟五个，我们后辈更是繁衍众多。

1935年，父亲在厦门实业银行任职，我们家搬到靖山路，我又转学到玉紫小学，校长陈志伦是当时厦门教育界知名人士。1936年，我毕业于玉紫小学，秋季我以第二名的成绩考入厦门省中初中一年级。由于自满情绪，我放松了对自己的严格要求，初一一年成绩平平。但在课外我却读完《水浒传》《红楼梦》《三国演义》等名著，为我以后喜欢阅读文学作品和写作，开了个好头。

1936年，父亲应友人之邀，举家迁往香港。这正是抗战全面爆发前夕，离开厦门，离开我从小生长的地方，也意味着我少年时代的终结。

顺便提一下，抗战前夕的厦门正值其历史上最繁荣的时期，当时厦门有好多家轮船公司，如"太古""渣华"等。商船进出港非常频繁，每天只要到鹭江道看看鼓浪屿升旗山上高高的旗杆标志，就可以知道南来北往轮船进出港的情况。当时厦鼓之间没有轮渡，但是鹭江上几百艘舢板穿梭来往显得热闹非凡，组成一道繁忙美丽的风景线。厦门岛上鹭江道、中山路、镇邦路、晨光路、水仙宫一带客店、茶馆、钱庄、商店林立，入夜后灯火辉煌，外商侨客熙熙攘攘，一片繁荣景象。城市闹区从思明南路延伸到大生里一带。

二、颠沛流离，我的青春岁月

1936年初，我们家搬到香港。

香港岛自从1842年《南京条约》签订后被英国侵占。抗战期间香港人民还保持着广东的风俗民情，春节期间各商行休假庆贺，大小老板绝大多数还是穿着长衫马褂互相拜年，家家店铺张灯结彩，和内地毫无二致。

父亲来港后在好友沙叔开的"光兴行"任职，由他独当一面开设一家蚊香厂。开始时我们家和工厂都在德辅道西一座六层楼的楼房里。1938年厦门沦陷，根据当时情况，父亲决定让大哥随父亲的好友洪汉淮到印尼学做生意，让我随父亲另一好友万叔到西贡（今胡志明市）堤岸他的店里当学徒，那时我才15岁。

那一天，天气特别晴朗，我背着行装，由父亲送我上船。为了不让我难过，他在法国邮轮起行之前悄悄地离开，在码头远处望着我，我从他慈爱的眼光中领会了他对我的祝福。

我坐的法国邮轮是一艘万吨级邮轮，从香港到西贡要航行三天三夜，航程很长，只见天连海海连天，海天连成一片，见不到海岛和陆地。全程风平浪静一路顺风，我和万叔他们在旅途中过得很愉快。

西贡是法国人在越南经营的最大的殖民城市，有法国式的楼房、宽阔安静的大马路、造型小巧的法国汽车……我们的目的地是离西贡不远的小市镇——堤岸，这是华侨聚居的城市，保留着闽粤一带的风格。华侨大多来自福建、广东潮汕一带。万叔和闽南华侨潘秉德合营一家商行"万德兴行"，批发兼售南北货物，生意还不错。白天我就在店里当学徒，有时也帮万婶抱抱孩子、做一些家务等，晚上上夜校学法语。有时也上街带些手电筒、蚊香、电木碗等样品到有关的店铺去兜售。可是到堤岸将近一年后仍水土不服，两腿生了很多疖子，经多位医生治疗均未见效。最后到法国医院就医，总算治好了，可是两腿留下类似梅花鹿般的瘢痕，真是不太雅观，所以大热天我也穿长裤来遮丑了。

在越南前后待了一年多，父亲就让我回香港。这时我家随着父亲经营的蚊香厂迁到香港对面的小岛鸭脷洲，家里又多了五弟。父亲让我回厦门继续念书，姐姐和姐夫一家搬到鼓浪屿黄家渡，我就寄住在姐姐家。当时鼓浪屿上有很多从厦门岛逃难来的人，挤在黄家渡的难民营里，靠几口救济粮度日。

不巧，姐姐家不幸遭受了火灾。姐姐家楼下是邱玉心姐（姐姐的同学）的大哥开的一家汕头杂货店，那天早上因火烧蚂蚁不小心把房子烧了。我们住在二楼，火已经冒上来了。当时正是初夏，我只穿一件背心和一条短裤，光顾着帮助姐姐一家搬东西，自己的东西忘了拿。姐姐一家到亲戚家暂住，我只好住到父亲的好友刘丕扬家。一两个月后，姐姐一家安顿在港仔后原中山图书馆对面一座三层楼房的底层。条件虽然差点，但有一个相当大的院子，种着两株高大的桑树，此外还有不少花木。每逢桑葚成熟，便是小孩们最快乐的时节，因为可以品尝到甜美的桑葚。而且港仔后海滨浴场就在家门口，夏天清早下海游泳是当时最大的乐趣之一。邻居郑静一家与我家和睦相处，他们是厦门青屿灯塔的"工人世家"，郑静后来在六中和我是同事。他的妈妈和我妈妈几十年常互相探望，一直到老还经常念叨，互相关爱。

1939年，父亲接受鼓浪屿通商银行聘请，率全家从香港返回鼓浪屿。开始曾和姐姐一家住在一起，后来又搬到旗仔尾山一座楼房的二楼。附近有一个有名的婢女救拔团，当时有些不堪迫害的婢女寻求该团帮助，得到人道主义的关怀。

当时我在鼓浪屿美华中学念书，这是一所由美国教会安息日会兴办的中学，师生大部分是基督教徒。美华地处鼓浪屿"六个牌"海滨，风光优美，是鼓浪屿观光、游泳、散步的好地方。

但是好景不长，1941年太平洋战争爆发，日本侵略者一夜之间便跨海侵入鼓浪屿，原来安谧清静的鼓浪屿一早就军车轰鸣。整个鼓浪屿已被占领，各国领馆、洋行均被包围，所有人员禁止外出。整个鼓浪屿人心惶惶不知所措，鼓浪屿成了孤岛，物资十分缺乏，每个月每人只有几斤配给的烂米维持生活。日本侵略者为了减轻他们占据鼓浪屿的物资负担，同意部分华侨或侨属可以申请前往内地国统区。当时我已是初中三年级学生，家中认为我可以独立，于是我便申请前往内地以便继续升学。

我和姐夫庄乃宜的嫂子一同通过批准，与同批一百多人一起乘船前往泉州东石。当汽船驶出厦门港，我们都挥手告别亲爱的家人和可爱的家乡。汽船在公海处还遭到日军巡逻艇的检查，当巡逻艇远去后，我们船上的同胞不约而同地高声唱起了抗战歌曲，不少人激动地流下眼泪。当天傍晚我们到达了东石港，被安顿在海边的一座炮楼里。看到那些留守前线的国军士兵，虽然荷枪实弹，但都穿着破烂不堪的军服，萎靡不振，我们感到十分伤心。

1942年，我辗转从泉州东石经马巷、漳州到达南靖山城，投靠在大同中学任教的姐夫庄乃宜的舅舅陈宽恩家。经过一段时间，我只身一人从山城步行七十里到达南靖县水潮的省立龙溪中学，读高一上。接着我参加了沦陷区学生编班考试，我报考高一下。后因患疟疾，我决定休学养病。当时陈宽恩已就聘平和县小溪双十中学。我又辗转来到小溪寄居在陈宽恩师家，不久经他推荐担任平和县小溪桃郊国小校长将近一学期。龙溪中学编班完成后，通知我可以就读龙溪中学高一下（龙高十八组），于是我辞去桃郊国小校长之职，连夜步行赶到南靖山城，第二天赶到学校报到。

靖城虽是山区，在我就学期间还经常遭受空袭，我们经常都要带书本和干粮到山上去避难。抗战期间，学校组织唱抗战歌曲、演话剧、办墙报，同学们抗战情绪十分高涨，大家相处得十分融洽。中学时期的同学友谊让我们终生难忘。

1944 年底，我响应了"一寸山河一寸血，十万青年十万军"的号召，和同班 18 位同学参加了青年军。部队从漳州开赴闽西岩前接受军事训练，我被编入青年军 209 师 626 团战车防御炮连当一等兵。经过半年多训练，部队接着由闽西途经闽中永安等地到福州北门外新店村，在那休整一段时间后，乘轮船从福州到达宁波，行军经慈溪一带最后到达绍兴柯桥。在那接受所谓预备军官训练，一直到 1946 年复员。

1946 年，我从柯桥复员经上海乘运输船回厦门。陈东凯和我作伴。当时上海流行霍乱，我们两三天只靠从上海买来的瓶装苏打水和苏打饼充饥。在船上我们亲眼看到霍乱死者的"海葬仪式"：尸体用铁棍绑着从船舷边丢进大海，船上鸣笛三声，大船绕行一周，然后扬长而去。这仪式看了让人好不伤心。

1946 年夏，我到母校漳州龙溪中学就读。抗战胜利后，龙溪中学从靖城迁回漳州，暂以南山寺为校舍，后来才迁回芝山旧址。我参加了高中毕业考试，随后到福州通过入学考试，进入福建协和大学化学系。学了一年感到不适应，我决定还是转而攻读自己平时喜爱的中文为好，于是转入文学院中文系学习中文，一直到 1950 年夏毕业回厦。

福建协和大学位于鼓山东麓，背靠名山古刹，面临滚滚闽江，环境幽美、风光秀丽。校园一年四季风光无限：春天艳如桃花的杜鹃花满山红遍，同学们趁青春年少漫游其中如入仙境。夏天福州酷热难熬，唯独鼓山乃是避暑胜地。暑期留校自有一番情趣，清晨微风习习，手执诗书，漫步校园，徜徉在文理学院光华、光荣、光国诸座学生宿舍楼之间，树影婆娑，空气清新，名词佳句、良辰美景都让人陶醉。或约几位同窗好友畅游浩浩闽江，或溯流而上，或横渡跨越，尽显青年豪气，不亦乐乎。秋季开学时老生纷纷返校，又有一批新生前来报道，校园又欢腾起来，新学期新课程让我们在知识的殿堂里又上了一个新的台阶，耳目也为之一新。秋天是丰收的季节，中秋佳节更是赏月的大好时光。宿舍楼依山而筑，倒映闽江，江水月光相映成趣，更让人留恋。校园处处情侣双双结伴，或相拥而坐，或形影相随，为校园增添无限青春气息。冬天福州自有一番风光，20世纪40年代，厦门已经极少有人穿汉装长袍了，而在协大校园处处可见长衫飘逸。我也入乡随俗穿上长袍，的确比中山装要暖和得多，而且也显得比较文气。冬天的早晨到校园漫步，到处可见草霜晶莹，坑畦之上薄冰如镜，这在厦门是看不到的。

1950年在临近毕业的最后一个学期，我参加了协大学生会组织的一场话剧《思想问题》的演出。我饰演男主角周正华，也为自己参加工作后必须重视思想改造提了一个醒，在这方面我对自己有比较严格的要求。

三、栉风沐雨，我的教师生涯

1950年秋，我从福州协和大学毕业返厦，以中华人民共和国成立后第一届大学毕业生的身份，被厦门市立中学聘为语文教师。当时市中即在现在厦门六中厦禾路校址。从此，我就扎根在厦禾路这块土地上，一直工作到1983年退休。33年来我是这里变化发展的见证者。

1951年，厦门市立中学和厦门省立中学合并为厦门第一中学，校本部设在原省中玉屏巷校址。原市中厦禾路校址改为第二校舍，由教导处副主任杨炳维负责行政管理，我任教导员协助其工作。学校几经发展、变迁，我本人就经历多次校名新增与变更，但我的工作"基点"都是在厦禾路从事教学教育工作。在中华人民共和国成立60周年前夕，厦门电视台和《厦门日报》对我进行专访，要我以见证人的身份讲述中华人民共和国成立后30年来厦门中等教育的发展历程。

1953 年，厦门一中由省教育厅批准择地建新校舍，即位于现在深田路的厦门一中新校址。我被任命为总务主任，主持筹建新校园，1953—1956 年间我为厦门一中建设了 53～56 楼等 4 座教学楼、办公楼以及配套运动设施，做了最实际、最具体的工作。

1956 年夏，厦门六中成立，市教育局将厦门一中第二校舍全部拨给厦门六中。同时我也调来六中，仍然担任总务主任一直到 1983 年退休。我是在这里工作时间最长的工作者。其间历经风风雨雨，很多事情让我毕生难忘。

1956 年厦门六中成立时，所接收的是原日本博爱医院旧址，只有 2 座日本式平屋共约 600 平方米和 7 间简易教室。六中成立之后，又新建了 3 间简易教室，全部校舍不到 1000 平方米，校址内还有一个跑道不足 400 米长的足球场和 3 个篮球场，仅此而已。六中靠近打索埕的校舍当时还分出一部分作为厦门市机关干部业余文化学校办公场所和部分人员宿舍，余下的才作为六中的实验室、图书馆、音乐室和体育室，还有一部分作为教师宿舍。靠东边的校舍为行政办公室、教师办公室和教室。记得六中成立时初中班增至 12 个。

厦门六中的前身是思明私立中学，校长是林采之（市工商联主席）。学校改公立后第一任校长仍是林采之，教导主任孙肇颖，副教导主任庄贤德、洪秀莉，我任总务主任。工作中，我的精力主要都用在贯彻国家教育方针、开展校园建设、组织学生勤工俭学和大办工厂、农场上。

1957 年高举"三面红旗"，即总路线、"大跃进"、人民公社。六中也大办厂、大炼钢，把很大精力投入其中。首先是六中和锻压机床厂搞协作，学校为工厂办夜校，工厂帮学校设立锻工车间和钳工车间。学校派了几个教师，招收了几个工人来上夜班，工厂也派来两三位师傅帮助学校组织生产。一开始两个车间像模像样地为工厂加工建筑用钩钉等，当时负责办厂的专职教师有吴长波、王昌黎等。另外学校还和感光化学厂协作创办了化工厂，为感光化学厂提纯一些感光原材料，厂里也招收了几个专职工人，负责教师有卢琪兴、黄友勋等。在国家大炼钢的号召下，学校除了发动学生筑起炉灶大搞锻铁成钢等群众性炼钢活动外，还集中力量搞冲天炉，并由学校木工场自制大型风箱，轰轰烈烈、夜以继日、通宵达旦地炼钢。校园里火光冲天，气氛十分热烈，最终炼出了一堆一堆的"牛粪钢"。当时还连夜向市教育局报告，市委宣传部还派人来校视察，当场奖励两台电动鼓风机代替土制风箱，大大提高冶炼的效率，但始终也没真正炼出一炉像样的钢来。

此外，在校园里还办起了养鸡场，是和市食品公司协办的，由他们提供种鸡，饲料供应由生物教师林逸珍负责指导和管理。很奇怪，当时养鸡场的种鸡就是不下蛋，以致养鸡场维持不下去。此外学校还和市外贸畜产公司协办了一个种兔场，养的是力克斯皮毛兔和安哥拉长毛兔。开始也办得像模像样，可是也维持不下去。结果，畜产公司亏了一两万元。

当时我们还在海沧嵩屿京口办了一个农场。经市建设局批准拨给学校一座上百平方米的民宅作为农场场部，并配有一二十亩的耕地。学校派了王昌黎、洪卜仁、叶仕俭等教职工常驻农场，还组织每个班级的学生轮流去农场劳动一周，要求学生自带粮食、煤球、副食品等。我也曾到农场带领学生劳动过一段时间。农场办了两三年，仅收获了一些地瓜和花生。农场还有一口鱼塘，每年也只能收获几十斤小鱼小虾。办农场是为了让学生从事农业劳动锻炼，根本不是为了经济效益。十年动乱期间，因为无人管理，京口农场也就荒废了。

在我印象里，1960年厦门六中还打了个"翻身仗"。当年，厦门六中师资、各项教学条件和市区其他中学都不能比，学生的学习成绩也是比较差的，曾被称为"鸭味"（厦门话，即"差劲"之意）学校。1960年，时任厦门六中教导主任的庄贤德奉令赴省脱产学习一年，学校让我代理教导主任工作。这一届初中毕业班由党支部书记袁玲莹同志自己带，从学期开始就抓紧各门功课课堂教学，每科单元考试后建立档案，用于有针对性地跟踪辅导，做到人人过关。抓晚自修让学生巩固当天功课，到最后临近毕业考试还集中学生在校住宿，加强辅导，全力备战毕业考试。老天不负有心人，这一届终于打了一个"翻身仗"。绝大多数学生都顺利毕业，大约有一半被厦门一中录取，是厦门一中录取六中初中毕业生最多的一届。这也是因为当时厦门一中停办初中，高中生源主要靠六中输送，其他中学高中生源大多来自本校初中毕业生。从此，厦门六中名气稳步上升。这届毕业生中也出现了一批拔尖人才，如原厦门鹭江大学副校长纪亚木、厦大教授邱曙熙、航海外派的徐乔木，以及在厦门有一定名气的校友，如吴诸海、江金火、黄国仁、蔡金标等。

1961 年正处于三年困难时期，我和六中三位教师同时被下放到厦门第一农场劳动锻炼。我在农业组，曾宪文等三人在果林组，王昌黎、傅晓村在养牛组。第一农场在东孚，场部在湖头，下放干部分散在下陈、孚中央和湖头，我们都在湖头。当年我 38 岁，也算年轻力壮。经过一年多的劳动锻炼，身体还吃得消，但体重仅有 36 公斤，可见劳动的艰辛和供应的匮乏。

我们下放干部是住平屋瓦房的集体宿舍，每间住 6～8 人，睡的是双架床，上下铺，条件还可以。三餐都在食堂里吃，早上六点起床，早餐是一钵头稀饭加上几个蒸地瓜，够管饱了。但经过一两个小时的劳动，特别是挑担子这样的活，只要来回几趟，肚子就凹进去了。中午虽然有干饭，但粮票有限，也只能吃半斤干饭外加几个地瓜凑合。当时场部另有一个食堂，偶尔有卖蒸南瓜糕，花半斤粮票买来，一口气就能干掉。晚饭吃得最舒畅，经过一天的劳动，精疲力竭，坐在餐桌前，一钵头的稀饭、几个大地瓜，就着一碟两毛钱的咸鱼头可以美美地吃上一顿。

晚饭后，一般没有什么任务，大家在一起无非是聊聊天。我们同寝室有一位市委宣传部的科长，能言善辩，每天晚上都可以听他高谈阔论。因为都是下放干部，彼此之间没什么架子，我们有听不惯的就顶他几句，于是就滔滔不绝地聊起来，好不热闹，一天的疲劳也就烟消云散了。有的下放干部也下棋，彼此不服输也会争吵半天，有的也看看书读读报。有时夜里还要轮流值班，荷枪实弹在宿舍周围巡逻，防止"五类分子"捣乱。因为农场除了农场干部职工、下放干部、老农，还有一批来接受劳动监督的"五类分子"。大约一个月轮到一两次值班。值班时有时夜月当空，周围一片静寂；有时满天星星，孤雁独飞，一声哀号在夜深人静时常常引起无限遐想。值班交接班后，有时还可以美美地睡上一觉。

有时晚上饿得不行，几个下放干部就每人出点粮票，到老农家买个大南瓜或大包菜。大家就在老农家围着大锅台，煮南瓜饭，边烤火边聊天，饭熟了就在阵阵饭香里饱餐一顿。

农场有自己的果园，经常有些不能上市的水果就供应给农场职工和下放干部，如香蕉、西瓜等。价格非常便宜，甘蔗每百斤才卖一元，很多人一买就是一百斤。买来放在床铺底下，下班后大家都在啃，算是很好的糖分补充和闲暇消遣。

农场小卖部有时还卖死猪肉。农场养猪场经常有病猪死猪，都由小卖部加工煮熟后卖给农场职工和下放干部。当时物资非常紧缺，虽然是死猪肉，大家还是不愿错过机会。每天下午收工后，很多人就会跑到小卖部探个虚实。小卖部的两个伙计一个小名叫"白糖"，一个叫"乌糖"，都很会卖关子。有人问，今晚有没有猪肉卖。他们会说："你们自己瞧瞧！"如果被人看出有猪肉卖的迹象，消息一下子就会传开，很多人拿个钵头，争先恐后来到小卖部外面排起长队，等着小卖部的猪肉开卖。半钵头五毛钱，经济实惠。那时候似乎谁也不去计较是不是病死的猪，反正有猪肉吃就是天大的福气。

在农场，下放干部中级别最高的是时任市委副书记杨柳，学校教师算是比较少的。下放干部和老农并没有什么区别，冬天为了御寒大家都穿上用麻袋缝制的麻袋衣，不少人过去都是西装革履，现在入乡随俗穿着麻袋衣在田间劳动，真是脱胎换骨。

三年困难时期，一般下放干部口粮都不够吃，要靠家里节省下来的补充，即便这样往往还是不够。有一个晚上场部开会，请了很多客人，办了好几桌饭菜，结果剩下不少。场部领导就通知下放干部每人带钵头到餐厅免费吃饭。真是天上掉下馅饼，大家争先恐后前去大吃一顿，不少人放开肚子一连吃了好几钵头。结果回来后有的人撑得几乎走不动，有的靠在床架上气喘吁吁，哪知道一桶桶雪白的大米饭，一盆盆大鱼大肉吃下来，会让你觉得撑着比饿着还难受。

农场对下放干部实行每月 28 日工作制，每月可休假 2～3 天。下放干部绝大多数家住市区，当时交通不便，每天只有早晚各一班从角美到市区火车站的班车。每次休假要回厦门，大家成群结队从湖头步行 10 多里到角美然后乘班车回厦。一群人如放飞的小鸟，一路上谈笑风生，尽管都是老大不小的中老年人，却都像小孩子般兴高采烈。

当时，休假回家和假后返回农场，两种不同的心情形成鲜明的对比。那时休假后要返回农场，一般都是乘晚上 9 点以后从梧村火车站发车的班车。班车到达角美已经 10 点多了，再从角美出发步行经过一些村落，走 10 多里的乡间小路才能到达农场。运气好时还有月光伴你同行，运气不好时还得顶风冒雨，高一脚低一脚一路上蹒跚跟跄穿过田埂小路，越过山丘低谷往前奔。听着乡间狗吠鸡叫，有时风吹草动都会让你吓出一身冷汗，一直到达湖头看到农场的灯光才放下一颗忐忑不安的心。那时候社会治安状况还好，不曾遇到拦路抢劫，一般可以平安到达农场。在 12 点以前到达农场就不算超假，否则就要扣下月的假期，假期对当时的下放干部来说可是很重要的。

在农场，我被分配在农业组劳动，这是真正意义上的务农。每天一早就跟着老农下地，犁田耙地这些主要农活还是老农动手，其他如播种、插秧、抓田草、挑大粪、施肥、收获、晒场等农活我们都得干。其中挑大粪最吃力，体力消耗最大，只要挑上二三十担，肚子一下子瘪了，饿得不行。最辛苦的还是夏天抓田草，烈日当空，汗流浃背，还要跪在田水中双手并用，将长在秧苗旁边的杂草抓起来然后压埋到田泥中去，边抓边埋，干到最后腰酸背痛，手足无力，饥肠辘辘，干渴难忍。只能用双手捧把田沟里的清水解解渴，伸伸腰略作休息后还得把指定的农活干完。

农活虽苦，但也的确让我们这些知识分子脱胎换骨。有一次我们农业组正为肥水不够而犯愁。有一位下放干部发现了养猪场后面一个不显眼的地方，从猪栏延伸出来的水沟流出的猪粪便积成一大池，都是绿油油的大好肥料。于是农业组总动员，兴高采烈一个个挑上粪桶，急急忙忙奔向粪池。大家卷起裤脚立即下池，一担担的肥水挑了上来，倒进农业组的大粪池。尽管又脏又臭，大伙心中还是乐悠悠的。

一年多的农场劳动锻炼胜读十年书，让我懂得了人生的真谛：自食其力，老老实实做人。

1973年，因审查落实，我被安排到金鸡亭与孙肇颖校长，邓凡槐、林则洪、连明亮等老师去创办厦门六中新校办农场。我们在田间自盖土教室，每天迎接整班来农场"学农"劳动的学生。当时常住农场的只有两人，连明亮住在田间土教室，我一人住在金鸡亭破庙里，大约待了一年。每天早上要把两头牛放到山上，又要准备学生来农场劳动的安排。下午学生劳动回去后，我有时还要拉一板车的地瓜或花生之类的农产品，从金鸡亭一口气拉回学校，卸完车还要拉着空车赶回金鸡亭。晚饭是在田间土教室里两个人自己烧，饭后我还要拉着两头牛，翻过两三个山头到金鸡亭破庙里过夜。当时，那个庙已经年久失修，好大一座破寺庙只有我一个人住在里面，还好有一只小狗陪着我。

当时我已年过五十，经过劳动锻炼，身子骨还算硬朗。夏天整天只穿一件裤衩，戴顶草笠，全身晒得乌黑，冬天也是任凭风吹雨打。有时早饭前还要赶到江头买地瓜苗，一担五六十斤，沿着山间地头小路颤颤巍巍地挑回农场。

1973年，学校终于把我调回校园，安排在总务处任出纳和保管。我身兼两职，但比起在田间劳动可轻松多了，还因此得到了上官世文书记的表扬。但下放劳动后也得了后遗症——腰肌劳损，想躺却躺不下去，想起来又起不来，腰肌乏力，经过多方治疗，后来才慢慢恢复。

我最为欣慰和感动的是，改革开放后，厦门六中逐步走上正轨，办起了高中。当时市里比较重视，陆续派来本市颇有名气的教育专家来校任校级领导，如叶振汉、上官世文、赵家鼎、柯栋梁、郑永华等。厦门六中渐渐崭露头角，成为可以与厦门一中、厦门双十中学并驾齐驱的学校。

四、桑榆新枝，我的退休生活

1983 年我从厦门六中退休，仍然留校在图书馆协助编书。日子过得安详，我感到仍在延续着自己眷恋的教育生涯。

六中原校长柯栋梁当时任市外事办主任。恰逢全市组织全面编写志书需要人手，于是他推荐我参加外事办编志工作。我和另一位从海南退休来的中学教师一起从市图书馆、档案馆、厦门日报等渠道入手，搜集外事有关资料。面对浩如烟海的资料，我觉得要编好外事志应该从近现代开始，由近及远搜集整理资料。先把近现代的史料及时搜集起来，因为这部分材料比较翔实可靠，再逐步循历史事件往上追溯，进一步搜集过去的资料。这种编写外事志的设想，得到市方志办和外事办领导的认可。我们便循此方法，积极搜集有关资料，由近而远、分门别类，整理归档。我们顺利推进编写外事志工作的时候，也正是外事交往日趋繁忙之时。当时外事办人手尚未配齐，而接待任务日趋繁忙，我们编志人员常常要协助完成接待任务，有时一个任务接着一个任务，编志工作便处在停停打打的状态之下。长此以往，编志人员不务正业，日后如何交差？于是，我只好向外事办领导提出辞去编志工作，经几度挽留，最终我还是离开外事办。

改革开放初期，民盟厦门市委会为适应社会需求，创办了光明业余学校，由民盟厦门市委会副主委陈镛同志任校长，经他推荐聘任我当副校长。当时教导主任是陈国鑫，后来由张则韩任教导主任，又聘请原集美师专外文系主任潘达夫为副校长，协助我开展工作。厦门光明业余学校开始办了各级英语补习班，也办了会计班教授普通会计、商业会计、工业会计等，还开设武术班教授五祖拳等，接着开办高教自考辅导班。全盛时开设 20 多门课程，聘请厦大、鹭大、集美师专等大学讲师、教授授课。凭着师资和在市区办学的优势，学校办得红红火火。我们也曾为电大承办一期法律班，培育大专毕业生 40 多人。一直到 1993 年，由于种种原因，学校停办。这是我将近 10 年参加党派办学历程的终结，也是我数十年教师生涯的完美收官。

从岩望港到鼓浪屿

——周宝琴口述实录

口述人：周宝琴

采访人：任中亚

采访时间：2021 年 3 月 1 日、4 日、9 日

采访地点：鼓浪屿

【口述人简介】

周宝琴，祖籍安溪，1941 年出生在东爪哇岛岩望港，1958 年归国，在鼓浪屿生活近半个世纪。退休前为厦门一中英语教师。

一、早年在印尼的生活片段

我父亲叫周征越，1902 年生人，籍贯安溪。其实他本不姓周，而是姓钱。他很小就没有父母了，有一家姓周的人家喜欢他，就收养了他。周家有一个儿子在印尼做生意，后来我爸爸也去了印尼。我没有见过这个伯伯，只见过伯母，她家是在印尼很多代的华侨，她穿纱笼。

我爸爸哪年出国的我不知道。他先出国，后来才回国娶我妈妈。我妈妈是地道厦门人，住在中山路。我还有他们的结婚照，很好看。结婚照里的我妈妈就像《红高粱》里面的九儿，有刘海，头发梳在后面，穿着中式衣服，袖子大大的。

结婚以后，爸爸就把妈妈带去印尼。爸爸在印尼先是跟着我伯伯做生意，后来自己做。他做过很多生意，有花生生意、瓜子生意，后来做丁香生意。丁香要从安汶运过来。

我们家有几十个工人，都是印尼当地人。家里有一个很大的水池，下午

工人们先把丁香泡在池子里，一直到明天早上。第二天早上，工人们一人一个机器把丁香弄碎，放在晒场晒。我们家有两个球场，专门用来晒丁香。晒干了，又有工人把这些丁香装到小纸袋里，再放在木盒子里排好。最后是女工，她们把这些纸袋糊成一小包一小包，几个小包装进一个大包。

我们有好多买主。爸爸为人不错，他特别照顾一个老太太买主。这个老太太是不容易的，所以当丁香供不应求的时候，爸爸就优先给她。老太太很厉害，她会把丁香拿到另一个城市卖。

我们家有三四个女佣人，还有一个男工。男工打扫院子，给树木浇水，还负责收丁香。有专门扫丁香的扫把和簸箕。丁香是比较贵重的东西，所以等他扫完了，我就去扫他漏掉的。有一次他扫得很不干净。岂有此理，那不是增加我的工作量？那时我十二三岁，我生气地骂他，他就回我："那你就扫嘛。"我气得把扫把往他身上扔，他就去我妈妈那里告状，我被训了一场，说怎么可以对工人这样。

我爸爸很照顾这个工人，后来我们分三批回国，每走一批人，他都要哭。我们每次回国不是带很多箱子嘛，每个箱子外面都要用麻布袋包好，缝好。他边缝边哭。我还记得他的名字叫 Kenabi。

女佣人对我们都很尊敬，用尊称称呼我们，比如她们叫我妈妈"You de"（"女主人"），叫我姐姐"You Tedga"（"小姐"），绝不会用"你"这样的称呼。

有时也会有当地官员上门，比如管税的，到我们家看看，喜欢什么我们就送去。爸爸喜欢种花、养鸟，有一次印尼的官员来，喜欢我爸爸养的黄莺，就送给他了。

我们跟印尼当地人没有什么往来，都是跟华人来往。我们住的地方叫岩望，福建人比较多，也有广东人。隔一段时间，妈妈就会出门拜访朋友，一家家见过去。比较小的孩子就会跟着去，有时候我也去，都是坐马车去的。妈妈出门的时候穿旗袍，平常就穿斜襟衣服，裤子宽宽的。衣服和裤子是一样的布，绣一样的花。爸爸平时穿西装便服，出席宴席等场合才穿正式西装。

我在印尼读当地的华人学校，叫岩望中华中小学。①岩望的华人子弟都在这所学校念书。爸爸曾经担任过学校的董事会主任。②

听说当年陈嘉庚去东南亚募捐的时候，爸爸也参加了。后来有风声说日本人要来抓我爸爸，当时我妈妈怀着我，爸爸怕妈妈受惊吓，就去我们房子的前厅等着日本人来抓。前厅是敞开的，有回廊，放着桌椅。爸爸就在前厅等，幸亏后来没有人来抓。

我1941年出生，1942年日本人就来了。据说是我大姐抱着我，一家人跑去山上逃难。大姐大我11岁。我们家一共11个兄弟姐妹，我是老六。

二、一家人分批回国

中华人民共和国成立初期，每年中国政府都会请海外的爱国华侨去北京参加国庆观礼。1954年爸爸参加了观光团，去了北京。他当然很激动，感到很光荣，当时何香凝、廖承志都接见了他们。何香凝还送了观光团成员每人一张她的原画和一本画册。观光团还去了东北参观工业建设情况，参观完就各自回乡省亲。爸爸经过杭州时买了很多工艺品，以便送亲友。我得了一把杭州扇，很美又很香。

爸爸回到印尼后，每天很多华侨来我们家，打听国内情况。爸爸接待这些人时，茶是我泡的，泡完了由女佣端去，由我爸爸递给客人，所以我当时也听了很多。

那几年我们家每个月还会收到领事馆寄来的《人民画报》《苏联画报》，

---

① 岩望中华中小学始办于1904年。1903年中国近代维新运动领袖康有为出逃南洋，途经爪哇岛时，莅临岩望，在慈德官召集华侨开会，劝导华侨学习汉语汉字，主张创办新型中华学堂，弘扬中华文化，培养华侨子弟成为社会有用人才。热心教育事业的侨贤们当即组织临时理事会，凑足教学经费，招请教员。1904年5月3日，中华会馆宣告成立，由康有为亲笔题写的"中华会馆"的柚木横匾高挂于学堂东边的大门上。此后，该学堂历经战火、印尼"排华"等事件，于1966年关闭（摘自《岩望中华会馆一百周年纪念特刊》）。

② 周征越先生在岩望曾担任中华会馆董事会主席，也是校董事会主任，曾于1954年带头捐出2万盾现金（约1千克黄金），并发动其他理事各出1万盾，共凑足35万盾，收购哈山奴丁大街的大房子充作幼儿园分校（摘自《岩望中华会馆一百周年纪念特刊》）。

很漂亮。当时印尼也开始放中国电影，像《天仙配》等，我母亲很爱看。

20 世纪 50 年代每个月都有两条船从印尼到香港地区，船是荷兰的，半个月一趟。很多人坐它们回国，像我的邻居 1953 年就回国了。

我们分三批回国，第一批回去的是我大哥、二哥、二姐，那是在 1955 年。我跟三哥是第二批，1958 年 7 月回国。我们这五个孩子回国后，妈妈就很想念我们，哭着吵着要回国。1959 年 3 月，他们就也带着我的弟弟妹妹们回国了。

大姐当时已经结婚有孩子了，就留在印尼。没想到这一分别，她再也没有见到爸爸妈妈。大姐念到小学毕业就因为要帮忙照顾弟弟妹妹，没再读书了。但是她很会写文章，后来写了很多发表在《千岛日报》上。

大哥回国后在北京华侨学生补习学校上学，后来考上北京钢铁学院。当时很多人回国，都想去北京、上海、广州，国家就动员大家到人少的地方。我二哥、二姐听国家分配，去了长沙一中读书。

我和三哥 1958 年回国，也去了长沙一中。二哥当时已经考上了中南矿冶学院，二姐还在长沙一中。她在长沙参加羽毛球比赛得了冠军，去省里比赛也得了冠军。我们在印尼的家不是有晒台吗？哥哥就在地上画线，教弟弟妹妹们打羽毛球、打篮球，二姐的羽毛球就是这么练出来的。她拿了冠军，就被动员去参加 1959 年在北京举行的首届全运会比赛。要参加比赛就得去体育馆集中培训，她不干，因为她想考医学院。大哥、二哥做她思想工作，要她听从国家安排，她后来就去参加培训，在全运会比赛拿了第八。但她也因此跟学医无缘了，在株洲当了体育教师。

我们在印尼虽然有保姆，但到了国内，也马上就适应了，什么都自己动手。这要归功于我妈妈，放假时妈妈会要求适龄的女儿到厨房学大人做饭。有一段时间，每到傍晚我得一床床地赶蚊子，放蚊帐。我们家人多，因此床也多。我还要沿墙角喷灭蚊剂。

长沙一中吃的方面，几人一桌，大家都是站着吃，饭用竹筐盛。长沙的米很好，我们没有吃稀饭，都是干饭。但平时菜比较少，到了考试的时候，菜就丰富了，又有辣椒又有肉。不过我报的是无辣椒席，印尼侨生在印尼都是吃辣椒的,但是长沙那个辣,大家受不了。

当时国内物资贫乏,很多同学都穿黑布衣服。他们看见我穿裙子,窃窃私语:"裙子,两层的!"这些衣服都是我从印尼带到国内继续穿的。

三、从长沙一中到鼓浪屿二中

我和三哥在长沙一中念了一年,爸爸妈妈就于1959年回厦门了。他们先住在华侨新村一个朋友家,然后找房子。他们看中了鼓浪屿的一栋房子,交了定金。

在这个过程中,我和三哥就从长沙一中转到了鼓浪屿二中念高二。我三哥和我差一岁,我们从小一起上学,这次转学到鼓浪屿,也是同班。

鼓浪屿的同学跟长沙的同学穿着就不一样了,不会只穿黑布衣服,不过大家也都挺朴素的。同学中也有家境不好的,有的家里养羊,身上常带有羊的气味。

说到穿着,给我印象最深的有几个老师。我高二的班主任吕纯瑜,常穿旗袍,夏天布旗袍,秋天呢旗袍。那呢旗袍可以两面穿,一面蓝色,一面枣红色。再冷一点,她就套上毛线衣。毛线衣不是开襟的,而是套头的,很好看。她人很温和,当时住日本领事馆,后来搬去厦大。她丈夫是厦大中文系主任。

题外话,当时鼓浪屿二中有三个老师姓吕。一个叫吕梁德,比较胖,英语很好,我们给他起外号"胖吕";一个教数学,人很老实,样子不好看,嘴巴是撅起来的,外号"猪吕";还有一个就是我的班主任,她瘦瘦小小,我们叫她"风筝吕"。我们虽然给老师起外号,但很尊敬他们。教数学的吕老师1968年离世,许多同学去送葬,志强(口述人丈夫)也在其中。他们还自做花圈,因为当时没得买。

俄语老师江月仁也很漂亮。她很有气质,常穿西装,胸口有一条小手帕。夏天她穿短袖衬衫,并在外面披一件短袖外衣,跟我们不一样。我是俄语课代表,她跟我挺好的。我们1958年回国,在长沙一中就开始念俄语了,转到鼓浪屿二中后，继续念俄语。1962 年开始跟苏联关系不好，学校就不教俄语了。那时候我已经读大学了。

二中还有一个老师叫蔡瑞南，也教俄文。这个蔡老师终身未娶。他的头发总是梳在一边。他穿衣服，夏天，全白；秋天，上白下黑；冬天，全黑。他走路，笔挺笔挺的。他是鼓浪屿人，家里一尘不染。他会作画、插花等，很有艺术细胞。

前面讲到我父母在鼓浪屿看中了一栋房子，付了定金，但是后来听说鼓浪屿不能落户口，我父母就改在莲坂买了一个四合院。我和三哥在二中寄宿，住在高中部，也就是现在漳州路的音乐学校。当时住宿的人不多，女生大概住满两三间，十来个人。1960 年印尼开始"排华"，很多人回国，这些人就被安排到集美华侨学生补习学校、集美侨校、集美中学学习。这几个学校在 1949 年后就开始接收侨生。1960 年突然回来这么多，学校就把原来的学生调配到其他各个学校去，二中也接收了几个。

女生的宿舍在楼上，男生宿舍在楼下。宿舍四人一间，是高低床，但我们都睡下铺。卫生间在地下室，洗漱都在那儿。一起住宿的同学中我记得有一个叫黄秀英的，是鼓浪屿人。她家里太挤了，经济情况也不是很好，于是就来学校住宿。她不太跟别人交往，但是很会念书，后来考上北京邮电学院。

在鼓浪屿学习的时候，我们偶尔也会出来玩。二中有一个农场在海沧，有时候我们几个住宿的接到通知说农场的菜来了，我们就要去码头，把菜扛回学校。

在学校里我们吃食堂。长沙的食堂是固定的饭菜，二中食堂不一样，要吃什么，可以自己选，有蔬菜、豆腐，还有一点肉，条件比长沙好一些。到了节日，学校食堂就把我们这些集体户票证分到的鱼肉烧好，一人一份，让我们在学校吃掉。我和三哥的户口在二中，属于学校集体户。当时的校长是陈碧玉，她还帮过我们。那时物资比较匮乏，政府根据户口来定粮票，过年过节还有一些票证，可以凭票分到鱼。我跟三哥既然是集体户口，政府也会分配给我们这些东西。放假的时候我们要回家，就想带一些粮票回家，但是管事的总务不让我们拿，只肯给我们食堂米票，但食堂米票只能买食堂的饭。我们跟校长讲了这件事，她就让总务把粮票给我们。还有过年可以分鱼分肉的票证，我们也拿到了。

陈碧玉在厦门的校长当中是顶呱呱的。当时，厦门一中校长王毅林、集美中学校长叶振汉、双十中学校长李永裕，人称"厦门三雄"。虽然陈碧玉校长不在其中，但是她业务非常好，经常去各个班级听课。2021年她过世了，享年102岁。

四、父母在莲坂的生活

那时候的厦门，一出梧村火车站，就是郊外，连路都不一样了。但是爸爸喜欢家里有院子，所以就在莲坂买了一座闽南老房子。房子是像四合院的平房，有天井、有空地。爸爸弄了一条暗沟，引导废水流到菜地里的一个小水池，水池边种了棵柳树。水池可以储水，也可以用来浇花浇菜。他又种了些植物当篱笆。他在空地上种了高粱、高丽菜、花菜、胡萝卜，收成的粮食、蔬菜还送去当时他们寄住过的华侨新村的朋友家里。

妈妈就自己做家务。那些不吃的菜，她就切好，给鸡吃，我们院子左边有一个鸡舍。鸡除了吃菜，还吃米糠。

米糠哪来的？我们那边是农村，有的人会跟我们借钱。有一个老人家是五保户，她会跟我们借钱，还不起的话，就用米糠来还。

我爸妈回国不久就遇上困难时期，所以爸爸之所以种地一来是他喜欢，二来也可以解决实际问题。可能当时印尼还有人欠我们钱，所以爸妈回国后有时还收到侨汇。他在华侨投资公司有一笔钱，有股息，股息还挺高的，大哥在北京念书时，每个月可以从那边得到一笔钱当生活费。后来大哥毕业了，我跟三哥到福州念大学，这笔钱就给三哥，三哥会把这笔钱分给我。三哥念的是福州大学，学无线电专业。我在福州念师范学院，吃住都是免费的。

1960年，印尼发生"排华"事件，中国政府派船去接华侨回国。华侨中也有比较贫困的，我大姐就送他们东西，也顺便托他们带东西给我们，我记得有那种可以折叠组装的家具。大姐还会给我们寄生活用品和吃的，当时吃的东西海关不收税。

咖啡，我父母都喝。他们在印尼每天早上喝咖啡，回国以后也每天喝。当时国内有卖咖啡粒，我们家也自己炒过。大哥的儿子住我们家，很可爱，他小时候的任务就是帮大家搬小凳子到走廊，大家就坐在那里喝咖啡。先喝咖啡，再吃稀饭。

说回在鼓浪屿买房定金的事。"文革"期间，有专案组找到爸爸，问他是不是有一笔定金在某人手里没拿回来。爸爸说对。专案组就把定金还给我爸爸了。原来那个拿了我们定金不还的人被查了，就查出了这笔钱。

爸爸妈妈在"文革"期间没有受到什么冲击。妈妈 1970 年过世，爸爸 1979 年过世，他过世的时候 77 岁。爸爸过世之后，那房子就没人住了，我兄弟就把房子租出去。后来，我们把房子卖了，卖了 22 万元。那是 20 世纪 80 年代的事。

我的兄弟姐妹的情况是这样的：大哥在福建省冶金工业研究所工作；二哥在湖南省冶金材料研究所工作。三哥在厦门港一个工厂工作，后来他岳母从印尼来上海治病，身体虚弱无法回印尼，只好到香港居住。廖承志很快特批三哥一家护送她去香港，说明政府对侨胞还是很照顾的。四弟后来参军，退伍后在电机厂工作。五弟上山下乡，后来去了香港。大姐在印尼。二姐在株洲一所学校教体育。姐妹中第三个是我，在厦门一中教英语。四妹在香港。五妹在厦门湖里医院工作。六妹，脾气最好、长得最漂亮，读书好，可惜已经过世了。她是 1954 年出生，到现在已过世 20 多年了。

五、我的婆婆，我的先生，我朴素的婚礼

我和我先生是鼓浪屿二中的同学。我的先生是抱养的，所以他的生日也不知道准不准。

鹭岛人家

这要先从我婆婆讲起。我公公在菲律宾病死了，我婆婆20岁就守寡了。我公公病死的时候，她在石狮。这个房子（安海路42号）的房东是她堂兄，他就把我婆婆接到鼓浪屿。

这个房东叫林九禧，做五金生意，有时在菲律宾有时在鼓浪屿。他原来有一个原配太太，刚开始没生育，就抱养了两个男孩，后来自己生了一个儿子、一个女儿。女儿很漂亮，叫林莲瑛，嫁给鼓浪屿杨家园杨家的杨清波，生了女儿杨苑薇，女儿后来嫁给JG顶峰控股公司创始人吴奕辉（被称为"菲律宾的李嘉诚"）。

林九禧的原配比较早就过世了，后来他娶了二房太太和三房太太。这两房太太都生了很多孩子，经常跟我联系的是三房太太的儿子。林九禧把我婆婆带到鼓浪屿后，我婆婆就跟他的这些家人一起生活。有一段时间她病恹恹的，吃什么药都不见好。三房太太就说："我知道你的心病，就是没有儿子。"于是就抱养了一个男孩给她。

志强从小在鼓浪屿受教育，念人民小学，念二中。他很会读书，歌唱得也不错，曾经在我们的联欢会上独唱。以前我们的歌本都是手抄的，他抄了歌本，还会在本子上画几笔。我们在高中的时候就互有好感。高三时分文理科，他跟我同班，我们俩同桌。我不知道他的家庭，不了解他的身世。不过我知道他领助学金，因为这个会公布出来。当时他背的书包是旧衣服缝的，衣服也很朴素。后来他考上了厦大经济系计划统计专业，我考上了福建师范学院。我们分隔两地，就相互通信。

念大学的第一个寒假，他请我到他家。我一个大学同学林淑美陪我去。我们坐轮船到鼓浪屿，他到轮渡来接我们。到了他家，我看到他妈妈烫着头发，用一个网网住，穿着中式的斜襟服，跟我想象的不一样。暑假我又去鼓浪屿，看见她穿旗袍。当然她穿的是很普通的棉布旗袍，当时鼓浪屿很多人穿旗袍。

那时候林九禧一家早就走掉了，就剩志强和他妈妈住在安海路这个房子。他们住在楼上，楼下由林家租给两户人家。

1965年志强大学毕业时，厦大原来要留他，但是那年人大要跟厦大交流一个毕业生，厦大就让志强去，因为他读书很好。我婆婆一听说他不留校，就跑到厦大找领导说她的困难。领导说："他不是有个女朋友分配到厦门吗？（当时口述人已经先分配到厦门一中当老师）怎么你说自己没伴？"所以后来志强去人大，我婆婆就到我家，跟我爸妈说："我儿子的学校说他有女朋友，所以让他去了北京，你们要允许她经常来陪我。"

我们是 1967 年结婚的。当时婚礼办得很简单，我们去照相馆拍了照，在永春路区政府领了结婚证，在安海路这边屋子里摆了一桌酒席。我们家是我父母亲、刚好从湖南回来的我二姐、我侄儿，志强那边是我婆婆、志强的干妈、两个住在笔山路的老太太，大家聚在一起吃了一顿饭。

至于嫁妆嘛，我们家是这样的习惯：女儿到了一定年龄，家里就会开始给她买戒指、项链……慢慢积累，等出嫁的时候一起给。我那些带回国的衣服，有的到结婚时还没有穿过一次，也一起带过来。

其他就志强送了我一块小手表，我婆婆带我去鼓浪屿做了几件衣服。她提早带我去做。邮电局对面有一个裁缝店，似乎是一个集体合作社。我婆婆曾经也参加过这个合作社，当时她们都带家里的缝纫机过去，我婆婆的缝纫机是手摇的，比较慢。她这个人要强，速度赶不过别人，就不干了。

我们的婚房还是比较讲究的，比如门帘是我婆婆娘家人从香港买来的，白布绣红花。床上的棉被和枕套，也是我婆婆早早就准备的。当时有的人，单身的时候各自一床棉被，结婚了，也就是两床棉被合起来罢了。

六、工作与生活的片段

简单的婚礼过后，志强又回到人大教书。他一年回来一次，直到 1972 年他才调回厦门。

我结婚之后就住到鼓浪屿，每天从安海路走路到轮渡，从轮渡坐船去厦门岛，再走路或坐公交车去一中。当时交通很不方便，我有时候也会住在学校的宿舍。

鹭岛人家

1969 年夏天，组织部向一中借用两个教师，我是其中一个。当时我们这些侨生能被组织部借用，是很不容易的。像我三哥，他学习成绩很好，但是读大学选择专业时就受到限制。

我们的工作地点在公园南门对面一栋红砖楼。我去的时候，已经有一批人在公园里面查海关档案。这批人是厦大老师和学生。有一天我们被带到鼓浪屿原美国领事馆，其中一个房间里面全是档案。当时海军登陆艇就停在海边，把档案运到厦门岛。

档案很多，基本上是英文，夹杂一两份印尼文。有一本一本的，也有散页的。我分到一本去看，看完了有需要摘录下来的，就记载下来。看完一本，归还，再领一本。

我们在红砖楼进出是自由的，只是材料不许拿出去。那段时间我们住在旧市委，就是深田路那边。我被借调了一年多，直到快要生小孩的时候，工作结束了。我儿子是 1970 年 10 月出生。我没有回鼓浪屿坐月子，而是在娘家。产假结束后，我住在一中宿舍，请了一个保姆照顾孩子。生了小孩后的第一个暑假，我就带着儿子回鼓浪屿了。之后，女儿于 1976 年出生。我和志强都要去厦门岛上班，早上出去，下午才回家，两个孩子都由我婆婆照看。她很自豪，说："我的两个孙儿，上学从来不会迟到。"

志强是 1972 年回到厦门的。当时厦大要他，厦门教育局也要他。他的档案是厦门教育局调回来的，所以厦大要，教育局不给。教育局给他两个选择，要么去六中教政治，要么去一中教数学。他跟我商量后，决定还是教数学。志强 1980 年便过世了。

我们在鼓浪屿住在安海路 42 号，房子共两层，底下有一个隔潮层，院子里有一口水井。这水井是建房子时挖的，一直在用。志强考上厦门大学后，在学校住宿。他每个星期天回家，都把井水挑到楼上，把水缸装满，星期三也争取回家，挑井水给我婆婆用。1965 年他要去北京了，就申请安装自来水。

以前很长一段时间，鼓浪屿的自来水都很紧张，要定时供应，比如下午两点有水，过了时间水就停了。有时候大家都用水，我们在楼上，水压上不去，就得去楼下装水再提上去，一直到 20 世纪 90 年代用水才比较正常。院子里的井水，我们后来就用来洗东西。

电是正常的。

安海路这一带的房子都是一栋一栋的，有围墙，有院子。以前都是一个个大家庭住着，1949 年后有的人家把部分房间租给别人。像对面红砖楼，曾经住着一个妈妈和两个女儿。女儿们是孪生姐妹，但是性格一点也不像，一个喜欢唱京剧，很会打扮，经常在露天唱戏，还有人给她伴奏；另外一个却不修边幅。她们比我大几岁吧，现在应该八十多岁了。

我们左边隔壁是周家。周家有个媳妇，是卓家的女儿卓敏秀，是厦门三大眼科医生之一。右边隔壁是陈家，陈家后人开的宾悦旅馆是全鼓浪屿第一家家庭旅馆。业主陈老先生已经过世好几十年了。"文革"期间，红卫兵把房子里里外外、上上下下抄了一个月，院子也开挖了。后来他们在三一堂把抄没的物件示众。

当时居委会很负责任，有一个阿秀姐，经常上门通知灭四害、家里垃圾要勤倒掉，等等。隔一段时间就有人上门消毒，也经常叫我婆婆那一代人去开会。防疫站还给我婆婆和我一人分一个保健盒子。盒子是两层的，里面有剪刀、体温计，还分了一个健康档案袋。他们会定时通知我们到防疫站量血压，我婆婆后来不爱出门，他们就上门来量。

我婆婆在鼓浪屿住了一辈子，从来没有出过远门。她娘家人有时也会过来。林九禧的后人偶尔也会回来看看，比如原配的亲生儿子、女儿。二房太太也带女儿回来过；三房太太带很多孩子回来过，我记得她一见到我婆婆就抱住她，说想不到还有再见面的机会。

我婆婆是 2006 年过世的，享年 92 岁。她过世前两个星期，我儿子和女儿都回来鼓浪屿。他们自己安排好时间，轮流照顾她，为她换洗。所以，最后我婆婆说自己是满意的。

老厦门的前世今生
——黄猷口述实录

口述人：黄　猷

采访人：泓　莹

采访时间：2012 年至 2014 年 11 月

采访地点：黄猷先生家、厦门市图书馆

黄猷先生（2011 年 7 月）

【口述人简介】

黄猷（1926—2015），厦门人，曾就读于福建协和大学、厦门大学、台湾大学外文系，1946 年加入中国共产党并被派到厦门组建城工部，1949 年后曾经在省联络处、省侨联、省社科院工作，离休前为福建省社科院副院长。

一、老厦门的前世今生

黄　猷：厦门作为一个行政区域是很晚的事。相传宋朝有人穷极无聊，向皇帝报告说厦门出了一支四穗的稻子。稻子一般只有一穗，而这儿的稻子居然有了四穗，这是不得了的大祥瑞啊，就这样皇帝把厦门叫嘉禾里了，禾山这名称也是从这里来的。但厦门很早就有人居住了，南普陀普照庵和鼓浪屿莲花寺都是唐代时建的，我曾经查访过塔窟的一个寺庙，也是唐代的。

明洪武二十年（1387）在厦门设立了中左所，就是中营左边的哨所，只是军事设施，不是独立的行政区。最近的行政区一直是同安的嘉禾里。实际上厦门这个岛一直是农村，农村中有个城，这个城慢慢发展，早期只有 1.4 平方公里，从现在的古城东路、古城西路的范围来看就知道了。城墙就是到现在的文化宫，钟楼是在城外。中山公园的北门和西门，基本上就是城的北门和西门。钟楼是民国后的救火会建的。

厦门人早年就有个习惯，一直延续到清末民初：把城墙里的人叫城内人，城墙外的叫城外人。"城里"后来慢慢发展到现在的中山路，当时叫大走马路，再早年叫外街，而小走马路，就是到基督教青年会那里，就算是城外的街道。

泓　莹：这历史很有趣。

黄　猷：厦门这个地名的出现是比较迟的。明末清初，郑成功建了思明州，民国时期改为思明县，韩振华的老爸韩福海就做过思明县的知事。十九路军"闽变"时设立"厦门特别市"。1935 年，国民政府设了厦门市。开发厦门岛的人是从内地，主要是从同安那边来的，因此可以说厦门岛靠近同安这一面先开发。其中一个证据是南普陀的一块陈姓子孙刻的碑，上面记载着他们祖宗的信息，说的是他们好几代人买土地，没有人管，现在重新登记——这说明曾厝垵下八保这一带当时的确是比较荒凉的，他们从南边买田地买到这里来了。下八保是到了明朝月港时期，通过出海贸易才发展起来的。

说开发厦门岛的人先在北边活动，还有另一个证据。当时厦门岛的社会活动中心在万寿岩，地方话叫"山边岩"，意思是后边就是大山。当时万寿岩有个铸钟，现在搬到南普陀了。这个钟是宋朝时铸的，后来元朝一个万户加注了一段铭文。

传说宋代末年，宋帝赵昺沿着海岸下闽南，原本是要到泉州的。到了泉州蒲寿庚不让他进城，因为那时泉州已经归顺元朝了。于是他就"下辇"，跑到厦门，住在万寿岩。

可见，厦门城小小的，而所谓的厦门港是在城外发展的。

为了防守厦门港，从白石头到沙坡尾一带，叫石壁炮台，都安着铁炮，鸦片战争时这里打得很激烈。就是到现在，沙滩上偶尔还可发现铁炮，可见这是打过仗的地方！

鸦片战争时期，英国人一开始是攻不下厦门的，后来在曾厝垵上岸，从陆地一路打过来，才破防打进厦门。所以啊，厦门的第一道防线是石壁炮台。第二道防线是从镇北关到镇南关，这里是有防御性城墙的。镇北关就是现在南洋研究所旁边，那儿还有堵墙。而大生里到鸿山寺，就是镇南关，郑成功曾经在鸿山上列兵见荷兰人并与他们谈判，就因为这里本来就是一道防线。

应该说，随着贸易的繁荣，厦门逐渐发展起来，但这个发展主要是在厦门港而不是在城内。一直到清朝末年，水仙路水仙宫这里很热闹，有游乐园有戏场，算是市区了。

泓　莹：20 世纪 30 年代开始，大生里有很多妓女，这是怎么回事？

黄　猷：大生里是 1933—1934 年兴建的，是菲律宾华侨杨浦云开发的，他的主要目的是开辟一个新的商业区。当时厦门城市发展有两个方向：一是厦禾路美仁宫那一带，二就是大生里。

大生里建成之后偏偏碰上经济危机，没有人来开店做生意，结果就是很多妓女去那住……

李国梁：南洋研究所的一位老人说，当时日军的慰安所也在大生里。

黄　猷：是的。抗战的时候，日本人的慰安所是挂牌的，具体地点就是大生里往碧山路拐弯处，就是山脚。

李国梁：南洋研究所有一本书，是 20 世纪 30 年代出版的《厦门指南》，谈到当时厦门社会形态的方方面面，其中还谈到思明电影院附近有白俄妓女。

黄　猷：那本书是抗战前一个姓吴的记者编的。当时厦门还有个地方也有妓女，就是妙香街。

颜如璇：现在的巴黎春天那里，原来是海，后面的江夏堂就是当时的海关。这里有个文安小学，至于定安小学，在青年会那边。

黄　猷：当时定安小学叫桃园小学。鹭江道是李清泉他们填的，当时厦门这边填，对面的黄家渡也填。黄家渡那一带是苏谷南他们来投资的，就是福民小学下来这一段……

李国梁：那个地方叫后路头，就是说，一开始是海边，后面变成陆地了。所以啊，厦鼓海峡慢慢就变成一条"江"了。

泓　莹：填的地方太多了，厦门岛与鼓浪屿就越来越近了嘛。

黄　猷：当时的轮渡码头不在现在这里，最早的轮渡码头是从中山路直接下去的。这个码头是旧的，原来叫斗米路头。这个点和港尾那个斗米村对渡，所以叫斗米路头，斗米也叫岛美。

颜如璇：一直到"文革"，轮渡码头还叫斗米码头。

二、海商集团与厦门港

泓　莹：有人说沙坡尾是厦门最早的港口，对吗？

黄　猷：要说港，曾厝垵就比沙坡尾更早。内河航运时期，厦门最早的港口主要对应内地而不是外洋。

最早的漳州船，特别是浯屿来的船泊在"牛屁股"，就是以前的小特区湖里一带；从海澄过来的船一般就泊在曾厝垵，早期曾厝垵叫曾厝澳、曾家澳；当时中山路这边还有蕹菜河、典宝路头打铁路头、斗米路头，斗米路头对应龙海的港尾斗米村……

1946 年厦门轮渡公司职员

我想五通和高崎应该算厦门岛最早的码头。

泓　莹：当时厦门到底有多少港口？

黄　猷：无所谓多少嘛，帆船泊到哪里，哪里就是港。古时只要能避风浪就叫"澳"，鼓浪屿不也有内厝澳嘛，只要叫澳就是港，只要能避风就算澳。再比如说泉州港，实际上从围头就开始算泉州港，那地方到处都能泊船。

沙坡尾原来叫玉沙坡，是厦门小八景之一。我祖父为它写过诗，很美。它不能算厦门最早的港口，这是内港，恰好在中段，早期港口不可能一下子嵌在中间嘛。沙坡尾原先是比较荒凉的，厦门城、厦门港未成形的时候，东来西来船都不可能泊到沙坡尾。

后来厦门城筑起来了，城市繁荣了，商埠也发展起来了，来交易的船泊在这里。厦门应该是我国最早出现资本主义萌芽的城市之一，主要依托的就是海上贸易。与中国内地其他城市相比，它比较容易成为经济中心。

经历了月港时期，再经历郑成功的屯兵，厦门城外有了迅速的发展，从内河航运到对外贸易，厦门渐渐形成一个商业城市的雏形。

此外，厦门是移民城市，一直在吸收外来人口，因此宗族势力不像内地那么强大。厦门人对新的外来文化不会有太大的抵触，这是发展成为经济中心或经济城市的有利因素。

最后的沙坡尾（2015 年）

当时的厦门商贾云集，那可不单单有小手工业者和小商人。郑成功到厦门来的时候，有个寡妇捐了十万石的军粮，这可是不得了的事啊。当时漳州海澄一带一石是五十斤。这就说明厦门当时已经出现了大商人，这与海上贸易是有关系的。

这样一个商业性的社会，有什么特点呢？

首先是社会组织已经不是按宗法社会而是按手工业或商业行会来建构的，是以业缘而不是血缘来组合的。以前一些石碑是有记载相关情况的，比如从神庙捐款中是可以看出行业大小的，可惜几乎都被毁了。唯有南洋研究所还有一块，镌刻着当时造大担堡捐款情况的碑，记载了哪个行业捐了多少钱。当时造大担堡主要是用来对付蔡牵的。

其次还有一点值得特别注意，根据江日昇的记载，郑芝龙他们当时到海外去贸易，凡是有几个货主合伙的都叫公司。可见海商们开始有合伙的痕迹了。不过，当时华人的公司并不是向外国人抄来的，外国人的公司在华文文献中叫"公班牙"，完全是外文音译。华人的公司与外国人的公司在外文中的拼法是不一样的。并且，郑芝龙到日本去做生意，比荷兰在印尼经营东印度公司更早。

类似公司这样的合伙组织在厦门影响深远，一直到抗战后，一些商店的学徒还被叫作"小公司"，意思是他们还不能独立。甚至一个家族的共有财产也叫公司，比如"诒谷堂""邱公司""杨公司"等。

我家是厦门早期华侨，我高祖父 1800 年出生，后来十几岁时跟着他舅舅去南洋做生意。大概在鸦片战争时期，他就收摊不做了。高祖父有五个女儿，他给五个女儿每人一座房子，统一起来叫"五合公司"。有意思的是，五个姑奶奶其中有四个后来就自己管理房子，只有四姑奶奶全家到了印尼，1949年前她在民族路的那个房子还是算她的，由我们家族替她管理房子，过年过节还替她祭拜祖宗……总之，当时公司一词用得非常广泛。

城市文化与农村文化也是不同的，农村是初一、十五日拜土地公，厦门城市是初二、十六日"做牙"。做牙就是招待经纪人嘛，还有啊，厦门人是不拜土地公的，而是拜"关将"。什么是关将呢？一条一条的路都有关隘嘛，厦门人就想象关隘的保护神是关将。不仅是在厦门城内，只要是做生意的，即使在农村也拜关将。

明末郑成功在这里屯兵，的确刺激了厦门港的发育。

郑成功每次没粮，就要到广东去"收粮"，说土一点就是"抢粮"……郑成功手下的海商集团规模相当大，其实就是海上武装集团。他们做生意，必要的时候也打仗与劫掠。当时的商船的确是需要武装来保护自己的。据我家人说，我高祖父最后一次去印尼的时候碰到大规模的战争。我推测大约就是布鲁克占领砂拉越那次战争，从那时到现在不到两百年。我高祖父他们的船就有武装。我小的时候家里还有废炮，有三到四个，我那时还玩过铁镖。有武装的船只到了海上，有生意就做，做不好就得去抢。

论武装力量，当时的海商集团其实与西方殖民者早期地理大发现的船队差不多。按陈碧笙先生观点，中国早在元朝就有了船户，这些船户是另外编的特殊户口。他们以行船为业，作为运输行业独立出来。

最早的海商集团有两种，第一种叫沿海豪强，实际上就是地主向商业资本家的转换。当时这些人很残酷，买孩子去经商，但又将他们阉割，让他们不能继承财产。第二种就是联合组织的船队，小商人们凑在一起合资造船并出洋经商。两三百年前，厦门的上李就有姓李的家族的船队。

郑成功墓（黄猷摄）

再比如郑成功的部队，下面分了25个镇，说起来，他们是独立或半独立的武装，各镇有权调动自家兵力，整支部队就是一种组合。但这种组合是会分裂的，施琅叛变郑成功，就是这种组合的分裂。后来有很多人背叛郑成功，并不完全是因为个人恩怨。郑成功要去打荷兰人啊，很多人反对。因为那不单是冒险，还要丢弃很多个人利益。一些海商挣到钱了，就去买土地，于是商业资本家又变成地主了，这就是很大的问题。

我认为郑成功的悲剧，在于他们从地主转向商业资本家没转好。

当时郑成功的确拥有雄厚的商业资本，他的部队军纪也相对严明，甚至有禁坐商船的条文，这说明他是保护商船的。但他仍然未能免俗，用陈碧笙先生的话说，这是"海商集团的封建化"。

此外是海禁，明清时期长期海禁导致海商在陆地上没有根据地，没有粮食来源。还有一点，海商始终有落叶归根的思想，徘徊于母国与外国之间，没能狠下决心去占领当地，开发当地，结果就是两边都没能站住脚。

从郑成功时代到清末，能出去经商是要有条件的。所谓的正规渠道出国，朝廷管理非常严，当时每只下海船都需要连环保。也就是说，你的左邻右舍只要有一个人不签字同意作保，你就出不了海。因为连坐嘛，一个人出问题，其他人也得治罪，这些限制很严的。就这样，出国连保形成一个习惯，即华侨过年过节都要寄点钱给亲戚，也有讨好这些为自己签字的邻居的目的……

然而这些限制并不能禁止沿海人民出国，海上贸易一直存在。当时是帆船时代，帆船到处都可以泊嘛，不需要大码头和深水港。当时泉州从洛阳江到金井，到处都是小码头。一直到民国之后，洛阳江还有福州运杉木船来靠泊。

根据我在南安石井的调查，帆船贸易 20 世纪 20 年代还存在，而且出口的还是中国传统的东西：土布和粗陶瓷。那时，我们的粗土布还摆在南洋商店里和英国的白西洋布争夺市场呢。

黄猷先生在洛阳江做田野调查

我当时问船夫们："你们没有设备，靠什么来判断帆船何时何地能启航？"他们告诉我三个字：千钱直。所谓"千钱直"就是在桅杆尾巴挂一串铜钱，当风力大到足以将这串钱吹成直线时，风力就够了，就可以启航了。这就是帆船时代船夫们的经验，就这么简单。

其实郑成功之后，沙坡尾应该算是兵港。也就是说，当厦门成为军港和商埠之后，沙坡尾才算成为中心。

泓　莹：沙坡尾也可以做一点郑成功问题研究，大家都在研究鼓浪屿，但鼓浪屿和他的关系不如沙坡尾紧密吧？

黄　猷：他的确和鼓浪屿没有太多关系，那里就是有一个龙头寨而已，主要军事训练活动还是在这里。鸿山寺也有一个嘉兴寨（也称鸿山顶寨），郑成功当年在这里见荷兰使者，摆出很大的兵威，震慑人家。集美还有个延平故垒，也是有记录的。

泓　莹：高浦是郑联他们的地盘。

黄　猷：最早来厦门的海商，其实不是郑成功，而是郑彩和郑联，他们是漳州来的，与郑成功是相杀的。不过郑彩很精明，后来发现自己打不过，鲁王倒了，他们也没招牌了，就把兵力交给郑成功，他自己专门去做生意。而郑联就被郑成功杀了，郑联是守厦门的嘛。

从沙坡尾到台湾的航线，应该是郑成功开辟的。清朝则延续下来，沙坡尾算对台的码头。

泓　莹：就像蚶江对应鹿港？

黄　猷：是啊，沙坡尾对应的是台南和高雄，福州对应基隆。当年这里设有接官亭，就是说这里算官方的码头，但似乎没有什么记载。据说彭一万找到一个文字依据，是我祖父 1900 年写的关于沙坡尾的诗。

泓　莹：接官亭在哪里呢？

黄　猷：应该在路头。

泓　莹：清末美国舰队来访，军舰泊在哪呢？

黄　猷：鼓浪屿后面，海中央。

泓　莹：跟当时的鼓浪屿号一样。

黄　猷：这有两个原因：一是军舰没法靠岸，二是淡水得靠九龙江补给。

鹭岛人家

清兵攻厦门的时候，郑成功的妻子董夫人住在城内，大概在西门这里。她抛弃家里的一切，只抱着祖宗的神主坐到船里等待，准备从沙坡尾去台湾。后来郑军反攻，清兵退却，她才又回来。所以很明确，郑成功时代沙坡尾肯定是军港。演武池、演武亭都还在嘛。以前这海水可以涨到思明南路，下面都是海。过去这里还可以找到番钱，闽南人管西班牙的番钱叫"镭"。厦大医院附近那里，还有一个地方叫大桥头，那条路叫澳仔。澳仔，就是小避风港的意思，大的叫澳，小的就叫澳仔。

泓　莹：这里才是大家说的厦门港，以前疍民很多对吧。

黄　猷：是啊，厦门这些疍民其实是从漳州来的，当时行船人多半就是疍民，福州的"三把刀"也是疍民……我们这里叫顶澳仔，本来厦大那里也都是海。这个澳仔，不管上澳还是下澳，顶澳还是下澳，都是姓许的，当时算一个比较繁荣的村社。所以厦门人一说到这里就说"澳仔许"。

20世纪二三十年代，"澳仔许"出了一个颇有名的人物。许家有一个媳妇，姓李，有点文化，不怎么漂亮但很活跃，她下巴有点长，所以大家叫她"茶壶李"。厦门大学建校，招收"茶壶李"做职员，鲁迅在日记中记录的来请他去工友夜校讲课的人就是这个"茶壶李"。

厦大有很多轶事，现在的人不知道了。陈嘉庚时代，学校餐厅不是学校办的，是承包的。为什么呢？这是"澳仔许"的专利，承办人在厦大有地，征地的时候，他说不要钱，而要承包餐厅。

餐厅本来两个，一个东斋一个西斋。到抗战胜利时，西斋已被日本人破坏了，只剩下东斋。当时食堂里有个寡妇，我们都叫她三姑。抗战时厦大从厦门搬到长汀，她也跑去长汀开食堂了，三姑很泼辣很能干，学生都很尊重她。三姑好像没有孩子，只有近亲。有个叫她姑妈的女孩，幼师毕业，在厦门群惠小学教音乐，每天中午也在厦大餐厅吃饭。她总是一路唱歌进来，每天我们吃饭，一听到她的歌声，就说来了来了。

泓　莹：沙坡尾很多龙海人，八市也是。

黄　猷：八市是后来形成的了。不单龙海，同安三大姓也在码头上讨生活嘛，丙洲陈、石蟳吴、后麝纪……龙海人和同安三大姓磕磕碰碰。

20 世纪 80 年代中期的鹭江道（谢添水摄，谢烨供图）

我们再回看历史，明代的贸易港口移到漳州月港之后，厦门港慢慢发展起来，所以是先有月港才有厦门。明朝派太监到月港收税，"上有政策下有对策"，税收得高，商船报税就报得少，出口税就少了。常常空船从月港出去，到厦门再装货，货船进来也先在厦门卸货，这样厦门就发展起来了。

泓　莹：对了，在荷兰人的日记中，厦门是漳州港的一部分。斗米路头这边，新埯邱姓的产业的确很多，新埯以前属海澄三都。海澄早年很富啊，前些年去，感觉还有一丝豪华的气派，现在没有了。

黄　猷：当然，月港是市舶司直接管理的嘛。厦门很多点心是从海澄、白水营传来的，包括月饼。我小的时候，厦门有两种月饼：一种是馅饼，另一种是白皮的。白皮的厦门也做，但最好的是白水营的。哇，有一个筶箩大，包冬瓜糖和肥肉，一个筶箩只能装一个。那时没有精白糖，只有乌糖。乌糖、乌糖圆，都是海澄过来的。

泓　莹：厦门还没发达，海澄就很繁华了，漳州地区土地肥沃，物产丰富。

黄　猷：是啊，漳州是生活的好地方，富家子弟多。斗鹌鹑当时可能很时兴。我在海澄就看过鹌鹑袋，是海澄中学的一个教师拿给我看的，锦笼，绸缎绣的，很漂亮。

三、厦门与南洋华侨

黄　猷：印尼是多民族的，以前爪哇那边有很多小王国，算国家的雏形吧，和真正的国家不是一回事儿，大部分还处于部落领袖的统治之下。而且早在西方人进来之前，在中国和东南亚之间就有了一个贸易圈。不单中国人，在一千多年前的唐宋时代，阿拉伯人也参与了这个贸易圈活动。随着这个贸易圈的发展，开始出现中国移民到东南亚定居的现象。这就是说，早在唐宋时期就有中国商人、船工、水手，因为各种原因流落在当地，慢慢地与当地人互相结合。

什么是华侨？我认为不是到外面去的都叫华侨，而是利用当地自然资源和社会资源在当地谋生、发展，但保留中国国籍的，才叫华侨。

早期华侨的出现与海上贸易当然是有关系的，究竟是贸易商还是华侨，这要怎么界定？我想，带货出去，再带货回来卖，并不是利用当地自然资源和社会资源在当地生产，就不能算华侨。但贸易商与华侨渐渐地有了交叉，过了一段时间，多数人在那里谋生，不回来了，这就成了华侨。

有华侨了，不等于就有了华侨社会。东南亚华侨社会的形成是一个相当漫长的过程，在这个过程中，首先要研究的是海上航路。所谓"东西洋"，西洋就是郑和下西洋的那个老路，沿海走印度支那半岛，到过东南亚的马六甲。郑和他们在马六甲还有一个营地。

郑和是到过厦门的，他虽然没有到过菲律宾，但对那里还是有影响的。郑和下西洋后，就有苏禄王国到中国来朝贡了。那时都是从福建走的，在朝贡贸易中，有个苏禄王要从福建回去，结果死在福州了，他的墓在福州西门外凤凰池。明清两朝是把他当王来对待的，都给看墓人俸禄。看墓人总共有十二家，都是从菲律宾来的，这些看墓人在民国时期散了。但他们一直留在中国，改姓葛，繁衍了不少子孙。于长城、于长庚的母亲，就出自这个姓葛的家族，当然她是混血。

月港取代刺桐港兴起之后，又开辟了东洋航路。东洋航路当时并不是仅到日本，而是北至日本、朝鲜，南至菲律宾、印尼的一条海上航路。东洋航路原本是一条贩卖珍珠的航路，以前是阿拉伯人经营的。元代灭亡之后，蒲寿庚的族人也跑到砂拉越去了。郑芝龙、郑联、郑彩这些海商集团当年都是在东洋航路活动的。海商林阿凤集团几乎与西班牙人同时达到菲律宾，传说中林阿凤参与了菲律宾人抵抗西班牙人入侵的战争。

禾山人一般走东洋线，而海沧人早期走的都是西洋线，沿海走印度支那半岛。但西洋这条老航路有很多问题，郑和下西洋的时候，也就是永乐时期，明朝讨伐越南，这条航路不安定，后来就不大走得通了……

后来葡萄牙人占领了澳门，澳门当时像一个停泊着各国船只的交易中心。澳门的发展，也有利于东洋航路的发育。鼓浪屿那个番仔墓园里的碑文可都是史料，最早的碑就是 17 世纪荷兰人刻的。

泓　莹：早期荷兰人在鼓浪屿烧了中国人的华屋，这是他们在日记中写的。不过，他们有时又和郑氏集团交好，双方算是互相利用吧？

黄　猷：和荷兰人交好的主要是郑芝龙，双方来往较多，主要地点就是在澳门。

厦门人早期去东南亚做生意的多，定居的少。对于东南亚华侨，我有个看法，即可以分成两个时期：早期移民和近代华侨。

早期移民主要特点是在无奈中到海外"讨生活"，包含那些政治避难的。南洋有许多特别的地名，比如在越南的"明乡"；郑氏集团失败后，一些原来的部下集体移居到东南亚，他们把年号定为"龙飞"，意思就是原来的皇帝已经死去，新皇尚未出来的年代。

马六甲青云亭的李君常碑和一批署名为"大明义士"的墓碑就是当时留下的史料。李君常碑记载：李君常是"鹭江人也"，直接点出他是厦门人。这应该是海外最早明确记载厦门人的碑刻。李君常是甲必丹，甲必丹就是西方殖民者任命的专门管理华侨的华侨。

早期华侨在南洋并没有形成主流社会，只有一个个孤立的定居点。华侨自己去找当地的王，也就是苏丹，和他定个合同，给他点钱，或者跟他说，你们不用做生意，我们来做，你给我一点地，我们来开发，等等。他们拥有比南洋原住民更高的农业生产力、手工业技艺和更丰富的商业经营经验。他们改进了当地农业技术，比如在菲律宾的"犁壁"。很有意思的是，马尼拉和厦门、漳州一样，出现了很多以手工业著称的街名，比如打铜街、打铁街，一些街巷甚至以竹器、木器为街名……再比如说印尼，当时荷兰人在那里有许多糖厂，他们要仰仗华侨，因为只有华侨会制糖而土著不会。

地理大发现之后，西方人来了，中国人也正从贸易商转向华侨。西方人起初对华侨是排斥的，比如西班牙人在菲律宾制造的"八连事件"、荷兰人在印尼制造的"红溪事件"。但他们也逐步认识到华侨对当地经济社会发展来说是不可缺少的因素，于是又采取一些措施招揽华侨。当华侨力量壮大，他们就再来一次屠杀和驱逐，这种情况在一些地方曾反复发生多次。

19世纪后期，特别是后三十年，西方殖民者因为开发殖民地需要，以契约劳工、自由移民等不同形式从中国吸纳了大批劳动力。这些劳力主要来自闽南农村，是四处找生活出路的手工业者、苦力和贩夫走卒……这就是近代华侨。

前面说过，所谓的甲必丹制度，其实就是在华侨社会发展到一定程度时，西方殖民者用华侨管华侨的制度。刑事案件政府管，民事案件你自己管嘛。这是很有意思的，华侨管华侨，有自己的一套土办法，比如用"诅咒"一些奇奇怪怪的办法。

颜如璇：诅咒，本义是"发毒誓"，并不是骂人。

黄　猷：是啊，再比如厦门人常用于骂人的"诔"，就是诅咒的引申义。其实"诔"这个字的本义是人死了，旁人写给他的祭文，和骂人没关系。

泓　莹：是哦，比如贾宝玉的《芙蓉女儿诔》。

黄　猷：再比如现在常常用于表示威胁之意的"放雕"，原义是谋划大事的意思。以前人家说张圣才擅长"放雕"，并不是说他喜欢威胁别人，而是说他擅长谋略——可见语言是变化的。

言归正传，雅加达公馆档案记载，当地华侨发生债务纠纷时，无确凿证据断案，甲必丹们便让纠纷的双方去神庙诅咒。因为害怕神的惩罚，理亏一方一般就不敢诅咒，敢诅咒的人就占了上风，这就可以结案了。

民事都归华侨自己管，这个制度在日本也有。黄遵宪在日本做总领事的时候，华侨之间有民事纠纷，日本人就把案件移交给他去处理。当时华侨被限制在聚居点内，前面说的菲律宾的"八连"和印尼的"红溪"也是这样的聚居点。若你想要自由也可以，有两个条件：一是跟当地人结婚，二是信天主教。所以当时很多华侨和当地人结婚，他们的后代就是"峇峇"。

到这时，除了传统贸易之外，华侨商业在当地慢慢发展起来了。就是说，华侨从和中国做生意转向在当地做生意为主了，主要根据殖民者的需要去做中间商、收购商了。华侨中出现了大大小小的一盘商、二盘商，大大小小的运输商，成为殖民经济的有机组成部分。

华侨社会初步定型，这是清末的事。

早期的华侨很多是回不来的，永春的老华侨有个说法叫"三亡六留一回头"。就是说，三个人路上就死掉了，六个留在那边，只有一个能回来。当然，无论如何，近代华侨一般是带着希望出去的。那时西方殖民者已经把南洋瓜分完毕，要开发了，特别需要劳力。有开发，华侨们就能找到比较可靠的谋生手段，有改善生活的希望。当然，这与后来一些带钱出去发展的华侨又不太一样。

闽南人大量出国始于19世纪末，厦门人出洋的确比较迟，就是因为迟，其出国的背景不太一样。很多人是发财后搬到厦门，或者在厦门发了一点小财，然后从厦门口岸去南洋寻求更大的发展。

泓　莹：应该说，他们不是一无所有出去的。比如鼓浪屿廖家，他们的祖宗廖宗文从龙溪来，在竹树脚附近卖烘炉，富裕之后在教堂办宗文小学。他的两个儿子廖清霞、廖悦发带着钱到印尼坤甸寻求发展，他们是有一定文化的，所以发迹特别快。

李国梁：从厦门出去的，还有很多是手工业者、小商贩。

鹭岛人家

　　黄　猷：对。更有意思的是，厦门本岛下南洋的人，还有一部分是不做生意的，比如到菲律宾办报的施建庵，原本的名字叫施志华，衙口人叫他志华佬。志华佬是前清举人，很会骂粗话啊，他们衙口有时出事，闹纠纷啊什么的，要请"老大"来调解。他被人用轿子抬到衙口，一下轿就开始骂粗话……但这个人的文学功底相当不错，诗也写得很好。他和我祖父同年，我祖父的墓碑还是他写的。

　　再看林苍佑，他的父亲到新加坡是做医生的，中医。

　　此外，那时鼓浪屿开始有人到南洋念英文，主要是到新加坡。作为英国直接管辖的海峡殖民地，新加坡发展得比较快，所以当时卢戆章、郑柏年等就去新加坡读英文。

　　后来因为教会在南洋办学，鼓浪屿怀德、怀仁中学很多初中毕业的女孩儿也被教会送到南洋教书，比如马来西亚、新加坡……一战前后，南洋要办报了，又从厦门请走一批报人。所以说，厦门去南洋谋生的人，与内地去的是不一样的。

黄猷先生在中国华侨历史学会上发言（2011 年）

洋务运动时，华侨是很支持的，有一些老华侨转移资金回国协助搞企业。到孙中山时期，民主革命思想就从香港传到东南亚。老华侨们因为传统观念浓厚，多是保皇党，邱菽园他们觉得跟着保皇党无望，就开始接触民主革命思想。这些人大部分是中下层商人，不是大商人，当时的大商人多半是老派。

这时我们厦门人就开始大显身手了，厦门当时出现了陈楚楠、陈新政、徐赞周以及从新埠搬到厦门然后从厦门出国的邱明昶等一批人……最有意思的是在香港办辅仁文社的杨衢云，他的地位可不低。有一张照片，是杨衢云坐在前面，孙中山站在后面。为此蒋介石还很不高兴，认为这样贬低了孙中山，要拿一百万元去买这张底片，结果人家不卖给他。唐德刚也说，一部革命史要从杨衢云写起……

这些人大部分是商人子弟，很容易接受民主观念，赞成民主。

禾山这个地名现在取消了，南洋各国当时有许多禾山公会，厦门华侨这一百多年的发展是可以找到文字记载的。

东南亚华侨的黄金时期有两段。第一段是第一次世界大战到大萧条时期。大萧条 1929 年发源于美国，南洋 1933 年开始萧条，传到厦门是 1934 年。第二段是 1935—1941 年。太平洋战争爆发后，这段黄金时期就被破坏了。

第一次世界大战，我们习惯叫"欧战"，因为战争主要在欧洲打嘛。当时东南亚这些殖民宗主国家都卷进去了。大家顾着在那边打仗，工业原料和消费品需要仰仗殖民地的生产。陈嘉庚的《南侨回忆录》写到那时他的黄梨罐头大发展啊。过去英国人自己加工，只是从殖民地收购原料而已。这个时候放任华侨去做……在这种情况下，华侨经济有所发展，各方面政策就比以前有所放松。这段黄金时期华侨工业的发展有一个特点：不单做初级的原料加工，有人开始制造成品了。运输业也一样，欧洲的轮船都被征用了，甚至连殖民地的船也都征用了，所以华侨的运输业也有所发展。

华侨工业发展带来的又一影响就是文化教育的发展。从辛亥革命以后，华侨就有自己办学的要求，陈新政就是因为反对殖民教育，提倡华侨办学被英国殖民当局驱逐出马来西亚而到泰国的。很多学校就是那个时候办的，从旧学堂到新学校都有。

在这里应该说集美学校起了很大的作用。集美中学和集美师范很早就办了，而且陈嘉庚当时招一些侨生来集美读书，很多学生学成后回到南洋去教书。当时陈嘉庚雄心很大，他是要在闽南甚至全省推广教育的。办了很多集美小学，甚至办到闽西去了。在国外他也想方设法办学，也办女子教育。

这些学生在南洋如星星之火。伍远资先生曾经给我说过一个事，1959年他去马来西亚，在一个偏远的小地方听到一个年轻人唱集美老校歌，"闽海之滨，有个集美乡……"他大吃一惊，问："年轻人你怎么会唱这歌？"年轻人说："我父亲是集美的，这是他教我唱的。"

当时东南亚华侨金融业也得到发展。最早是菲律宾的中兴银行，1920年成立的，马来西亚的华侨银行成立时间就比较迟了。这种银行很多是从老式钱庄转过来的，比如黄祖耀的大华银行，黄祖耀的父亲就是开钱庄的。当时殖民地的金融完全控制在外国银行手里，这些华侨银行并不能与外国银行竞争，但当地其他民族还没有银行。只有华侨有这个经济实力，应该说华侨银行业、金融业和后来的保险业，算得上当地经济发展的一个里程碑。

第一次世界大战结束后，殖民者回来了，他们一是要重建欧洲，二是要控制殖民地。这时就加紧收缩政策，什么办法都用，印尼华侨普遍吃不消了。荷兰人的重税逼得一些人不得不回来了，最突出的就是黄奕住。他带回两千多万美元回国，回国后主要投资金融业。

除了在政策上收紧，殖民者还想在制度上改变华侨企业，比如菲律宾推行的簿记西化。过去华侨的簿记分两行，上面写收入，下面写支出，每天有一本账，叫作日清。打烊后整理一下，再誊到大的正式账本上。而所谓的"簿记西化"，就是要改用西式的簿记了。那时美国人统治菲律宾还没多久，华侨以前固然也有受外国教育的，但主要是读西班牙文，读英文的很少。马尼拉当时有个中西小学，读中英文，第一届才毕业12个学生。如果完全改成西式簿记，华侨就不要做生意了，后来李清泉、薛芬士他们就起来领导抗争了。

这就是李清泉成为侨领的契机。他们一方面抗争，一方面又不得不寻找退路。第一次世界大战后，李清泉就发起"闽侨救乡运动"，意思是要投资建设福建，好有个退路嘛，要不回来以后怎么办？闽侨救乡运动的会址是在鼓浪屿复兴路 48 号，当时是叶清池的家。

于是南洋侨领之间就有矛盾了。当时马来西亚还没这个问题，李清泉要陈嘉庚一起来搞这个运动，陈嘉庚不赞成，他说家乡到处都是土匪啊，小军阀小民团一大堆，怎么建设呢？他不大同意，而李清泉是很积极的。

李清泉打的簿记西化案的官司，居然打到美国国会去，而且打赢了，因此他威信很高，成了他们这一代人新的侨领。也就是说，这些受过西方教育，思想比较开明的现代商人代替了原来那些老商人。当时南洋各地都有新旧侨领的交替。

李清泉是晋江人，薛芬士是厦门人，他们两个是菲律宾商会的重要人物。当时在南岛，就是宿务这边，厦门和金门的势力是比较大的……这些华侨还是比较开明的，并不是完全站在国民党那边。当时华支的王汉杰他们碰到困难，还是薛芬士买机票送他们回国的。

和早期华侨命运相似的是，现代华侨仍然是两边不讨好，外头环境不好，国内也不妙。

从印尼转移资本回来的，黄奕住算是最幸运的。回来之后，到上海和江浙财团合作创办中南银行。他没有人才，中南银行是江浙财团替他管的，成为当时著名的小四行之一。黄奕住在印尼就参与办中兴银行，他这次是投对了。但后来国民党北伐，蒋介石进入上海，打击民族资产阶级。他们暗杀了史量才，把江浙财团压下去，这就重创了中南银行。风光了几年，黄奕住最后也是没办法，就把剩余的钱拿回厦门投资房地产。再来看苏谷南，他回国做点老式的商业，在鼓浪屿搞填海什么的，做点建设性投资，不过主要还是回老家开当铺，后来就没落了。最下策的，是印尼一个姓蒋的华侨，回国之后，所有的钱都买土地去了。之后土匪横行，他为了"护院"办起民团来了，后来就变成地主恶霸了。

行走于八闽大地做田野调查的黄猷先生

总的来说，这些华侨回来，走了几条路，前前后后都没走通，就像早些时候老一辈那些很有钱的华侨，回国来和洋务派结合，也没有走通一样。华侨的发展是非常困难的，但他们仍然顽强地在夹缝中发展……

在政治上，东南亚华侨与中国也是紧密相关的。在第一段黄金时期，中国五四新文化运动影响到东南亚，政治上南方的国民政府与北方的北洋军阀政府对峙，华侨要支持谁呢？在南洋就兴起换旗之争，是五色旗还是青天白日旗，大家各执一词，很多商会组织都出现换旗之争。

当时掌控华侨社会的主要力量是商人与会党组织，他们从阶级属性出发，不会支持北洋政府。北洋政府的腐败，也让华侨失去信任。再加上五四新文化运动影响，他们大部分在政治上选择了国民党。

一开始国民政府被认为是进步的。我听缅甸的老华侨说，1931年还是1932年，国民党派人去缅甸做华侨工作，影响很好，被当地华侨称为"新中国人"。这当然是与北洋军阀政府的老做派相对而言的。国民党是在20世纪30年代才重视侨务工作的，当时成立侨务委员会，要东南亚和世界各地的侨领来做委员。这种情况一直持续到大萧条1933年波及东南亚。

当时已经出现抗日救亡活动，基本上以各殖民地华侨团体的名义开展，不再用帮会或其他组织的名义，说明各殖民地华侨已经有联合性组织，最突出的就是新加坡。华侨的组织从"帮"扩展到"省"，侨联制定了轮值制度，比如福建华侨与广东华侨轮值，很多事以华侨名义来做了。特别是侨务委员会成立之后，请了很多委员和顾问，华侨与中国的关系就更密切了。

"一·二八"淞沪抗战之后，十九路军在上海的胜利，对华侨是很大的鼓舞。当时华侨更多的是支持国民党左派，包括十九路军、宋庆龄、何香凝。十九路军有很高威望，国民党叫他们到福建打共产党，他们却弄出个"闽变"，成立"中华共和国人民革命政府"。他们本来想联合两广，与冯玉祥也联系了，但冯玉祥只派个私人牧师来参加。这个余牧师活到中华人民共和国成立后，做过我们的典礼局局长。

在"闽变"之前，为了控制地方，争取华侨支持，十九路军为福建做了个好事儿，就是剿匪。当时华侨的告状信雪片般飞来，陈国辉就是这样被杀掉的。华侨也的确支持他们，捐了很多钱。十九路军到福建的时候，每个营长配一条大洋狗。他们还教军官怎么拉狗，狗要在人前半个头，太前是狗拉着你跑，太后是你拉狗跑，这样就不威风了。配狗是很讲究的。可惜十九路军起义，各地没有响应，就让国民党压下去了。

华侨在政治上就以抗日与不抗日为分界线。当时因为华侨有这个分裂，国民党就开始大做华侨工作，还把林义顺、陈少白这些同盟会元老都请出来了。

在当时，华侨甚至回国担任一定的行政职务。李清泉从国民党时代一直到十九路军时代，都是福建省政府的建设委员会委员。修建漳龙铁路，就是漳州到龙岩的铁路，筹备处的牌子就挂在鼓浪屿黄奕住家。十九路军成立政府之后，把菲律宾马尼拉中华商会的会长许友超请到厦门当市长，许友超还带了一些华侨人士回来一起参政。

华侨希望中国抗日，除了政治上有民族独立的要求，也有经济上的考量。日本倾销商品，华侨生意就很难做。有的华侨去卖日货，就会挨骂，到了抗战很激烈的时候，华侨卖日货要被抓去割耳朵的，表面上是民族矛盾，其实有深刻的经济根源。日本货当时很便宜啊，抢夺了从中国出去的商品的市场。

鹭岛人家

日本布取代了华侨卖的从国内出去的土布；日本漆器取代了中国漆器；日本瓷器抢了中国瓷器的市场，如此种种。

抗战全面爆发，当时大家普遍希望有个组织，于是就有了南侨总会。总会当时是在新加坡，英国与日本的关系还没破裂，殖民政府不让华人抗日，所以就取名"南洋华侨筹赈祖国难民总会"，名义上叫赈济总会，这时就公推陈嘉庚当会长。这是1938年，但陈当时没钱，他是1934年破产的。所以后来是李光前他们替陈嘉庚出了一笔钱，当作他带头捐款的。

南侨总会也是用原来商会的网络筹款，统一给南京政府汇了很多钱，按陈嘉庚的计算是四万万，的确是中国抗战一个很有力的支援。当时华侨不仅出钱还出人，大家都知道的南侨机工，一开始并不是陈嘉庚组织的。华侨捐了很多汽车，指定给这个或者那个部队使用，但是当时中国有车没司机，于是就有一批司机主动回来参加抗战。后来，孔祥熙他们给陈嘉庚写信，要他发动机工。一共发动了三千多人，很多是小老板。这三千多人，牺牲了一千人在滇缅公路上，战后复员了一千人回南洋，还有一千多人因为结婚或其他原因留在国内。他们为中国抗战，为保障滇缅公路的畅通建立了不朽的功勋，我们现在还应该纪念他们。

灯塔世家

—— 郑士其、邱俊娟、郑士杰、郑士林口述实录

口述人：郑士其、邱俊娟、郑士杰、郑士林

采访人：欧阳鹭英

采访时间：2022 年 4 月 10 日、11 月 13 日

采访地点：郑士其、邱俊娟家中

【口述人简介】

已故的郑锦荣曾是航标处职工，管理灯塔 50 多年，年轻时曾在青屿工作过。在岛上亲身经历过抗日战争和解放大担、二担的战斗。1991 年病退，后担任福建镇海角灯塔助理顾问。

邱俊娟是郑锦荣的太太，今年 91 岁。郑士其、郑士杰、郑士林三兄弟是郑锦荣与邱俊娟的儿子。

一、家族的第一代灯塔工

人们通常把生命中的引路人比喻为人生灯塔，也有将母爱比作灯塔的，还有将书籍比作灯塔的。现实中的灯塔是建在岛礁上的一种塔状建筑，灯塔上的指示灯是用来指示船舶航行和警示危险区域的。

在厦门，有一位已故的灯塔人叫郑锦荣，他一家三代都从事灯塔工作。

最早从事灯塔工作的是郑锦荣的父亲郑永光（1896—1980），祖籍广东潮阳。郑永光是遗腹子，他的父亲在赶考途中中暑暴毙，留下有身孕的妻子。才二十岁的妻子无力独自抚养这个遗腹子，等到孩子三岁时她为了生计改嫁他人。郑永光被二伯父收养，二伯父没时间管孩子，就将孩子交给二伯母。二伯母对这孩子冷眼相待，只有自己的孩子吃剩了才有郑永光的份。郑永光

常常食不果腹，衣不蔽体，更不用说上学堂了。郑永光在伯母家里憋了一肚子的委屈后就步行十几里之外去找母亲哭诉。母亲将儿子搂在怀里泪如雨下，感叹自己命太苦，没能力将孩子留在身边。她看到儿子衣服裤子破了，让他脱下，由她一针针缝补后再让孩子穿上，还煮了一碗点心让儿子填饱肚子。儿子得到的母爱是甜蜜又短暂的，天还没黑母亲就催儿子早点赶路回去，因为母亲已经改嫁不敢久留儿子。母亲陪儿子一直走到村子路口，才目送儿子回去，郑永光三步一回头，一路抹着泪水回家。

到了七八岁时，伯母不让郑永光吃闲饭了。伯母在他胸前挂着一个篮子，里面放些香烟、火柴、糖果等杂货，让他到街上沿街叫卖。由于人小，郑永光常受街上恶棍欺负，侥幸有点收入也得一分不留全部上交伯母。

十二岁那年，郑永光的亲戚把他推荐给一个荷兰人当童工。荷兰人不必付工资给他，只须包他三餐。郑永光的工作是给荷兰人打扫卫生和做西式餐点。平时在伯父家受尽凌辱的郑永光很珍惜这份工作，他工作很卖力，

郑永光

从不偷懒。这个荷兰人当时在汕头沿海灯塔站工作，就把郑永光带在身边使唤。郑永光对主人的英语从听不懂到每句都能心领神会。这期间他暗下功夫，听到的每句话他都反复练习，最后做到不仅会听还能开口应答，很快他成了这个荷兰人的得力助手。有一年，海关招收灯塔工，郑永光考试合格，顺利成了一名灯塔工。

有次，海关洋上司回去度假，就让郑永光临时代理灯塔主任的工作。等到洋上司回来后，发现郑永光将灯塔里所有事情处理得井然有序，没有丝毫差错。这让洋上司非常欣喜，就正式任命郑永光担任灯塔主任。随着他职务

的提高，他的薪水也跟着上涨。

灯塔的日常工作繁杂，第一个任务是保证灯塔航标准时启亮，还要保持标准亮度。当时大担灯塔燃料用的是电石气加水产生乙炔（俗称臭土火）进行照明，工作人员要根据气压表的指示及时调整加入电气石和水。第二个任务是记录灯塔日记，日记内容包括两部分：一是气象，要记录云彩密度和种类、环境温度和湿度、风力大小和风向以及海浪的情况。二是轮船通过的情况。以上这些白天每隔三小时记录一次，夜间六小时记录一次，如果遇到台风或者其他气象突变情况则须及时记载。

灯塔工的工作包括做气象报表，这些报表全部用英文书写。当洋人提问时必须对答如流。谁也不相信从没上过一天正规学堂的郑永光竟然靠勤奋和自学能做到这些。他连自己的中文名字都写不出一个笔画来，他的英语却达到应用自如的水平。或许郑永光继承了他父亲读书人的基因，记性和悟性都比普通人强。

那个年代灯塔人的生活是非常艰苦枯燥的。灯塔由海关管辖，灯塔人的生活用品由灯塔补给船每月配送一次。补给船运来灯塔、灯具、燃料、灯塔维修所用的原材料以及灯塔人的生活必需品。

灯塔人的生活与世隔绝，他们就像一群被流放荒岛的犯人。那种隔绝是与文明的隔绝，与物质享受的隔绝，与繁华的隔绝。

由于长期缺乏维生素加上海风吹晒，灯塔工的脸都晒成古铜色，海风把他们的嘴唇吹得皲裂了，头发都晒黄了。但是海岛也有它的好处，比如海里鱼虾很多，只要在石头缝里抓一把海蟑螂，将海蟑螂穿在鱼钩上就可以钓鱼。碰到大鱼上钩，那种一拉一扯的搏斗给枯燥的生活带来刺激和乐趣。遇到大雾天，常常有大雁类的海鸟看不清方向，迷雾中与灯塔相撞掉落在地上，捡回来就可以煮一锅美味。

淡水是岛上最宝贵的稀缺资源，全靠上天赐予。在灯塔的地下都修有大水窖，下雨时屋顶上及灯塔地面上的水都汇集到地窖里。水窖体积有限，积攒下来的雨水都要省着用，比如洗菜、洗脸后的水再拿来浇菜。但无论用水怎么艰难，都要保证用淡水擦拭灯塔的灯具和玻璃。

在灯塔生活中，最担心的是遇到刮台风、生病及海盗抢劫。

灯塔的灯具一般都建在山顶的最高点，也是易受台风袭击的中心点。据郑永光回忆，有一年的台风把房屋的屋盖掀掉，门窗受损，家具、衣服、被褥都被雨水泡湿。屋子里根本不能住人，只能躲进山腰的石洞里避雨，等到台风过后，才回去动手修复被摧残的房子。长期在这种恶劣环境下生活，郑永光什么样的活都能干：泥水工活、木工活、铁匠活、园艺种植、缝纫衣服，甚至接生。

郑永光23岁那年回到汕头老家结婚成家。成家之后，他被洋上司派往厦门海关管辖的大担岛当灯塔主任。

大海是一个神秘的世界，大海又是一个凶恶的世界。

20世纪20年代，福建沿海常常有海盗出没，劫持来往的船只杀人越货。海盗上船之后先将船上的人杀尽投入海里，然后将船上货物占为己有，手段极其残忍。海盗多是些社会闲散人员，染上抽鸦片嫖赌恶习，三五成群搞来一条破船在海里游荡，一旦发现目标，就靠近货船，作案之后消失在天涯海角。由于远离陆地，政府根本抓不着，海盗们气焰更加嚣张。海上的货船都心惊胆战地躲避他们。

为了防患海盗，灯塔人都有佩戴枪支。

有一次，在大担灯塔当主任的郑永光到大担妈祖庙上香，老和尚对郑永光说："老兄啊，您最近要多加小心，有几个歹徒到庙里旁敲侧击地打听灯塔的事，很有可能会对灯塔进行抢劫。"郑永光听了老和尚的话后，回家让年轻的妻子和两个年幼儿子躲进装有铁门的灯塔内，不让他们出来。他做好三餐之后再送进塔内，自己身上则日夜都挎着"来复枪"（这种枪杀伤力极强），腰间还别着左轮手枪，来回在灯塔周围巡视。

有一夜，郑永光养的小黑狗对着大门不停狂吠。郑永光判断这是海盗光顾小岛了，他从床上一跃而起，对着躲在暗处的海盗喊："别躲着！有种的上来试试老子的枪法！"他喊了几声之后又安静观望，后来黑狗的叫声也停了。郑永光举起枪对着天空射了两发子弹，枪声在寂静的岛上听起来格外清晰，算是为匪徒送行吧。几天之后，郑永光再次到妈祖庙里向老和尚谈起这事，老和尚双手合十："阿弥陀佛！善哉！善哉！"

二、大担岛

大担群岛由大担、二担、三担、四担、五担组成。群岛由东北向西南排列，其中大担岛面积最大，大约有 0.8 平方公里，二担岛有 0.4 平方公里，五担面积最小，只有篮球场大小。这些岛屿除了五担岛外，其他 4 个岛屿上都有植被，而大担岛的植被最多，除了灌木之外还有小型乔木。

大担岛实际上是由两个小岛组成的，靠厦门的北小岛实际上是一个有植被的沙丘，海拔在十米左右，沙丘上有渔民为祈求平安而建的庙。南小岛的面积比北小岛大，由花岗岩和风化的砾石组成，海拔有四五十米，岛上灌木较多。北小岛与南小岛之间有一条约二十米宽的沙滩，将南北两岛连成一片。

由于自然条件优越，大担岛这一带是厦门以前著名的渔场，盛产带鱼、黄花鱼、黄翅鱼、鱿鱼、乌贼等。每到春末夏初，黄花鱼汛期，海边就可以听到黄花鱼"咕咕咕"的叫春声。据郑永光的女儿郑美珠回忆，一到黄花鱼的鱼汛期，在海边走一圈就能捡到黄花鱼。把黄花鱼的头剁掉喂鸡鸭，清蒸一锅黄花鱼可以当饭吃。这就是当时捕黄花鱼的好季节，渔民一网下去，轻易就收获两三百斤，几网下来，船都装不下了。为了不错失捕鱼良机，很多渔民不愿花时间回厦门卸鱼，而是先将鱼卸在大担岛上晒成鱼干，等过一段时间后再来收走鱼干。如今为了保护生态，从 5 月起这里就进入休渔期。

大担群岛由于暗礁多，渔船不小心就会触礁，尤其是夜间捕鱼更加危险。后来，一位好心的和尚在南小岛的山顶上点燃一盏菜油灯，作为渔船航海的参照物。五口通商后，为了各路轮船能安全进出厦门港，就在青屿与大担建立航标灯塔，青屿灯塔在五担的西南边，与五担相距约一千米。

郑永光到大担岛工作的第二年就回汕头探亲。灯塔工每年只有两星期的

鹭岛人家

探亲假，他这次回去探亲后顺便将家里的妻子带到大担岛来。那时候规定，大灯塔（像东碇、北碇、乌丘）主任都是由外籍人士担任。青屿和大担属于小灯塔，由懂得英语的中国人管理，只有灯塔主任才能带着家眷在灯塔生活，其他下一级的灯塔管理员都不能带家眷。郑永光的七个孩子都是由他接生，其中四个孩子在大担灯塔出生。年轻的妻子分娩完后就下地干活，也没吃啥补品，不过是吃海里的鱼，呼吸大自然的空气，喝花岗岩石缝里的山泉。奇怪的是，在这样恶劣的生活环境下，郑永光的妻子一辈子却很少生病。郑锦荣就是在大担岛上出生的，出生后母亲奶水不足，常常用米汤水代替，又在岛上风吹日晒，几个兄弟中唯独他又黑又瘦。母亲骗他说："你不是我亲生的，是海上的渔婆送来的。"这句玩笑话让郑锦荣一辈子难以释怀。

郑永光在大担岛一共工作了九年。为了生活，他学会了种植和养殖。那时，为了储存，肉、菜就得腌制或晒干。容易储存的毕竟是少数，如土豆、南瓜、地瓜。灯塔工平时很少吃到新鲜的蔬菜水果，条件好的灯塔有土壤可以种植，大担岛条件不佳，郑永光踏遍小岛，从岛上礁石缝里收集来泥沙和海泥汇成一堆，混合成二三十厘米厚的土层作为小菜园，种植芋头、地瓜、花生和各种蔬菜。不宜种植的山地也被他种上了芭乐、枇杷、桃子等水果。只要回到厦门探亲，他就从厦门带来山羊、鸡、鸭、兔子放养在岛上，将家禽的粪便收集起来作为肥料，浇在菜园里。岛上日照时间较长，植物长势很好。家禽和山羊满山遍野奔跑觅食，下的鸡蛋、鸭蛋都要寻宝一样满地去找，想宰杀他们时，也要带着猎枪追捕射击或用网罩去抓，那种追捕的刺激也是孤岛上别有一番的乐趣。有一次，母鸡下的蛋没被及时发现，直到母鸡领着一群新孵出的小鸡出来觅食，给家里带来了额外的欢喜。本以为在岛上的家禽不会丢失，就放心不管它们。一天清晨，郑永光的太太打开鸡舍，发现一条大蟒蛇盘踞在鸡舍里，她吓得赶紧跑开。闻讯赶来的郑永光关紧鸡舍门，上到屋顶打开天窗，拿根竹竿对准蟒蛇想把它赶走。蛇是从排水口游进鸡舍的，这时候它肚子里吞进五只鸡，身子顿时增宽不少，已经无法原路返回。郑永光让一个灯塔工把排水口挖宽，用个大麻袋套在排水口上，蟒蛇最后落进麻袋

灯塔世家

—— 郑士其、邱俊娟、郑士杰、郑士林口述实录

里。郑永光将蛇卖给南太武的和尚放生，得了八块大洋，也算是损失了五只鸡的补偿。郑永光将此事记录在当天日记里。

大担岛从没真正遇到海盗抢劫，或许是因为四周布满暗礁作为天然岗哨，海盗不好上岸。渔民们认为这是因为妈祖的保佑。所以，一到妈祖生日，北小岛的妈祖庙香火特别旺，渔船来来往往上岛烧香许愿，热闹非凡。唱戏的、卖杂货的都来掺和热闹。孩子们趁这节日向家长要些零钱，到庙门口买些小零食回来，这是灯塔孩子最难忘的童年记忆。

孤岛上的孩子们成天在沙滩上玩耍，沙滩上有什么微妙变化都逃不过孩子的眼睛。这天，干净的沙滩上突然多出一串奇怪的足迹，这足迹从上岸开始一直延伸到沙丘的另一端。孩子们觉得好奇，赶快喊来郑永光，郑永光看了后说："大担岛平常不会有人来，来了也不会留下这些不规则的足迹，一定是海龟上来产蛋，你们跟着足迹去找找看。"于是，孩子们拿来铁锹顺着足迹寻找，果然发现一个直径两米的大沙坑。挖到半米深时，就发现了一大窝的海龟蛋。不敢用铁锹打破海龟蛋，他们便开始用手刨，小心地把一枚枚海龟蛋地装进箩筐里。数了数，总共刨出了三百多个。海龟蛋如乒乓球大小，灰白色，壳如橡皮，很有弹性，要借助刀具才能割开。内部蛋白很少，蛋黄富含脂肪，煮吃有腥味，最好是腌制成咸蛋，这又是孤岛上的额外福利。

每到春秋两季，都是候鸟迁徙的季节。

海岛被大雾笼罩时，夜里飞行的鸟经常往有灯光处撞过来，这是海鸟趋光性所致，待到天亮时就能到灯塔下捡到不少撞死的海鸟。有次，郑永光钓鱼时捡到一只坠落的大雁，约有八斤重，煮熟后分成四大碗，岛上灯塔工每家一碗。对于这些上天送来的美味，郑永光就会按员工人数分配，绝不会因为自己是主任又有家属就独自享用。他的处事方式使他在灯塔备受尊重，很有威望。

在那个年代（1920—1940），除了鱼汛期和妈祖生日，大担沙滩上基本没有人迹。由于没有人烟干扰，这里水质非常清澈，鱼儿在五米深的海里都能看得一清二楚。沙滩上的白沙干净得像面粉一样，一点杂质都没有，据说

与金门料罗湾的沙质一样，是提炼硅半导体材料的上品。

年轻时的郑永光

1949 年后，郑锦荣再没机会上岛过，在他印象中，大担岛灯塔站是他工作过的灯塔中生存条件最好的，岛上甚至还有水田，可以种植水稻，还有商铺，方便生活。

三、子承父业

郑永光将半生积攒下来的白银大部分挑回老家汕头买田地、盖房子，用来荣宗耀祖，又留有一部分钱在厦门大同路麦仔埕盖了一栋小洋房自住，如今这房子还是由郑家后人居住。

郑锦荣童年都在大担岛度过，陪伴他的是海浪、沙滩、礁石和过往的船只。

郑永光尝尽没文化的苦楚，等到郑锦荣五岁时，就把俩儿子送到厦门粤侨小学念书。母亲带着郑锦荣兄弟离开青屿来到厦门念书，借住在太古码头附近的草仔垵。郑锦荣跟着母亲与哥哥在厦门念到小学毕业。

1938 年，日军侵占厦门，郑永光的家眷逃到鼓浪屿。太平洋战争爆发后，日军的铁蹄又踏上鼓浪屿，鼓浪屿也不安全了。老百姓的日子苦不堪言，粮食供应紧张，吃不饱，终年以糠菜果腹。郑永光在海关虽有一官半职，但是靠他的工资要养活九口之家确实不易。在物价飞涨时期，全家常以粗粮果腹，连豆腐渣也属珍品。郑锦荣小时候经常是饥一餐饱一餐，最后落下胃病。

郑锦荣与弟弟妹妹在海边

刚上初中，郑锦荣就得了一场大病（伤寒）差点死掉，身体虚弱得很。母亲看他待在家里也不是办法，就设法与在青屿的郑永光联系。那时，郑永光常在大担灯塔和青屿灯塔两点轮值。郑永光把郑锦荣带到青屿。郑锦荣已经是十六七岁的少年了，白天跟父亲在岛上耕地种植粮食，增加口粮。这时，青屿进驻了一个班的日本兵，由一名曹长带领。这个曹长很凶，常常把郑锦荣当成免费劳力使唤。有一回，日本兵的补给船到了，曹长又使唤郑锦荣到码头搬东西。郑锦荣由于长期营养不良，体质瘦弱，扛起几十斤重的木柴、大米，有点吃不消，身体都颤颤巍巍，站都站不稳。有一次，一桶酱油已经扛在肩上了，因为退潮后，岸边的礁石又湿又滑，郑锦荣一个趔趄跌倒。肩上的酱油桶摔在礁石上，桶破了，酱油也流到海里。郑锦荣一屁股重重跌在礁石上，双手撑在礁石上被海蛎壳割出一道道血迹，痛得一时站不起来。曹长箭步跨过来，一声"八嘎"就对郑锦荣拳打脚踢。郑锦荣被打得眼冒金星，委屈得眼泪无声地落下来，却不敢跟他顶半句，怕再挨打。

这些日本兵里面有一个新兵与郑锦荣年龄相仿，他俩关系较好。两人语言不通，仅靠文字交流，新兵把全家合照给郑锦荣看，告诉郑锦荣自己不想当兵，他想念自己的家人，想回到自己的国家，当兵是被迫的，都是可恶的战争害得他背井离乡。

青屿灯塔据说是英国工程师建造的，他的名字如今还刻在灯塔门上。灯塔建造时间是 1874 年。所有的船只进出厦门港都必须走青屿航道，青屿航道也被船员称为"青屿门"。有家的地方就有门，有门的地方一定有灯。"厦岛隔岸，有山大而高，曰南太武；旁有小山在水中，曰青屿；青屿之东有山巍而长，周五里许，曰浯屿；浯屿之北有小担，又北有大担，并峙于港口海中，实为厦岛之门。"这是与青屿相距仅两海里的浯屿上一块石碑的碑文，一块地道本岛青石打制成的石碑。细读碑文，郑锦荣才知道这就是小岛的家谱。

郑锦荣辍学来到岛上后，郑永光为了不让锦荣荒废学业，特意让儿子用英文记录灯塔日记、气象报表等资料。平常让他用中文写日记，记录岛上生活琐事。

1946 年 6 月的一天，海关洋人巡灯司瓦德来到青屿灯塔巡视，查阅英文日记和报表。当知道这些日记和报表出自一位小学毕业的少年时，他满意地扬起了嘴角。瓦德把郑锦荣拉过来，拍拍他的肩膀当场录用他为正式灯塔工。那年，郑锦荣正好十九岁，开始踏上他人生的灯塔历程。

炮战前的青屿灯塔自然环境很优美，从码头到灯塔之间是一条美丽的小径，小径边上有花花草草。灯塔的庭院都是西式风格，起居室、办公室、伙房、油库、储藏室等也是如此。室内都铺着木地板，干净亮堂。每周都要用肥皂水洗刷窗门，窗门里外都是三层，最里面是玻璃窗，最外面是百叶窗，中间隔着纱窗。外墙涂着白灰土，使轮船远远地就能看到白色灯塔。晚上房子里的窗户都要关闭，拉上黑色窗帘，防止光线外漏，不然室内光线会干扰灯塔的灯光。

1947 年，郑锦荣被调往牛山灯塔工作。作为灯塔工，工作调动是经常的事，后来他又在乌丘灯塔、东碇灯塔等其他灯塔工作过。

抗战胜利后，郑锦荣被调到东碇岛当灯守。东碇岛是个空心岛，郑锦荣夏天睡在水泥地板上，耳朵贴着地面，就能清晰地听见涨潮时海浪打入洞内的隆隆声。有一回退潮后，郑锦荣与工友们相邀游入黑漆漆的洞穴内，洞内水深没过胸部。突然有须状物划过小腿肚，郑锦荣探手一抓，举过头顶一看：好家伙，竟然是只大龙虾！几个人高兴极了，继续在洞内四处摸索，果然又抓了好几只。回到灯塔，把龙虾清蒸后，大家美餐一顿。几次下洞抓龙虾之后，他们还总结出经验来了：摸到长须就能摸到龙虾的身子，如果摸到龙虾的螯足，龙虾一挣扎，足断虾跑。

郑锦荣在灯塔岛上修理房子

有一次，一条美国军舰抛锚在灯塔旁边。几个水兵在军官带领下划着小船登上灯塔岛。老外主任为尽地主之谊，命令几个灯塔工下水抓龙虾给美军水兵吃。几个年轻灯塔工在洞内一番忙乎，抓了不少龙虾，没东西装，就将长裤脱下扎紧裤脚，一只只丢进裤管里。满载而归的龙虾经过白灼之后，剥出的龙虾肉都有手电筒粗，美军水兵吃得十分尽兴。当然，美军也懂礼尚往来，他们回赠一些礼品交给洋人主任。主任从礼品当中取出一盒饼干分给那些下水抓龙虾的员工们作为犒劳，将罐头、奶酪、红酒留着自己独享。

每年会到几次台风，狂风掀起巨浪漫过灯塔走道，人都站不稳，从住所到灯塔的五十几米，郑锦荣只能趴在地上匍匐前行。为了保证灯塔能正常发光，灯塔工必须履行神圣职责，人在，灯光就不能灭！

四、灯塔救难

1946年深秋，青屿已经不是夏日凉风习习、碧波荡漾的景致了。这天。灯塔海域的风力从午后3～4级逐渐增强到阵风7～8级。海风卷起巨浪，顿时，乌云密布的天空下，白浪滔滔，天空似乎与海面连成一片。灯塔工们已经提前做好了防护，关闭好门窗后在食堂准备用餐。

正在值班的郑锦荣习惯性地用望远镜观望着海面的变化，借着一丝霞光，他发现灯塔的西北面有了异常。看到海面似乎漂浮着一捆捆柴火，郑锦荣正窃喜这回不愁柴火了，再仔细一看，却是一条沉入海里的渔船露出一角，几个人正挥动手臂呼救。这天恰好是农历十九，大低潮，眼下正是退潮时刻，风大，浪高流急，如果不及时施救，这些船工随时都有可能被潮水卷向公海。郑锦荣看到这一幕，放下望远镜，撒腿跑向食堂，冲着郑永光喊："爹！爹！快救人！"郑永光问明情况后，当即下令："留一人值班，其他人跟我来！"灯塔工们立刻放下手里的碗筷，跟着主任一起奔向码头。大家分工明确，各自带着救生工具，有扛船的，有拿救生圈的。把船放入海里后，大家争分夺秒地划向出事点。小船如一片树叶随着波浪前行，一个巨浪打来，船舱即刻积水盈尺。郑永光一面拿着望远镜定位出事点，一面指挥工人凫水前行。经过一番奋勇拼搏，小船终于靠近出事点。落海的人看到他们的救星靠近了，激动得喜极而泣，一个个都朝灯塔工们拱手作揖："救命恩人啊！救命恩人啊！"将他们救上船后一打听才知道，他们是南太武的农民，还有一位是禾山某小学教师，打算运送柴火到厦门卖，不料遇到台风海浪将船掀翻，渔船是他们花钱租来的。灯塔工们将自己的衣服脱下让他们换上，由于施救时间太长，加上退潮，施救的船已经漂离青屿灯塔八九海里。拥挤的船舱里所有的人都沉默不语，大家精疲力尽，只能耐心等待涨潮后顺流返航。大半夜过后，大家终于回到了灯塔。由于那条渔船是租来的，在落海众人央求下，郑永光父子又返回海里将那条渔船拉回岸上。让他们把衣服晒干了，又煮了一锅饭让他们吃饱后，郑锦荣父子开船将他们送到对岸的龙海卓岐。

获救难友王文哲

　　若干年后，他们中有一位叫王文哲的难友到泰国发家致富，成为实力企业家，还多次受到泰国总理接见授勋。王文哲总是忘不了给他第二次生命的郑锦荣父子，每到过年都会邮汇一百元港币答谢郑永光，每次回国也都要登门拜谢郑永光父子。郑永光父子在海上救人无数，这位难友最为有情有义，知恩图报。

　　1948 年在乌丘灯塔，四个台湾渔民在海上被海盗抢劫，赤身游到灯塔求救。郑锦荣慷慨地为渔民提供衣食住宿，直到海关补给船来灯塔，台湾渔民才随船经厦门返回高雄。过后，他们写信向救命恩人致谢。

五、亲眼见证几次战争

郑锦荣在海上见到飞机最多的时候是1941年太平洋战争爆发后，美国向日本宣战。常有美军飞机在青屿上空或在厦门、大担这片海域巡逻，一旦发现日本船只，不管大小一律投射炸弹轰炸。

有一次，日本运输船队刚刚进入青屿门，就被美军两架B-29轰炸机发现，先头那架飞机一头扎下，就是一阵机枪扫射，后面一架紧跟着俯冲下来，又是机枪又是炸弹，海面顿时沸腾起来。起先运输船还慌张地用机枪对着美军飞机扫射反击，无奈抵不过飞机火力压制，几个来回之后，运输船被炸得整船起火爆炸，海面上飘着一片火光。有一艘铁壳船的船舱大概是装着汽油，起火后，整个油罐腾空爆炸，那冲天火焰的高度比青屿灯塔还要高，大火把船上的围栏都烧弯了。

郑锦荣父子还在青屿目睹了厦门解放过程。

1949年10月，解放军炮兵从屿仔尾、嵩屿、海沧三个方向对着国民党军队炮轰了两天一夜。第三天早上，国民党感到大势已去，准备撤退。守候在厦大海面的几艘国民党运输舰开始向曾厝垵海滩靠拢。郑锦荣用望远镜看到沙滩上灰灰的一片，全是等待登舰的，国民党军队后面又是解放军炮弹落在军舰周围，炸起水柱。两艘军舰顾不上把沙滩上的残兵败将接走，就落荒而逃了。剩下来不及登上军舰的士兵就原地拆老百姓的门板、房梁、油桶，扎成简易筏子竞相逃离厦门岛。郑锦荣在青屿就看到不少筏子，由于没有发动机，没有摇橹工具，这些筏子只能顺着海水漂流。到了下午，海上起风，浪潮大了，这些筏子捆绑不牢，很快就散架了，那些士兵一个个掉进海里喂鱼了。郑锦荣在望远镜里再次领略到战争的残酷。

几天后，郑锦荣与灯塔工们打捞起四具解放军的尸体。郑永光、郑锦荣父子替烈士们整理遗容，并从他们口袋里掏出兵役证，上面登记了这些烈士的姓名、年龄、籍贯。他们还记得其中一位山东籍的排长，才十九岁。他们将烈士安葬在青屿码头的山坡上。

六、孤岛遇险

灯塔虽远离陆地，却常被海盗惦记。

1948年夏天，郑锦荣在乌丘灯塔毫无戒备的情况下遭受几个凶悍的海盗突然侵袭。海盗上岛后将郑锦荣的被褥、衣裳、粮食、日用品洗劫一空，郑锦荣仅剩身上的背心和短裤。幸好还有一些没被海盗看得上的土豆和番薯，靠着这些土豆和番薯他一直等到海关补给船到来后才搭船回厦门。

他到海关灯务处讲述自己在岛上的遭遇，管事的洋人艾森并不同情他，反而跷着二郎腿说："你在塔上怎么可能被抢劫？"郑锦荣一遍又一遍向他讲述当时的险情，艾森又翻白眼又耸肩，好像在听童话故事直摆手。远离海岛的艾森哪能体会孤岛上的危险，更不知遇到海盗是反抗还是活命要紧。郑锦荣气得无话可说，又不敢当面顶撞，只好把气憋进肚子里，攥着拳头回家。母亲看到气得一脸铁青的儿子安慰道："别跟那种人生气了！鸡同鸭怎么讲得清楚？能活着回来就好。"在母亲的安慰下，他在家静养一段时间后，慢慢消除了怨气，添置了一些衣服及日常用品又到青屿灯塔报到。

有一年，补给船"福星号"超过该到的时间十几天了还没来。米缸逐渐见底，工友们天天拿望远镜朝海面望去，盼着补给船到来，可是日复一日，还是不见补给船出现。岛上除了礁石啥也没有，也没有野菜充饥，只能把原来一人一天的粮食定量减少到三人吃一人的量，一天只吃两顿稀饭。虽说紧挨着大海可以钓鱼吃，但是大家已经饿得浑身无力，站都站不稳，恐怕连钓鱼的劲都没了。

直到有一天，值班人员大喊一声："补给船来了！"塔上三人轮流用望远镜朝海面望去。没错！就是日夜盼望的"福星号"，白色的船身大家再熟悉不过了。大家将仅有的米都煮成干饭，吃饱后一起奔向码头，挥手迎接补给船的到来。当晚，灯塔站像过年般的热闹。问了下船员才知道原来是补给船坏了，到香港修理了一个月。

1949年后，灯塔站退出海关管理，归为海军军管。

七、成家立业

1950年，二十三岁的郑锦荣经家里人介绍，回到厦门相亲，相亲对象是汕头籍女子邱俊娟。邱俊娟比郑锦荣小四岁，容貌俊秀，心灵手巧。两家家长对这门婚事很满意，就为孩子们把婚事订了。但是邱俊娟对这门婚事并不乐意，订婚后不久，解放军征兵办多次上门动员邱俊娟参加解放军文艺兵。因为征兵办从邱俊娟妹妹那里知道邱俊娟很会唱歌，模样又俊俏，体态轻盈苗条，军队正好需要这样的文艺人才。征兵办多次上门做邱俊娟的思想工作，邱俊娟内心很矛盾，她很想穿军装、扎腰带、戴军帽，这是多少少男少女的追求与梦想啊。可是，她已经订婚了，婚期也近在眼前，她不敢突破世俗观念的束缚解除婚约。再说母亲怎会同意呢？婆家人又怎能同意呢？邱俊娟关在闺房里哭了好久。到了约定的婚期，邱俊娟还是披上嫁衣嫁给了郑锦荣，未能当兵的事成了她一辈子的遗憾。

年轻时的邱俊娟

年轻时的郑锦荣

　　邱俊娟拿出年轻时的照片给大家看，照片上的她目光清澈、脸蛋圆润，装扮时髦，确实算得上是个美人。结婚后照片上的她明显比较清瘦，我问这是怎么回事，邱俊娟说："我不满意这门婚事，首先是我因此放弃了当文艺兵，再说我之前已有了一个中意的人选，他就是我的邻居。虽然我们之间并没有谈过恋爱，但是彼此心存好感，心照不宣。"

　　旧时代的女性哪有权利选择婆家，都得听从长辈的安排。邱俊娟嫁给郑锦荣后，一度情绪压抑导致消瘦许多。庆幸的是，郑锦荣为人处世各方面无可挑剔，人品很好，对家庭也负责任，他的行为慢慢感动了邱俊娟。可以说，他们是先结婚后恋爱。

邱俊娟与郑锦荣婚后合影

　　邱家人都传承汕头的绣艺，邱俊娟三岁时跟着父亲从汕头来到鼓浪屿，父亲经营绣艺产品，店名叫迦南绣品店。邱俊娟的母亲一共生养十个孩子，除了一个夭折外，存活了五女四男。俊娟下面还有四个妹妹，她五岁起就要给弟弟妹妹换尿布喂粥，还要擦地板。

　　公私合营后，迦南绣品店成了鼓浪屿绣品厂。邱俊娟平常在家靠给餐巾刺绣贴补家用。一张十二人座的桌布和十二条餐巾两个人需要绣一个月时间，这样才可得工钱人民币六十元。

鹭岛人家

1954 年，已经生育一对儿女的邱俊娟来到大戢山灯塔与丈夫团圆。

1955 年 8 月，第三次怀孕的邱俊娟临盆。岛上没医院，郑锦荣一边翻阅接生手册，一边按步骤亲自为妻子接生。经过一阵忙碌之后，母子总算相安无事。特殊的出生环境预示了这个孩子的命运，后来这个孩子也在厦门航标处工作，成为郑家灯塔第三代继承人，他就是郑锦荣的第二个儿子郑士杰。

1956 年，灯塔要安装一台风力发动机。郑锦荣爬上八米多高的铁架上检查风向。由于风向不稳，发动机快速转动的叶片击中郑锦荣的头部，他顿时天旋地转，眼冒金花星，什么也看不见了。他本能地死死握住铁架，才避免从高空摔下，待镇定之后才从铁架上缓慢下来。同事们纷纷围了过来，帮他摘掉帽子，发现他头上有一道四五厘米长的口子直冒鲜血。大家忙着找止血绷带为他包扎伤口。由于受外部震荡强烈，他的一枚牙齿因而脱落。郑锦荣没上医院治疗就在宿舍里躺了一周，伤口还没恢复又坚持值班。这次脑震荡给他留下了长期头痛耳鸣的后遗症。由于没能及时得到医治，拖到最后，他的耳朵完全失聪。

1958 年，全国上下都在除"四害"，灯塔工也不例外。

此时的郑锦荣接上级命令到舟山群岛太平山灯塔安装雾号助航设备。他白天搬运机器，干抬水泥、沙子、石子等重活，晚间不顾身体疲劳还要学习《毛泽东选集》。最有意思的是灭"四害"，上头分配的任务是每人每星期要消灭一火柴盒子的苍蝇、两只麻雀（上交麻雀爪子四只）。一盒苍蝇倒是很容易，火柴盒里放半盒石灰，上面铺着一些死苍蝇就能交差了。麻雀的捕捉方法很多，农民在田间拉网，四面敲打脸盆、铁桶发出剧烈响声，惊得麻雀四处乱窜，撞在网上，跌落地上就能捕获。也有在箩筐下投食，用木棍支起箩筐，木棍上绑一根绳子，人躲在暗处观察，等麻雀进入箩筐内觅食，一拉绳子，就把麻雀扣在筐里。这方法很受孩子喜欢。也有用弹弓射击的。

灯塔工白天不能离开岗位，没时间跟大家捕捉麻雀，只能等到晚上去掏鸟窝。先派两个同志到乡下观察小鸟飞到哪家的屋檐下，做好记号。等到夜间小鸟归巢后，灯塔工们起背梯子浩浩荡荡去掏麻雀窝。掏鸟窝时不免要掀掉百姓家瓦片，手才能伸进去，鸟窝太深还要将墙洞挖大。这样惊动了屋里的老百姓，他们就要提意见啦，仰头朝这些人喊道："喂！你们三更半夜掀我瓦片，下雨天屋顶漏雨怎么办？"郑锦荣说："我们是响应号召除'四害'，房子会给你修好的。"抓到麻雀后，大家兴致勃勃地回到宿舍，先把爪子剪了以便交差。然后将麻雀剥皮开膛破肚，剪成四块放油锅里炒得喷香，每人再配上一碗老酒。这算是对自己辛苦一天的一点犒赏，第二天大家又要投入紧张的劳动中去了。至于老百姓的房子，他们也是要坚守纪律，按要求去恢复原样，修复屋顶和填补墙上的漏洞。

八、灯塔工的服装

郭沫若曾说："衣裳是文化的表征，衣裳是思想的形象。"20世纪初，"Coast Light House"（沿海灯塔）这组英文字用烫金字体印在灯塔职工冬季呢质无檐帽的缎带上，金光熠熠，十分庄重漂亮。夏季是草凉帽，帽檐有着一样的金字缎带。制服是浅蓝色对襟唐装，布扣，灯笼裤，红绸带束腰。每当海关洋人巡灯司到灯塔视察时，灯塔工们都要穿上这身行头列队迎接。

郑锦荣小时候就是戴着父亲的旧草帽去上学，老师看到那一串的英文字后对小锦荣说："你父亲是干灯塔工作的？"郑锦荣很自豪地点点头。

当时乌丘灯塔有两位洋管理员，分别是1号和2号，还有五个中国籍职工。其中一位管理员负责将每月灯塔日志、气象报表、私人来往信件装入帆布邮袋，用火漆封固后，再由邮递员送到厦门海关灯塔办公室。这名邮递员着装跟灯塔工不同，穿的是绿色对襟唐装和绿色灯笼裤，裤子两侧用红色绣线绣出厦门海关字样，上衣后背绣着大大的"邮"字。他背上印有厦门海关字样的邮袋，一路畅通无阻地将邮袋送到厦门海关。

灯塔员工除了巡灯司视察时才穿上标准行头，平常工作时都是唐装短衣打扮，头上盘着长辫子，十足清末遗风。郑永光年轻时也留过长辫子，民国以后才剪掉。难忘那次剪辫子的经过：郑永光回老家汕头结完婚后，返回厦门的码头，却被军警拦下了。当时的郑永光戴着礼帽，把一头辫子压得严严实实想蒙混过关。军警眼光犀利，看到帽檐下露出一缕发梢，一掀掉帽子，一条长辫滚落下来。军警拿起剪刀握住辫子"咔嚓"一声，郑永光感觉头上顿时轻了许多。军警想把辫子扣下卖钱，郑永光说辫子要留给母亲续发髻。军警才把辫子还他。从此，郑永光一直是理着光头，留光头比留长辫清爽便利，不用一周洗涤一次长发，也省去梳辫子的时间，干活出汗随便拿条毛巾将头和脸一起抹干净，方便又利索。

1949 年后灯塔工的工作服是陆军退下来的旧军装，洗干净后分给灯塔工穿，灯塔工穿过之后还要留着以旧换"新"。1967 年换的是坦克兵的军服，坦克兵的军服裤腿侧面钉着一排纽扣，裤型下紧上松。郑锦荣穿着这条裤子走在路上，甚是引人羡慕，特别是他的小舅子一直缠着郑锦荣要将裤子留给他穿，或者跟他换一条。郑锦荣说："这怎么行？我这条裤子还要退回去换新的。"小舅子后来按照这条裤子的样式仿制了一条。

郑士其记得祖父郑永光最常戴的帽子有两种：一种是美国西部牛仔帽，另一种是像越南兵戴的硬壳帽，白色外壳，内里是绿色的。退休后的郑永光也常常戴着白色硬壳帽。

九、雾 炮

1949 年前的灯塔都配有雾炮，有两尊或四尊，雄伟壮观的雾炮对着海面确实气势非凡。那是大雾天助航的音响设备。灯塔开始使用雾炮最早可追溯到清朝。鸦片战争后五口通商，沿海先后建成一些灯塔，为进出商船引导航线。人们发现单单靠灯塔夜间发光助航，航行还是不够安全，雾天轮船看不到灯光，迷失方向，撞上暗礁的事故时有发生。于是，洋人想出一个办法，使用土枪炮作为音响助航，从此灯塔上便有了雾炮。初上灯塔的学徒工都要经过一段时间雾炮操作学习，经灯塔主任考核后才能上阵，不然因操作技术生疏出事故后果不堪设想，小事故断胳膊断腿，大事故连人带炮就呜呼哀哉了。

灯塔世家

—— 郑士其、邱俊娟、郑士杰、郑士林口述实录

抗战前青屿有个灯塔工操作失误，被大炮击中左臂后干不了灯塔工，只好到厦鼓码头摇舢板，当艄公。

青屿、东碇、北碇、乌丘、牛山，这几个灯塔都配有雾炮。雾炮大小决定声音传播范围，分别有1磅和1.5磅大。放雾炮的要求是：当大雾笼罩灯塔海域时，值班人员听到海面有轮船拉汽笛，就要向主任汇报，由主任命令所有灯塔工实施开炮，直到汽笛声响过航道才停止放炮。开炮的周期要准确，同灯塔闪光周期一样。各灯塔的雾炮周期都不一样，这样轮船才能根据不同周期辨别这是哪个灯塔，判断航行的位置。

1947年春季，在一个浓雾弥漫的下午，郑锦荣和工友们听到值班员报告，有轮船在拉汽笛要驶过东碇门。于是，洋人主任便下令开炮，"轰轰轰"的沉闷炮声在海面持续响起。几轮炮响之后，奇怪的是那艘轮船一直在原地鸣笛，似乎没有继续启航的迹象。情况不明，只好按照常规周期鸣放雾炮不停。整整一夜，灯塔一共鸣放一百多枚雾炮，几乎将仓库里的雾炮打完了。一直拖到隔天，天亮雾散，值班员才看清在灯塔东北方向的海面上停着一艘荷兰籍邮轮"芝莎丹尼号"，这才恍然大悟。按照国际惯例，轮船在海上航行遇雾抛锚，只能在原地间歇拉汽笛，以此警告附近来往船只，避免相撞。灯塔不明就里，白白耗费那么多的火药。这次也是干了一辈子灯塔工的郑锦荣第一次亲身体验打雾炮。

1949年后，灯塔雾炮被音响和电雾号取代。

1958年"大跃进"，全国大炼钢铁，有人发现灯塔这些不用的雾炮是炼钢的好材料，就把雾炮抬走砸烂，炼钢铁去了。否则，这些老古董留到现在大可作为灯塔发展史的佐证了。

灯塔音响助航，除了雾炮还有雾锣、雾钟、雾哨等手段。雾锣是人工操作，简单原始。浙江镇海港的虎蹲山灯塔，雾天时值班人员就要敲雾锣。那是直径一米的大铜锣，音响效果没有雾炮那样惊天动地，声波只能传送一至两海里，只够进出虎蹲山航道的船只听到。但如此操作也是苦了灯塔工们，每次来雾，值班人员就要敲锣，每隔半分钟一下，不紧不慢，要求周期准确。

大雾如果几天不散，锣声就不能停止，灯塔工就要不停地敲下去。虎蹲山灯塔在20世纪70年代末镇海建港时被炸平，建成现代化大码头，如今已经找不到灯塔遗址了。

雾钟是安装在灯船上的一种雾警设备。一口大钟固定在灯船上，四周有滚动的撞锤。船体靠海浪摇摆，撞锤随船体摇摆撞击大钟发出巨响。如果风平浪静，船体不摆动，雾钟也就不响。

雾哨外形如浮标，中间是气室，顶部有气阀和风笛。浮标随海浪上浮时，空气从进气阀进入气室；浮哨下沉时，气室内的空气被压缩经出气口风笛发出"呜呜呜"的响声。海面无风浪时，风笛不响。雾哨与雾钟原理一样，因而音响没有周期。

据郑锦荣回忆，父亲郑永光说在20世纪20年代初设雾哨后，雾哨的声音飘送到附近乡村。当时农民迷信，又没知识，认为这是海怪要登陆吃人了。一时整个乡村陷入一片恐慌中，天还没黑就关门闭户，渔民也不敢再出海捕鱼。经村里老人建议，请来道士建神坛念咒赶鬼，忙碌一阵之后，似乎"海怪"也不叫了，大家以为作法起作用了。渔民也开始出海打鱼了，渔船开到海哨附近，渔民发现一个红绿色圆形怪物，随着海浪沉浮。靠近一看，发现怪物有一级级梯子，胆大的渔民游上去一看，发现这个怪物还是铜制的。他们明白铜可以卖钱，就把这个怪物肢解了，把铜制零件全部卸下带回去。海关巡逻船发现浮哨被盗后，重新又安置一个，过不了多久又被渔民偷走。于是，海关带着多名关警佩戴枪支到附近乡村调查，但没人出面承认干了这桩事。关警召集村民开会，并吓唬渔民："以后谁再斗胆盗窃雾哨，我们将炮轰炸毁整个村庄作为惩罚。"渔民慑于钢炮的厉害，从此以后不敢胡作非为。

十、难舍灯塔情

1957年，郑锦荣六十一岁的父亲郑永光从青屿调回鼓浪屿航标站，工作变成为泵船敲铁锈，一直敲敲打打干到退休。

这时候，郑锦荣已调往浙江嵊泗花鸟灯塔工作。

郑锦荣的孩子们随着父亲到浙江生活，都能讲一口流利的宁波话。郑士其记得当年在灯塔的住所因入冬后天气太冷，大家关紧窗户后还用牛皮纸贴在缝隙里，造成室内空气流通不畅。为了改善空气质量，他们就在灯塔周边摘了许多野生的水仙花，用个阔嘴玻璃罐头瓶插满放在屋里，满屋子顿时都是香气。隔几天等花谢了再换一束。

郑锦荣平时就有胃病，每到春冬季节，胃病就复发。1977 年冬天，郑锦荣再次胃出血，拖了四天，直到海上交通船到了灯塔，才将他送往卫生所就医。住院打吊瓶一个月之后，经军医批准回家休养，由于他身体还没恢复，再经车船三天三夜的颠簸，回家后他的胃再次出血。1978 年，经军医证明，郑锦荣从浙江舟山海区的灯塔站病退回到厦门。

退休后的郑锦荣经常在鼓浪屿海边散步或垂钓，人家笑他坐在岸边风吹日晒半天都没钓到一条鱼。他说："我不是为了吃鱼，只是想吹吹海风，听听海浪声，看看往来的船只。这已经是我生活的一部分了。"

十一、从驾驶员到航标处党支部书记

20 世纪 80 年代，海上灯塔由海军部队交给交通部管理。

1982 年，厦门航标处器材很多，急需一名驾驶员运输器材。此时的郑士杰已经在厦门汽运公司担任要职，听说厦门航标处需要驾驶员，便通过一番努力，顺利从厦门汽运公司调到厦门航标处当一名司机。

郑士杰跟父亲郑锦荣一样，对待工作从来不分贵贱，分内分外的工作从来不计较，再加上他会唱歌，人缘又好，很快被调到工会兼职，几年之后又当了工会主席。工会的工作常常要走入基层，他具备驾驶技术，方便为职工送温暖。有一次，老职工施顺甫的父亲去世，他开了三小时的车才到惠安施厝（今泉港区施厝村）前往慰问。到施厝时已经是傍晚时分，汽车到了村口，老施站在村口等候。郑士杰送去航标处的抚恤补助金和工会的问候，让老施感动不已。当了解到老施父亲隔天才出殡，郑士杰又主动留在惠安住宿一夜，直到丧事办妥才离开。

1988年7月，上海航标处李汶来厦考察，准备在福建沿海修建灯塔。灯塔最后选址在龙海境内镇海角烟墩山，占地面积1000多平方米。1989年12月的一天，郑士杰回家告诉父亲，镇海角灯塔将定于12月26日首次发光，航标处领导特地邀请父亲参加发光典礼。参加完典礼回到家后，郑锦荣兴致未减，当即写信给航标处领导，要求重返灯塔工作。次年3月，上级终于批准郑锦荣的请求，正式聘任郑锦荣为镇海角灯塔助理顾问。除此之外，他还多次受邀到青屿为岛上驻军维修发电机组，并教授战士们如何维护、维修发电机组的知识。郑锦荣持续干了六年的助理顾问。

郑锦荣全家照（左二为郑士杰）

2000年，郑士杰被调到镇海角灯塔担任支部书记，成了郑家第三代的灯塔工。

镇海角位于漳州龙海最东端的小镇。虽然交通方便，但郑士杰每周才回家一趟。这时候的灯塔站不论是硬件设施还是软件配套都很先进，用水、用电都比当年郑永光和郑锦荣的年代方便得多。

有一次，航标处要对岛屿灯桩进行电源路线改造，郑士杰他们顶着雾乘船出发。刚开始是薄雾，后来雾气渐浓，能见度越来越低，船老大把几个技术员放在孤岛之后就离开了。按约定是傍晚时分等技术员把电源线路改造好之后再来接他们，可是雾气越来越浓，四面都看不到陆地，船是不可能返回接他们了。摆在面前的困难是：晚餐怎么解决？如何过夜？如何对付蚊虫？他们趁着天还没黑，就在礁石上捡海螺，就着海水煮熟后，刚好身边还有一瓶白酒，四个人就这样吃着海螺就着白酒解决了晚餐。为了避免露水打湿身体，他们找来一块塑料纤维布盖在平台顶上，四个人围在一起双手抱膝坐着打盹。直到半夜两三点，隐约听到喇叭声，他们往海面看去，原来是船老大趁着雾散之后连夜赶来接技术员回去。下山时，郑士杰一个趔趄差点踩空。仔细一看，脚下是黑咕隆咚的深渊直通礁底，他就这样与死神擦肩而过。

晚年郑锦荣与妹妹合影

149 ·

航标处的工作注定常年与海洋相伴，海上气候又是那么变幻莫测。

2007 年深秋，郑士杰接到航标处的任务，负责重新布设湄洲湾港区灯浮。当时郑士杰是厦门航标处党支部书记兼"海标 101 轮"政委。当海标 101 轮驶离厦门东渡码头前往湄洲湾时，海况比气象预报糟糕得多，尤其是船驶进北碇岛海域时，海浪直接涌过驾驶台，船身在波浪中起伏摇晃不定。几名员工开始晕船呕吐，但都坚守在岗位上。当船进入围头湾以后，浪头就稍微小一点。只听一阵作业铃声响起，郑士杰与晕乎乎的同事们马上穿戴整齐进入作业状态。经过 2 个多小时的苦战，终于完成 3 座灯浮抛设工作。此次任务一共经历了 44 天的奋战，航程达 1680 海里，总共更换起吊浮标 45 座。此次任务得到海标处上级领导的表扬，充分肯定了海标 101 轮工作人员是一支能打硬仗、善打胜仗的队伍。

2009 年底，郑锦荣因病去世，按他生前所立遗嘱，他的遗体将捐给红十字会。郑锦荣用他的一生诠释了灯塔人的精神，即"燃烧自己，照亮别人"。

大海，就是我故乡
——沙坡尾渔民家庭（黄大兴及其家人）口述实录

第一部分：黄大兴夫妇口述

口述人：黄大兴、张秀珍（黄大兴之妻）

采访人：吴超慧、张倩敏

采访时间：2022 年 5 月 2 日上午、10 月 15 日上午

采访地点：黄大兴家中

【口述人简介】

　　黄大兴夫妇皆出身于典型的厦门港渔民家庭。黄大兴在退休前是厦门海洋渔捞公社①船长，有丰富的渔业捕捞经验，1979 年被评为福建省劳动模范。其妻张秀珍与他多年同船捕鱼，兼顾家务。

一、儿时记忆，酸甜苦辣

　　黄大兴：我 1943 年 8 月出生，是家里的老大，还有 4 个兄弟姐妹，不过小我 1 岁的弟弟在八九岁时没了。以前家里穷，没什么吃的，他去捡别人不要的甘蔗头吃，还吃了一些乱七八糟的东西，结果脖子上长了瘿，打针打死了。他走后，排我后面的老二是妹妹，老三、老四是弟弟。

　　小时候我住在料船头，那里过去大多是石头平房，住着很多渔民。附近卖鱼、卖肉的什么都有，一连片的菜市场。后来搬到大埔头，就是现在住的房子，到现在 40 多年了。这是 1979 年左右市政府批地自建的，一开始就一层，后面慢慢盖成了现在的一栋。

---

① 厦门海洋渔捞公社成立于 1959 年，1984 年更名为厦门市第二海洋渔业公司，1992 年更名为厦门海洋实业总公司。因称呼习惯，采访对象未对不同时期的名称加以区分，而是统称渔捞公社。

青年时期的黄大兴

　　我家四代讨海人，爷爷、爸爸、我，还有我的孩子。除了我女儿，其他孩子都干过这个。我爸过去给人家当船工，49 岁的时候去世了。

　　1949 年厦门解放后，国民党败退台湾。厦门附近海域被封锁，一到海上就很危险。国民党的枪瞄过来，会打死人。不能出海捕鱼，讨海人还能干吗？我妈只好卖菜，做些杂活养我们一大家子，我帮忙捡柴火，没东西吃就捡甘蔗头、菜叶，日子很苦。

　　张秀珍：我比他小 5 岁，家里 5 个兄弟姐妹，老大是姐姐，我排老二。家里情况和他差不多，也是世代讨海人。

　　黄大兴：她家条件比我家好，她老爸有整船。

　　张秀珍：我爸那辈 3 个兄弟姐妹都有整船，我阿伯一条，阿姑一条，我爸一条。这种小船过去叫"夫妻船"，一家人在船上吃睡、捕鱼。船舱很小，睡觉的时候脚架着脚，挤得看得到脚，看不到头。

　　不出海的时候，船停在沙坡尾的避风坞。以前厦门港这块是讨海区，小船都在那靠岸或者躲台风什么的。1959 年有一场大台风，为了安全，政府不让渔民住在船上，有房子的住房子，没房子的睡学校。

偶尔我们也会上岸，去奶奶家住。奶奶家在围仔内巷的番仔楼，都是以前有钱人建的，后来房改变成公房。附近的寺庙也改成托儿所，什么都改了。记得20世纪60年代左右，两房一厅每个月租金2块钱，很便宜。家里老房子现在已经拆没了，原来的位置大概在现在民族路成功大道下面。

年少时的张秀珍

我9岁的时候，老爸在外海得病去世。如果他没有走得早，我就不用讨海了。他在世时我命很好，他去世后我好命变歹命。人生就是这样浮浮沉沉。后面的日子再苦我都不会流泪，但是只要一说到我爸我就忍不住。小时候我爸非常疼我，不会重男轻女，他很喜欢带我去听讲古、嗦田螺。其他孩子都没带，就带我一个，把我打扮得漂漂亮亮的，我要什么给什么。

我爸常带我去家附近福海宫巷的茶馆玩。以前的茶馆里面泡茶、讲古什么都有。我虽然不识字但非常喜欢听讲古，听《三国演义》或是一些硬气英雄的故事，再大一点就听《红岩》《红楼梦》的故事。讨海人喜欢泡茶，那时候都泡一枝春，算是大众茶，还有铁观音。像白毛猴这种是有钱人才能享受到的。

我小时候还认过我爸的朋友做干爹干妈，他们夫妻俩是晋江籍华侨，经济条件不错，买了很多漂亮裙子从香港寄过来给我。我爸去世后慢慢地也就没来往了。

我爸一走，日子真的是差太多了。我妈一个人养不起这么多孩子，吃饭都成问题，我自然没法上学，就去帮人家带孩子。雇主的婆婆和我奶奶关系不错，我前后帮她家带了两年左右孩子。

日子苦归苦，小孩子嘛，还是会有些乐子的。我们会捡来红柿蒂，用石头磨一磨，洗干净后晒干了拍着玩。柿籽用来玩"割豆腐"的游戏，弹来弹去。还会打沙包、捉迷藏、抽陀螺、扔香烟壳，把树籽串成项链互相比谁的更好看。把漂亮的糖果纸做成头花，好看点的糖纸大家还会抢着要，很有趣味。玩的都不用花钱，我们觉得这样就很有意思。

二、海海人生，乘风破浪

黄大兴：我没读过书，从小在船上跑江湖，甚至可以说在娘胎里就开始讨海了。20世纪50年代搞人民公社化运动，厦门港有胜利社、前锋社等渔业合作社。1959年有了厦门海洋渔捞公社，社里曾有30多艘灯光围（敷）网渔船、20多艘拖网渔船，渔民由社里聘请出海捕鱼。我十几岁就跟人家七去八去（到处跑）。干这行得有这行的本事，我边干边学，后面越来越有经验。27岁的时候，领导看我工作干得不错，就让我当船老大。

那时候船上没有机械设备，没有电台，没有雷达，出海捕鱼全靠头脑、凭经验。出去一趟很危险，碰上过9级大风，海浪有两三层楼高，碰到过突起的大雾，站在船头看不到船尾。一艘船三四十条性命都系在船老大身上，要是不小心偏航到金门，被国民党逮到就麻烦了。我最远开到台湾海峡，过去船动力小，到那得十几个小时。晚上偷偷捕巴浪鱼，天没亮就跑，因为国民党军队早上会出来巡逻。

黄大兴出海捕获大石斑鱼

张秀珍： 那时候的船好歹有发动机，更早以前我十来岁的时候是木帆船，靠摇橹靠风走船，可以开到东山、东碇岛。捕鱼用钓的，我们叫"放绳"[①]。钓不同种类的鱼要用不同种类的绳，钓鲨鱼用鲨鱼绳，钓巴浪鱼用巴浪鱼绳，还有带鱼绳、加力鱼绳、鳗鱼绳、加网鱼绳、鳐鱼绳等。

黄大兴： 早期捕鱼很辛苦，都是靠人力摇橹，不管天气多冷多热都得摇，还得放绳、收绳、搭饵。绳很长，一篮大概有 100 个钩，一条船上带 4 篮，有时候 6 篮。海底杂质多，放绳的时候要注意不能勾到礁石，如果不小心勾到，有时不得不扯断钓绳。那时候讨海要靠技术，琐琐碎碎的活很多，渔网破了要补，整天都在整理渔具，一天还抓不到多少鱼，很落后，不像后来公社的船有机械动力，一网下去能捕到几百几千担的鱼。

---

① 绳，即延绳钓，一种专用钓绳，在一根干线上系结许多一定间距的支线，末端结有钓钩和饵料。

黄大兴家中现有的渔具，类似过去用的绲

放绲讨海还要分季节，按照农历不同的时令钓不同品种的鱼，比如冬天钓鳗鱼、黄花鱼、加力鱼。春天捕乌鲳，捕乌鲳的时候扔一张睡觉用的席子下去引诱（乌鲳有喜阴影结群的习性），船员坐上船上搭载的竹排下水盯着，一旦发现有乌鲳跟上，就向船上的大副示意，放网下去捞。夏天钓巴浪鱼等。巴浪鱼可以做诱饵钓大鲨，我捕过最大的鲨鱼有好几百斤。

张秀珍：什么季节到什么地方钓什么鱼用什么绲，船开到哪要掉头都是要计算的，没有仪器全凭经验。

以前海里鱼很多，后来用大网捕捞，不管大鱼小鱼一下子全搞上来，不知道损害了多少鱼苗。过去用钓的，大鱼吃鱼饵，小鱼吃不了不会上钩。然后小鱼变大鱼，大鱼生小鱼，有一个好的循环。再一个，过去海底有礁石、海树，可以给鱼儿避身。现在大网一放一拖，这些东西都给刮没了，鱼没地儿生存。

黄大兴：我在渔捞公社当了几十年船老大，捕的鱼估计有 30 万担左右，每年平均 1 万担左右，捕过最多的一次有 1000 多担。早期的船比较小，800

担就满载了，后来技术越来越发达，从 800 担到 1000 担，再到 1600 担，翻了倍。有时候运气好，出海一天就能满载返航，有时候两三天都抓不到鱼，粮食吃完了只好回来。我带的船捕鱼量一般排在公社前三名，前三名船上会插红旗，我们的船经常红旗飘飘。

捕鱼回来，不用考虑卖的问题，都是集体化运营的，有鱼贩子来收。收入分配上，收成好的大船能分到 16%。这部分钱根据工分再分摊到船员手里，比如船长是 12 分，其他船员有的 11 分，有的 10 分，一级一级分配下去。

张秀珍：因为干得好，1979 年他被评为省劳模，之前还多次被评为市劳模。

黄大兴：以前干活都是拼面子。

张秀珍：我们那个年代听毛主席的话，顾工作、讲奉献。读语录后脑子里记着要艰苦奋斗，所以一直工作都不觉得苦，干得越多越光荣。有时候社里不分配工作给我，我会想是不是自己哪里做得不够好。

公社年底会进行先进评比，比如一艘船 40 名社员，有组长、骨干，由大家民主选举，得票数第一名奖金 20 元，第二名奖金 15 元，第三名奖金 5 元，还会颁发奖状。当时要是能得奖就开心得不得了，所有人都拼了命地工作，比优争先。我拿了不少次奖励，他也拿过，可惜奖状丢没了。还有很多老照片、旧物件也没了，就剩下一本语录，我虽然不识字但会念。

我读过三年晚私塾，不过因为每天工作多到做不完，所以没时间学写字，只会跟着老师念念"书歌"，念得还挺不错。晚私塾是渔捞公社为了给社员扫盲自己办的，学生不固定，有空的渔民都可以来上。老师也不固定，公社里一些识字的人轮流上船教，船上拿块木板钉一钉就当是黑板了。

除了开办晚私塾，渔捞公社还举办过不少其他活动。我参加过龙舟赛，由渔捞公社和鼓浪屿公社一起组队，在集美龙舟池比赛，得奖拿了一张集体奖状。还参加过纠察队活动、开会学习什么的。一些文艺活动我倒是没参加，社里有舞蹈队的时候我已经有孩子了。当时很多人来叫我，说我这身材很适合跳舞，但是为了照顾家庭没办法去。

退休在家的黄大兴、张秀珍夫妇整理渔具仍很娴熟

我俩出海的时候，只能把小孩寄在亲戚家，有时寄这家有时寄那家，顾不上也管不上。出海回来在港口把鱼卖了后，我要打扫整艘船，一艘三四十人的船很大，回家还要再料理家务。每次讨海回来就是家和船两点一线，不会随便出去玩。

就这样我一直干到 50 岁退休，他 55 岁退休。

三、时代风尚，多姿多彩

张秀珍：我和大兴结婚后在渔捞公社同一条船上工作。忘了什么时候和他结的婚，大概1964年左右的样子。早期大家都是苦孩子，家里养不起吃不饱，穷人的孩子早当家，都早早嫁人，家里好省一张嘴吃饭。

结婚有的是通过自由恋爱，有的是通过介绍相亲，长辈做主的比较多。像指腹为婚，朋友间差不多时间怀孕的话，会约定如果一方生男一方生女就结成亲家。

黄大兴夫妇早年合影

结婚手续挺简单的，先"吃定"（即定亲），要有"四色礼"，一般是布、糖果、金戒指、糕饼等，东西不是固定的，男女双方彼此满意就行了。吃的东西一般是甜的，寓意甜甜蜜蜜。

黄大兴： 像是红纸包的贡糖、马蹄酥什么的都可以啦。

张秀珍： 早期生活困难，条件好的就搞好点，条件不好的也就随便了。扯结婚证也简单，男女双方同意就去办。可惜我俩当年的结婚证被我压箱底压坏了。

黄大兴： 娶亲要算日子，根据新人的生肖、八字选个吉时。

张秀珍： 一般是偶数日，比较吉祥。结婚的喜服能自己做的就自己做，不会的就找裁缝。新娘普遍穿红色或者水红色的衣服，新郎穿藏蓝色的中山装，衣服上别着鲜花。岸上的有钱人有的会穿婚纱，但是比较少。那时候的条件差，新娘子没化妆，但一般会用线挽面。

早些时候，双方家庭如果都是讨海人，岸上没房子，结婚不过就是从这条船搬到那条船而已。以前那种小船，船肚小小的，一大家子住在一起，睡觉的时候一张床有六只脚。其实也没真正的床，就是全部挤在船底板上睡。

渔改后，这种个人的船被淘汰了。

黄大兴：现在的船好多了，那么大一艘，可以隔成一间一间，还能装空调、冷冻机什么的。

张秀珍：后来慢慢改革了，到我俩结婚的时候，岸上是有房子的。我们结婚时坐的三轮车，车上贴着漂亮的塑料布。过去的塑料布可好看了，什么颜色的都有。现在的塑料布和那时候的比起来素多了。

黄大兴：三轮车是租的，和司机约好时间到女方家，把新娘载到男方家。有的人是走路接新娘，不管白天黑夜、晴天雨天，新人全程都要撑着一把伞。

张秀珍：伞是黑色的，说是可以辟邪。

婚后自然而然是生子。过去讨海人家生孩子，只是请有生产经验的姐妹来帮忙接生，像我妈就是在船上生的我。到了我们这代，可以到防保院（今社区卫生服务中心）生孩子。当时在鹦哥楼的一层，我的四个孩子有三个是在那里生的。小儿子是到第一医院生的，生孩子一次二十元，便宜得很，条件算是不错了。当时除了防保院、医院可以就诊，还有很多私人医生给人看病，价格不算贵。

生完孩子就回自己家坐月子。坐月子要看家里条件，像我坐月子和没坐没什么区别。月子期间照样得自己买菜煮饭，还要帮大兴照顾他的小弟。

和现在相比，变化比较大的是过节的风俗。比如春节，以前过节那是五花十色的，大家穿得一个比一个好看，自己做的、买现成的，红的、绿的什么款式都有。有人还会穿木屐，就是一块塑料横钉在木头上，要是再画上点花纹，就算是很有档次了。现在春节太寻常了。

还有早期不流行穿鞋，讨海人都穿"祖宗鞋"，就是打赤脚啦，冬天也不觉着冷。在粗糙的地上走久了，脚上全是厚厚的茧，大家都习惯了。过去有一种说法，讨海人穿鞋叫"山猴"。后来我们开始穿鞋的转折点大概在20世纪五六十年代，船到舟山渔场顺道去上海，在那里就算是乞丐都得穿一双鞋。要坐上海电车打赤脚是不让上的，所以大家就慢慢开始穿鞋了。

我们外出捕鱼会在几个渔场流转，从厦门出发向南是海南，向北是舟山。

渔船避风停泊的时候，无论到哪里我都喜欢上岸走走看看，上海、海南我都去过。大兴不喜欢逛，我会约同船的社员一起逛，看到喜欢的就买。三四十个船员里，我眼光算比较精的，大家喜欢托我买东西，买羊毛、衣服、塑料花和时髦的丝巾、卡其布等。

上海很繁华，百货商场里什么东西都有，各种货物有规则地分区域售卖。肉铺里的瘦肉、肥肉、五花肉分得清清楚楚，水果店的苹果、梨子很是"香滚滚"，路过都能闻到。还有上海的蛋糕实在是太好吃了，香香绵绵的，总之那里什么都很精致。

海南三沙也非常好玩，20世纪70年代左右我们去了两三次，前几年我和他还想再去那里看看，可惜碰上疫情没有成行。海南的海水很清澈，没有一点污染，海底的珊瑚看得一清二楚。

黄大兴：更早一些就有人去那里了，20世纪50年代炮击金门，厦门这边海域没法捕鱼，讨海人有的转到海南，有的转到舟山。

一般去一趟要一个季度三个月左右。海南那里冬天不冷，海产很丰富，椰树很多。海南现在发展得多好呀，我们去时可不是这样。有些地方生活很艰苦，特别是白马井镇那里，当地居民从山上挑柴跟我们换东西，一捆一百来斤的柴换两罐鱼饵，或者是换吃的。

张秀珍：因为战争的原因，海南过去生活很困难，还好解放了。那里没有厕所，男男女女都在沙滩解决。当地人没穿裤子，只用一块布围在腰上。岛上的女人会做点小生意，有卖菜的、卖柴的，还有卖一种黏黏的糯米糕的，很好吃。我十几岁的时候，喜欢和人聊天，会讲一两句简单的普通话，船员有时候会托我到岸上买点吃的。我看到岛上的女人脸上乱七八糟的伤痕感到很好奇，当时年龄小不懂事直接问人家："你为什么这么难看啊？"她们告诉我，因为丈夫在战争中死了，她们为防被敌人侵犯，所以自毁容貌。

这样到处走到处看，我长了不少见识。退休后我还是喜欢到处走，去过泰国，以及桂林、五台山、普陀山、三峡等地方。

黄大兴：我不怎么爱玩。退休后条件好了，我也不爱出门旅游，就算吃喝住给我安排得好好的，我也不爱去，就喜欢钓鱼、打麻将。

张秀珍：我也爱钓鱼，但是没时间，要管家、干家务活，偶尔才跟他去钓钓。我经常跟我那些姐妹说，我是"出门当老板，进门做丫鬟"。

第二部分：黄大兴之子口述

口述人：黄建设（黄大兴次子）

采访人：吴超慧、张倩敏

采访时间：2022 年 5 月 22 日下午

采访地点：琥珀书店

【口述人简介】

黄建设出生于厦门港渔民家庭，是家中最后一代讨海人。少时跟随父亲黄大兴就职于厦门海洋渔捞公社，有多年海上渔业工作经历。后上岸转行，目前从事海上环卫工作。

一、家庭情况，童年记事

我身份证上的出生日期是 1969 年 7 月 20 日，是家里的老二，上面还有个哥哥。其实是给我晚报了，应该是 1968 年。当时我跟着我奶奶，爸爸妈妈他们出去讨海了，然后做户籍登记的人就问到我奶奶，她当时没有报对。我是在医院里出生的，出生没几个月就抱到我奶奶那边了。

我在料船头这边跟奶奶住。日常吃饭呢，我们都是吃稀饭，逢年过节有龟粿、米糕、红团。这些可以吃很久，吃不完的装筐里（通常是竹篾编织的圆形筐，比较透气），吊在房子中井。有时候放到发霉，我们拿下来擦掉霉斑照样吃，好吃得很，当时这些算相当高级的了。吃稀饭的配菜就是酱瓜和鱼干，因为我们是捕鱼的嘛，鱼还是有的。生活在海边就有这个好处，起码还有海鲜吃。当时做鱼干，就是随便抓些盐巴倒下去。有时酱油都可以下饭吃。猪肉就吃得少，因为肉类贵。当时我们买肉还要票，要有猪肉票才能买。粮食也是要票的，大概用到 20 世纪 90 年代吧。我现在还有 1 万斤的粮票，因为工作时负责管理粮票，后来粮票没人要了嘛，分给人家人家都不要，所以我就收着了。那时粮票是有定额的，分大人小孩，一个大人一个月大概是 20 斤还是 30 斤粮，够吃的。

我爸妈起先在两条船上工作，结婚以后就在一条船上。那时出海都是他们一起出去呀，有去过舟山、海南等地，各地的渔场都要去。有时一出去就三四个月，还有去七八个月的，所以是顾不上管我们小孩的。因为在奶奶这边没什么零食吃，有时候跟着爸妈出海，在船上就到处找吃的。我爸的船在东山等地靠岸，他们会上岸买饼干。那时候有饼干吃算很好了，真的很好吃，现在找不到那种古早味了。

我五六岁就跟他们去了海南岛，这一趟走了几个月。那时候虽然很小，但在船上看他们拉网什么的，都不会晕船。再大一点自学游泳，也不用人家教，游两下就会了，几代人都是捕鱼人嘛，算是天生的基因优势。我爸捕鱼也是有一些天分的，在那时候没什么设备的条件下，捕鱼捕得不错。他 27 岁那年，我舅公不做船长了，渔捞公社的班子、组长就推选我爸来做。他运气也不错，捕鱼量连续 5 年都是冠军。听人说有次我爸的船去东山换新网，换网的老板拿了 3000 块回扣给他，他不要。别人说他很"死心眼"，其实是他这个人不贪心。

我跟爸妈的船出去没有小伙伴一起玩，但上岸就有玩伴。我爸妈和另两个同事是好朋友，三家的三个儿子也就成了好朋友。我们几个年纪差不多，一起玩到大。

我们男孩子一般玩打仗，会在蜂巢山这带挖沟、挖战壕。一人一条沟，用红赤土捏成土丸，你扔我，我扔你。还有玩陀螺，以前一个陀螺一般的要 3 毛，比较好的 5 毛、1 块钱的都有。也有人自己做，拿木头刻，用钉子钉，或者找木匠做，给他们点钱，交代他们做好点。钉子钉正了，陀螺才能跑得溜。

爬树上抓知了、金龟子玩都是常事。有时也做萝卜灯，在萝卜中间挖一个洞，挖得深一点，把蜡烛放进去，再扎几个小洞通风。萝卜穿上绳子，用根棍子吊着就是盏灯了。还会刻纸，刻关公、刘备什么的，就是拿张透明点的纸覆在现成的刻纸或者剪纸上，用铅笔反复刷把图案"复制"过来，再用刀慢慢刻。刻好后一张张跟卡牌差不多，很金贵的，要夹起来收，很多张整成一本书的样子，可"水"（漂亮）了。本来我还留着一本，可惜搬家的时候丢了。

那时连冰棒棍我们都有的玩，用它搭房子，还拿来做木头枪，有时也用有分叉的树枝绑皮筋做弹弓。再就是收集各种香烟盒，叠成三角形，玩"拍输赢"。当时大陆的香烟牌子有"大前门""黄鹤楼""良友""凤凰""中华"之类的，台湾烟比较少，有"阿里山"。所以小时候说苦也不怎么苦，童年还是很快乐的，我们什么东西都能玩起来。

不过我们小时候生活圈很小，因为路都还没修通，文灶都算是很远的地方，主要还是在厦门港这一带活动。记得在华侨博物馆那边有一个小型的菜市场，跟现在的菜市场没得比，很小的那种，就十来家在那卖菜的。料船头那边应该也有卖东西的。

二、工作经历，海上奇遇

我十几岁开始捕鱼，十七八岁成了厦门市第二海洋渔业公司正式员工。当时船上有我们这样十几岁的年轻人，也有五六十岁的老人家。一直到1997年，我才去做其他工作。

刚到公社的时候，我们的工作是要计工分，普通船员10分，像我们这种十几岁的孩子少点，只有5分。有职务的要高一些，船老大14分，轮机长、大副12分，副轮机长、灯艇的人员11分。打个比方，如果普通船员工资1000元，那么船老大就是1400元。整船的捕鱼量多了大家钱就多，少了就少。

船上的作息一般是晚上作业，白天休息。但不一定，如果碰上渔网破了，白天也要补一补。没事就睡到晚上，晚上有鱼就作业，没鱼，想睡觉的就睡觉，不睡觉的可以泡泡茶、钓钓鱼。早些时候没探鱼器，我们靠灯光找鱼。一开始把电压开到 100 伏，然后根据船长指示慢慢降到 90 伏、80 伏、70 伏……到 50 伏就暗了，电灯要熄不熄的样子。这时候能看到水下鱼群，一圈一圈的，撒网捞起来能有两三百担。后来科技越来越发达了，2000 年左右有了探鱼器找鱼就很方便，在仪器上看到红红的点就找到鱼群了。

年轻时的黄建设

我们在船上吃大锅饭，三四十个人的量，用柴油燃气灶煮的，由三对夫妇轮流做。船上管四顿，早中晚饭，下半夜还有夜宵，晚上作业会饿，煮个咸饭、白米饭都可以。菜、肉一般是就近采购补给，比如船到浙江就在浙江补给，不过在厦门补给会比较多些。我们通常抛锚在沙坡尾这边，以前这里都是沙滩。买的物资用冰块保鲜放在泡沫箱，存在船舱里，如果出海时间长，菜、肉都吃完了，就只能天天吃鱼，会让你吃到腻。现在先进点，船上有冷冻机了。除了正餐，其他水果、烟酒什么的要自己买，我们喝的都是 53 度的烈酒，比如米酒、地瓜酒、高粱酒。海上风浪大，喝点酒可以御寒。

我刚工作的时候，跟的是我爸的船，他对我还是很严格的，他要我学轮机，但我不肯学。其实我跟我爸才两年，后来就去跟我舅舅的船了。我舅舅也是船老大，他的船是大木船。我在大木船附带的灯艇上工作，这种小船是手动摇橹的，放在大船后面。艇上一般有两个人，晚上负责看哪里有鱼，再通知大船围网捕捞。

说到海上的历险，那是说不完的。大概是20世纪90年代，我还在渔捞公社，我们去日本的北海道钓鱿鱼，就是做涉外的远洋捕鱼作业。那一趟，我们一个月赶上5个台风，老人家都悔得半死，说不应该来这种地方。本来是想拼一次，多赚一点钱，但海上险情不断收获却很少。大概两个多月我们就回来了，这趟加上补贴每人也就4000块左右。那次是夏天去的，我们总共出去两艘铁壳船，一船十五六人，共31人。那种船不算大，不过随便也能装1000多担。船上雷达、收音机什么设备都有，但提前收到消息知道有台风也没用。台风说来就来，船跑得哪有台风快？夏天就容易碰上台风。在大海里面碰上台风，那是叫天天不应啊。我们的船本来都绑着一桶一桶的空油桶（用来加固防碰撞，以及增加浮力）。可是那个风太大了，浪卷起来有五层楼高。风一吹油桶都脱了绳子飞起来，如果砸到人肯定就完了。这时掌舵的大副很重要，要牢牢把控住，那个舵盘稍有偏差，整个船只就翻过来了。

这还不是最惊险的。我在跟着舅舅的船的时候，有一次更要命。我们大船都拉着一只小木船，就是灯艇，在晚上的时候跟在大船后面放灯光照鱼群用的。那次碰上五六级的风，大船拉着小船又在高速地开，一个转弯，我们小船就翻过去了。小船翻前，我因为不敢睡觉还醒着，见势不妙赶紧跳船。但我搭档睡着了，船翻的时候，浪拍过来，他直接被船盖在下面。大船上有人负责盯着灯艇，看到出事后先救了我搭档，因为他情况更危险。我就在海上游了半个多小时。一开始沉在水里是蒙的，只能一直划一直划，水流太急了，就听到船的螺旋桨"嚯嚯嚯"的声音。我定了定神，大概判断了下自己在水底下的位置，然后避开螺旋桨，慢慢浮出水面。螺旋桨搅动起来有吸力，被卷进去很可怕的。我被救起来以后，手脚一直抖啊，抖了半个小时。那时我也就 20 多岁吧。

还有一次也是在舅舅的船上。在雾天里，我和我的搭档在清理灯艇的水泵，在海里有时候它会被杂物或者绳子什么的堵住，时不时得清一清。清理的时候机器要停下来，灯艇上的灯光就会熄灭，我叫搭档打开手电筒看一下附近有没有船只过来。他说没船，我说好，那等我处理一下，只要 5 分钟。刚清理完，一艘船突然"呼呼"开过来，那艘大船的灯算比较亮了，但是看到的时候还是来不及了。这船还是和我们有点亲戚关系的另一个船老大的。我和搭档对望一下，赶紧分别跳船。还好是风平浪静的时候，而且只是大船开过来时屁股（船尾部位）碰了一下小船，小船也没有翻过去，不然会出人命的。这件事情过后，我就没跟我舅舅的船了。

但出海也有好玩的事啦，我们看过鲸鱼，远远望过去最起码有两个公交车那么长。它会喷水，"吱"的一声水从下面喷上来。船慢慢开过去离近了看一下，赶紧掉头跑。鲸鱼三四十米，我们船才 28 米，它尾巴摆一下，都可能把船拍翻掉。还有一种飞鱼，细长细长的，有时候很多只自己跳到船上。一条半斤多，我们拿来煮了吃，肉很嫩，真的好吃。也抓过一些奇怪的鱼，比如"白虎"，那是一种深海鱼，头很大，全身青色，肉吃起来酸酸的，外海才有。咱们本港黄翅鱼、鲈鱼、狮公鱼、加网鱼比较多。

三、时代变迁，生活点滴

我讨海几十年，看着船只设备不断升级，像第一代机动船的船屁股是斜的，第二代就平了，这还只是外观上的变化。我们早先出海，大船后面要跟着一个灯艇照鱼群，后来第二代的船上就有了探鱼器。

船老大的待遇这些年也很好了，捕鱼要靠他的经验嘛。比方说年薪就给30 万元，每趟打捞到的渔产还有抽成，有时一斤抽两三毛，效益好的话一年能有 100 多万元的收入。

黄建设夫妇（左一、左二）在新房与
亲戚合影

在我刚出来工作的时候，总体上渔民的待遇还是很好的。如果上岸了，娱乐比较多，因为收入不错嘛，也比较会消费，跳舞、唱歌、喝酒啊，都有的。以前蜂巢山路上有个渔民电影院，影院的旁边有家海味馆，一楼吃饭，楼上就是舞厅，有乐队现场演奏。我们十七八岁的时候经常在那边玩，吃完了饭就到上面跳舞，跳迪斯科比较多，还有三步、四步、伦巴什么的。那时都穿着喇叭裤跳舞。当时穿的衣服都在中山路买，中山路的最贵，流行的大喇叭裤一条要七八十到一百块呢，记得有个品牌叫"织"牌。我还留了长头发，那时候大家的发型不是"奔头"就是中分，很潮的。过去厦门港这片什么都有，后来附近还建了一家宾馆，刚开始叫"鹭台"，这里经常接待一些重要客人，属于星级酒店，后面慢慢又建了好几家。

那时渔民属于厦门这个城市的高收入阶层了。家里的家具也比较齐全，什么四大件、八大件都有，也是最早用上电话、煤气之类的，大概20世纪80年代就用上了。还有手表，我们那个时候流行戴梅花表，那个上面有12

颗小钻，现在回收可以换好多钱呢，可惜当时用坏了也就给扔掉了。

当时嫁人首选嫁渔民，其次选择嫁军人，渔民排在军人前面，很吃香的。我和我爱人是小学时认识的，她降级到我们这年段，她在三班，我在四班，后来我没上学就没联系了。再后来我到舅舅船上工作，和我老丈人在同一条船上，因此就又联系上了，这也是一种缘分。所以这个小学还是没白念的，虽然我读书的时候很顽皮。我们几个只有妹妹读到初中，其他人没什么文化。我没去过几天幼儿园，当时幼儿园在大埔头下面冷冻厂那边。再大一点去了朝红小学，读到小学二年级。

黄建设如今从事海上环卫工作

我是工作一两年后和我爱人谈恋爱的，当时我们也就是十几岁，24 岁就结婚了。那时她也很时尚漂亮的，有烫发留刘海，眉毛也修过，平常化一点淡妆。我们那时谈恋爱跟现在也差不多，经常在沙坡尾这边吃大排档，也会去泡咖啡店。当时博物馆有一家，是两个兄弟开的，后来大同路那边也有一家。还会去看电影，我们去思明电影院、中华电影院，还有老文化宫的电影院。

在中山公园边上有个戏剧院，我们也去过。

后来渔业慢慢萧条，渔民赚不到什么钱了，很多人都上岸转行。现在厦门港这边没有渔船了，我们这边的船老大都被请到东山岛那边去捕鱼，待遇很不错。离开我舅舅的船后，1997年左右，我到温州干了3年，被朋友请过去做轮胎翻新。回来后待在家里1年，很多船老大叫我再去捕鱼，我说不要，坚决不去。2000年在和平码头做厦海环岛游船生意，那种十七八米的小木船，一趟大概能载25名乘客。开船、水手的活我都要干，还要讲解，当时跑跑大担岛、二担岛，生意好的时候一天要跑七八趟，讲解完嗓子都哑了。我干了八九年。再后来，我转行到现在的海上环卫，主要做海面保洁工作。现在技术手段比较先进了，无人机发现垃圾，我们第一时间赶去清理。如果是岸边的垃圾，两三百吨的大船靠近不了，就派小木船出去处理。我们还有快艇，速度很快。每天早上8点出来，11点半回去，下午2点半出来，四五点回去，做一天休一天，工资福利还可以，我心态很好，差不多就好了。不讨海后，我干的大多还是靠海跑船的工作。我还很喜欢钓鱼，现在有上夜班，就边钓钓鱼。

余基瑞人生足迹

——余基瑞口述实录

口述人：余基瑞

采访人：欧阳鹭英

采访时间：2022 年 8 月 31 日、9 月 22 日

采访地点：余基瑞家中

【口述人简介】

余基瑞，副厅级干部，曾在厦门市民政局、厦门市思明区的街道、厦门市城市管理办公室、中共厦门市委统战部、厦门市委对台办等单位任职。

一、自学成才

我出生于 1934 年，今年八十八岁。

我 1947 年毕业于厦南区第一中心小学，中学在厦门市中（现厦门六中）读了一学期就辍学了。

童年时，我时常听母亲用闽南话说："是不是，先打自己。"意思是：无论发生什么事情，先检讨自己。"小孩子，有耳无嘴。"意思是：大人讲话，小孩子只能在旁边听，不能插嘴。这两句话让我受益终身，从小到大都严于律己，谨慎做事，诚恳待人。

1950 年 11 月，我未满十六岁，

童年余基瑞与母亲和哥哥合影

经人介绍到厦门文化馆义务工作，跟职员工们一样按时上班，但我不领取任何报酬和津贴。文化馆主要工作是将文化生活送到各个社区，经常要拖板车载着电影幕布、音响及放映机到文灶、梧村、厦门港等地演出，布置会场等。我们还举办元宵节灯展等。当时也没什么先进交通工具，来往都是人力车，所有的干部们也都跟大家一起蹬拖板车。

1951年8月，我考入市政府工作人员训练班。那时刚刚解放不久，到处都需要人才。培训班为期两个月，主要是学习共产党的宗旨、"三大纪律、八项注意"等。在培训班这个红色摇篮里我逐渐成长，从此走向革命道路。

培训班结业后，我被分配到溪岸街道搞民主建政。三个月后的1952年5月，我被正式分配到厦门市民政局工作。那时的民政局刚成立不久，一共只有十三四个人。上班地点就在市政府大院里面，在公园南门边。

余基瑞工作照

1952年，市长梁灵光给我颁发证书，任命我为民政局优抚股办事员，专门做烈军属、退伍军人的安置工作。到了1956年，市长张道时又给我颁发任命书，任命我为社会股副股长。从此"公仆"二字铭刻在我的心里，我对待工作不敢有任何怠慢。由于个人的勤奋和老同志的引导，加上领导的信任和放手，民政局的每个部门我都干过，所以民政局业务我都熟悉。我刚进局时的局长叫陈元，后来的局长宋继武是一个部队转业干部，我调离民政局时的局长是韩永群。我在民政局一共与这三任局长共事过。

市长梁灵光颁发的证书　　　　　　　　　市长张道时颁发的证书

　　1953年初，我受组织指派去福州参加省民政干部训练班（第二期）学习。那个年代去福州路途艰辛，要水陆兼程，训练班学习环境也很简陋。

　　半个多世纪后，教学条件和交通条件都改善了，唯独授课内容中的两句话一直不变，那就是："民政工作是医治战争创伤的工作；民政部门要上为中央分忧，下为万民解愁"。两句话我印象深刻，至今未忘。学习期间恰遇苏共领导人斯大林病逝，全体学员参加了福建省召开的追悼大会。

　　在工作期间，我知道自己文化水平低，就边上班边寻找机会补习文化课。正好厦门市机关干部业余文化学校成立，我立刻报名了。学校在清晨上班前上两节课，下班后又去上两节课，每天四节课学的都是语文。那是没有围墙，没有固定教室的学校，地点就在虎园路军人俱乐部里，后来又长期借在打索埕第六中学的教室里上课。学员们求学心切，面对困难无任何怨言，从不无故迟到和旷课。有个同学家住江头岭后，每天骑着自行车赶来上课，那种风雨无阻、雷打不动的精神实在可嘉。

学校的老师一个是蔡民佑；一个是李熙泰，后来他被调到厦大当老师；还有一个是许国详，他毕业于师范学校。这些老师语文教学质量都很好，上课时妙语连珠，出口成章。到了初中阶段，我曾运用老师传授的知识，写了一篇《霞溪路的变迁》，讲述霞溪路由一条卫生条件不太好的小巷，经过改建成为一条宽敞明亮的马路，引来商家纷纷在此开店经营的历程。

1961 年 8 月，我获得学科结业证书，从初中一年级读到高中毕业，一共读了五年时间。其间在 1956 年 3—8 月我因公出差，还向学校请假。经学校批准后，由校长高南非、教导主任陈育人签署了休假证。出差回来后，我继续上课。

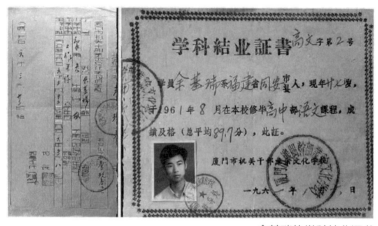

余基瑞的学科结业证书

学业结束后，同学们的文化水平、写作能力和实际工作效率都普遍提高。初到机关工作时，我的文化程度只有小学毕业。经过文化课补习后，我基本上能够较好地胜任单位的文秘工作，起草修改很多文件、计划、工作报告，能够运用学到的文化知识写通讯稿件向报社和广播电台投稿，还曾应邀在报社召开的群联会议上做工作报告，向大家介绍怎样促进工作经验的交流。我的文章在报纸上发表后，我都会仔细对照原稿，看看编辑在哪里删除，哪里修改，哪里增补，从中学习和提高写作能力。

二、见证三个单位的成立

1958—1959 年间，我在民政局参与创建三个单位。

第一个是 1958 年创办的盲人学校，地址在厦门旗杆巷益同人公会旧址。当时民政局为了解决残疾人就业难的问题，召集二三十名盲人办了个草席车间，教他们手编草席。盲人靠着自己的劳动拿到报酬，从而解决了就业难题。当时基督教的青年会有个理事，名叫林伯念，他提议要提高盲人素质，最好再办个盲人学校。在他的提议下，民政局从鼓浪屿青年会请来盲人蔡丽霞来教钢琴，又从福州请来一位名叫倪海大的盲人来教盲文，倪海大是在孤儿院长大的孤儿。两位年龄相仿的年轻人在工作中很有默契，不久结为夫妻，倪海大入赘在鼓浪屿蔡丽霞家。婚后他们生育了一对健康的儿女，如今他们生活很幸福，我每年到鼓浪屿疗养都会去看望他们。

后来盲人学校归属聋哑学校了，聋哑学校属于教育局管理的公办学校。

第二个是厦门市精神病疗养院，就是现在的仙岳医院。

当年，一些精神病人医院不收治，养老院也不管。这些精神病人是家庭和社会的不安定因素，有的甚至无家可归、流落街头。1958 年底，民政局牵头创办精神病疗养院。项目成立后，医院开始破土动工，选址就在仙岳山附近的一片荒地。民政局派我去蹲点，基建工人都是公安局内迁人员，所谓内迁人员就是家庭身份有点问题或个人有问题被公安局教育之后回归社会的那些人员。我在那里工作三个月，由于交通不便，就住在工地上，与工作人员日夜都生活在一起。

民政局派来协助建院的是局长宋继武。医生是从鼓浪屿第二医院调来的欧阳希礼。欧阳希礼是个单身汉，又是共产党员、复员军人。讲纪律服从命令的他就被调来没人敢来的"疯人院"当开院元老。

在来精神病疗养院之前，欧阳希礼被派到福州精神病院学习了一段时间，认识了福州精神病院的卞副院长。厦门市精神病疗养院成立后，欧阳希礼又邀请卞副院长来任代理院长。后来卞院长回福州，陈慈英当院长。

1959年下半年医院开始接收病人，第一批病人只有十二个。几位医生对治疗精神病人很有经验，当时提倡三种疗法：药疗（药物治疗）、工疗（做些体力活、做手工等）、娱疗（唱歌、跳舞、行棋等）。在这三种疗法结合治疗下，病人病情改善显著，我就精神病疗养院的治病情况也写了一篇新闻报道。

医院里医生有两位，护士只有一位，叫白秀珠，她年轻又漂亮。医院里医务人员大多是未婚青年，白护士夜晚不敢一人睡，她要求我和另外一个员工陪她睡。三张床摆在同一间宿舍里，白护士的单人床摆在中间，两位男青年的床搭在左右保护，三人各自做各自的美梦。直到医院又招来女护士后，白护士才搬去与女护士同住。

医院的病房是简易搭盖的土坯房，医院没有建围墙，也不分男女病房。只是男病人住一侧，女病人住一侧，中间是护士值班室。男区、女区各由一个护工看护。每侧各放一担粗桶，供病人夜间解手，清晨再由工人挑去粪坑倒掉。照明全是用煤油灯，吃水用水都要到水井去打水。后来病人逐渐增加，又陆续增加了一些医务人员和护工。

记得有一个女病号，来自鼓浪屿，是个基督徒，常常称自己是罪人。一次，她趁没人注意就跳进粪坑里。大家七手八脚将她捞起冲洗干净后，她又寻找机会再次跳进粪坑。几次折腾之后，没办法只好将她用保护带绑好固定在床上。

时隔六十年后的今天，厦门市仙岳医院属于三甲精神病专科医院，有封闭式病房和开放式病房。开放式病房有心理科、中西医结合精神科、睡眠医学中心。如今在职医务人员达到八百七十多人，最多可收治的病人达一千多人。

第三个是厦门大生里火葬场。原来厦门都是实施土葬，只有少部分是用木材火化尸体。在文灶有个火葬炉，就是用木材火化尸体。

20 世纪 60 年代初，取消土葬改为采用焦炭火化尸体。民政局将火葬场选址在厦门港大生里。从拿图纸开始设计到最后殡仪馆建成，我一共三次与设计院工作人员赴汕头市取经。建成之后，火葬场要检验一下焦炭火化的效果。谁的家属会是第一炉？正好养老院一位孤寡老人去世，老人没有家属，就拉来火化了。那一晚，我一直守在那里。一个小时左右，火葬场宣布火化成功。果然，焦炭火化很科学，时间短，干净又卫生。这位孤寡老人成了大生里火葬场火化第一人。

为了推广火化，我还写了一篇宣传火化的诸多好处的文章。

三、与棉毛厂职工炼钢铁

1957 年，局领导指派我到棉毛织造厂兼任厂长。这个厂是民政部门为贯彻执行"生产自救"方针而创办的，专门生产再生棉布和棉毯。工厂将收集来的破麻袋、旧棉絮洗净漂白后纺成棉线，再织造成廉价的棉布和毛毯，供应给低收入群体。

工厂厂房在美仁宫旧菜市场里面，劳动环境极差，工人的报酬也很低，一天工资在两毛钱至四毛钱之间。一些女工三餐基本是白米饭拌酱油或盐巴，无法吃上荤菜。但工人们依然热爱这份工作，经常加班加点也毫无怨言。党有号召，厂有行动，全民炼钢那段时间，工人们齐心协力盖炉灶，起火炼钢铁。将那些铁件扔进锅里煮到融化后，倒出一些钢水，凝固后成了一块铁砖。

四、走上新岗位

1966 年开始，风云突变，我被扣上诸多帽子："实权派""孝子贤孙""狗头军师""阶级异己"等。被夺印后，我就靠边站，批斗"当权派"时我得站在一旁陪斗。

1969 年，我被调去灌口坑内参加"斗私批修"学习班。待了两个多月，遇到厦门各级的很多领导，他们都集中在学习班学习。学习班结束后，我从此调离了工作十七年的民政局。

之后，我被下放到东风公社（今鹭江街道）干宣传队工作。我的哥哥五十几岁还被下放到龙岩，在农村劳动很长时间。我只是下放到街道，算是非常幸运了。

在东风公社的三个月时间里，我只做一件事情，就是动员"上山下乡"。上门动员适龄青年上山下乡，搞得人家看到我们就躲。那时候，整条街道都冷清清的，年轻人该下乡的都下乡去了。

等动员下乡工作结束后，我又被调往向阳区东方红公社（今思明街道）。

我搬离住了十几年的市直机关宿舍，迁到东方红公社办公室，即现在的思明西路48号三楼。这里比市直机关宽敞很多，有五六十平方米，原来市直机关宿舍只有单间，12平方米左右。那时，我两个孩子都出生了，住房条件正需要改善。

每次当我经过中山公园南门右侧市政府大院，不由得都会想起每天清晨上班与市长或干部们相遇打招呼的情景；每天分片区打扫大院的落叶；听到猪叫声就知道食堂当天有红烧肉吃；音乐广播响起是工间操时间；民兵吹口哨喊口令操练；干部与职工敲打脸盆全民捉麻雀；年轻人期待的周末交谊舞会；植树节挑肥运肥料……这些熟悉的往事一幕幕在我脑海里回放。我站在大院外面感慨万千，很想进去走走，腿却像灌铅一样沉重，似乎一道无形的屏障将我与大院隔开了。

我在东方红公社从事政工工作，并在那里认识了张嘉种。三年的工作时间里，我与街道的阿婆阿婶相处融洽，到目前为止我们还常常保持来往。

1970年，我到区里办学习班，召集一些工厂等单位来学习，请老师来讲课。学习班结束后，我上调去思明区里工作十六年，主要都是做文员工作，没有职务，地点在定安路。后来，民政局要把我调回去，思明区不放，就任命我为办公室主任，后来又任命为区委常委办公室主任，最后让我当书记。

1985年，张嘉种在市政府当副秘书长，把我借调去城市管理办公室当常务副主任。当年我们主要是做拆迁的协调工作，我差不多在那里工作了三年时间。

1988年，我被调去统战部当副部长兼宗教处处长。调去统战部不久，就到北京统战干部训练班学习了三个月。

培训回来之后，又调到对台办工作，从1991年干到1995年。在市委对台办任职期间，做的最有意义的一件事是主持制定了《厦门市台湾同胞投资保障条例》（以下简称《条例》）。从调研、起草、论证、审议、通过到颁布实施，历时9个月时间。由厦门市第十届人大常委会第十次会议审议通过，并于1994年9月30日在《厦门日报》公布，于1995年1月1日开始实施。我还为此编写了《条例》宣传提纲，组织广泛宣传。一些新闻单位同时积极配合发稿40多篇。《条例》颁布实施后，起到了鼓励台商投资、促进两岸交往的效果。

《条例》出来后，我公平公正地处理了一起发生在台资企业的劳资纠纷案。

那是1992年7月，厦门集美区一家制鞋厂发生了一起案件，即一名大陆女工在工作中被管理员打伤，三名台商管理员被拘的劳资纠纷。案件发生后，厂方告急，台商震惊，媒体关注，妇联呼吁维权。所有的焦点都聚集在这件事上，我知道此事后立即带领工作组下厂调查，经深入调查才弄清了事件的前因后果。原来是这名女工不服从管理，与管理人员几次口角之后，双方没有及时沟通解决问题，以至矛盾越积越深。有一天，女工情绪失控，与班长对骂时挥舞着手里的剪刀刺伤了她的脸。厂里的几名管理员闻讯赶来干预，将情绪失控的女工强行拉离现场，三名管理员在拉扯的同时也都动手打了这名女工。后来厂里员工报警，集美区公安民警及时赶到现场，将三名动手打人的台方管理人员和女工都带到公安局做笔录并进行管控。案件引起市委、市政府高度重视，专门召开会议听取工作组汇报，最后统一共识。政法部门做出决定：台方管理人员行为粗暴，但工人持刀行凶在先，故不予追究，工厂承担被打女工和被刺伤班长的医疗费用；女工持刀行凶违反《治安管理处罚条例》，给予行政拘留处罚。案件最终在维护厦门特区营商环境、维护台商合法经营管理、维护职工正当权益、维护法律严肃性的"四维护"原则下得到圆满处理。

在对台办工作的几年间，我还处理了一批涉台突发事件和海上渔事纠纷案件。此类事件和案件的处置，都在市委、市政府领导下做到：第一，深入调查，弄清真相；第二，安抚受害居民群众；第三，及时上报国台办和省台办。对其妥善处理，维护了海峡两岸和平统一的大局，受到国台办的赞扬。

1995年，我从对台办退休。退休后，我又被调去市关工委工作十年。直到我身体不好装上心脏起搏器后，才停止了社会上的一切工作。

五、相濡以沫四十八年

我的太太黄秀英毕业于厦门师范学校。她姐姐黄秀玉从鹭江街道调到民政局工作，成了我的同事，黄秀玉经常带着妹妹黄秀英到民政局。那时候的黄秀英很年轻，还是厦门师范的学生。她梳着两条大辫子，皮肤很白，圆脸，眼睛明亮，我一看到她就有触电般的感觉，我们对彼此心存好感。

她师范毕业后，主动申请到郊区去任教。这事当时很多人只是口号喊得响，其实心里百般拒绝。可是，黄秀英是付出了实际行动，真的到条件艰苦的农村去工作。

1959年，黄秀英被分配到郊区前沿联校当一名语文教师。学校在湖里殿前村。当时，前线天天炮声隆隆，炮击事件时有发生。

1962年，黄秀英由从殿前村被往杏林锦园中心小学任教，一年后才被调回岛内公园小学，我们马拉松式的恋爱也到了修成正果的时候了。1963年3月我们领证结婚了。婚后，我们住在市政府宿舍的一间房，地点在图强路。那里是筒子楼，家家户户门对门，中间是过道，生活很不便，没有厨房也没有卫生间。大家把炉灶放在过道煮饭、炒菜。我不想跟大家一起挤，三餐基本上到食堂打饭，偶尔做饭、炒菜就在宿舍里用煤油炉做。

婚后，我们一共生育两个儿子，分别是在 1964 年和 1969 年出生。

1973 年，公园小学并入实验小学，黄秀英继续在那里任教。她从班主任当到少先队辅导员，从备课组长到段长，一直到 1977 年调往文安小学当校长。

黄秀英常年担任一年级的语文老师，专门训练刚刚入学的娃娃们写字。孩子们字写错了，她就一个字一个字擦掉，陪着孩子一起写，直到笔画正确为止。黄秀英最舍得在学生身上花时间，晚上经常要出去家访，如果没出去都觉得不习惯。对待学生，她从来没有大声过，却有本事让那些调皮捣蛋的孩子都听她的。在一份 1978—1987 年的工作笔记里，黄秀英每周课时 21 节课，这么多年间她只请过两天假。有时生病发高烧也坚持去学校上课，直到被同事发现，才将她强行从课堂上拉去医院打点滴。

余基瑞结婚照

她当了三十五年的教师，把一生的时间和精力都放在教育事业上。她职务提高后，不让儿子在自己所在的学校上学，担心孩子会有优越感，更担心老师不敢批评孩子，影响孩子学业。她也从来不跟人提我的职务，当时很少人知道，她的丈夫已经是思明区委副书记。

黄秀英的小妹妹黄秀玲很想当老师。1976 年，黄秀玲从工农兵师范学校毕业了。当时的教育局局长曾与黄秀英共事过，黄秀玲希望姐姐能帮忙说句话。可是黄秀英拒绝了，她不许妹妹去找局长。她说："你这样做有走后门的嫌疑，有本事就靠自己努力考上。"

几年后，二十八岁的黄秀玲靠自己的努力当上学校教导主任，成为当时全区最年轻的教导主任。

黄秀英一直是个讲原则的人。她被确诊癌症之后，热心人推荐一些中药偏方给她，都被她拒绝了。她说："我有病就听医生的，医生怎么吩咐我就怎么做，按规定来就行了。"

我与她一起生活了四十八年，我们从来没有红过脸。本打算到了五十年的金婚纪念，一定要带她去北京旅游一趟，再拍个全家福。可是，人算不如天算，2011年3月我太太病逝，我一度很难走出悲伤情绪。

为了排解思念亡妻所带来的孤独感，当我知道《厦门晚报》开办老年人微信培训班时，我便报名到学习班学习了。《厦门晚报》还登出一篇我学微信的文章，附上一张我个人的大照片。这张照片还引来一位微信班女同学的注意，她问我："当年你是不是曾在市委上班？那时，我上学，你上班，我们天天在路上相遇，虽然你我都不相识，但是我还记得你年轻时的模样。"我就觉得非常有趣，时隔六十年了，我对她没印象，如今她也七十多岁了，竟然还记得那么清楚。经过学习班所有课程培训之后，如今我会使用微信与朋友联系，并且能够用微信制作美篇等。现在是网络时代，我总算也跟上了时代步伐。

我们记忆中的美仁宫

——庄南燕、陈振川、张跃明、张延平口述实录

口述人：庄南燕、陈振川、张跃明、张延平

采访人：吴奕纯

采访时间：2022 年 6—8 月

采访地点：美仁前社 42 号

【口述人简介】

庄南燕，笔名雪狼，毕业于福建师范大学，福建省工艺美术大师。1951 年出生于厦门港市仔街，1953 年全家搬到美仁宫袁厝居住至今。

张跃明、张延平俩人是堂兄弟，美仁前社 42 号原住民。

陈振川，曾任原开元区建筑公司施工队长，现美仁宫后保 2 号住民。

一、美仁宫的传说

吴奕纯：你们几位都是在美仁宫居住了几十年的老邻居、老朋友、老同学，对美仁宫前保、后保、袁厝一带的生活十分熟悉，请你们聊一聊"古早时"（以前）美仁宫的风土人情和鹭岛人家的民间习俗。

陈振川：要想知道美仁宫的风土人情，就必须先了解美仁宫这一地名的由来。大家都知道厦门有个地方叫美仁宫，以为美仁宫的"仁"是人民的"人"。因为"仁"和"人"厦门话说起来都一样，所以一些土生土长的厦门人也把美仁宫说成"美人宫"。

其实，美仁宫不仅仅是一个地名，它背后还有很多故事。

美仁宫之所以成为一个地名，是因为"文革"中我们尾头社那座被毁掉的美仁宫神祠。古早时这一带叫尾头，即尾头社的简称。尾头社是因为这里

依靠着筼筜港南岸的尾头山而得名的。放在别的地方，尾头山并不高，甚至算不上山。早年间，在这山头上曾建立厦门第一所职业学校，因此上山的这条路被命名为职业路。如今这条路改名为美头山路。厦门建市之后，职业学校外迁，此地设郊区公署，管辖着全岛农村，我们都习惯叫它"区署"。区署设在美头山上，北望筼筜港对面的东渡。山东边是江头，东北是西郭，东南是莲坂，西边是将军祠。它们的背后是厦门岛郊外大片的山丘和土地。

1920年筼筜港畔美仁社一带

如今的美仁宫正面

1949年后，区署改为中国人民解放军卫生队队部，之后又改为军队干部休养所，一直到现在。

尾头社有前社、后社、袁厝社三个社，也叫前保、后保、袁厝角，统称尾头三角头。保是实行保甲制度时期的称呼，相当于我们现在的居委会。一说自己是尾头的，同社的人听起来很亲切，有一种"咱是家己人（自己人）"的感觉。

张延平： 关于尾头也有另一种说法。古早时，厦门市的概念只有到现在的中山路。过了中山路，到了美仁宫就叫厦门尾。以前，筼筜湖叫筼筜港，它与大海相连，美仁宫这一片都是海。有海便有码头，厦门话"码头"与"尾头"听起来差不多。还有，古早时过了尾头就要进入禾山，禾山属于郊区，到了尾头就是说要进入郊区农村了。美仁宫便成为厦门市区和郊区的分界线，按现在的说法就是城乡接合部。所以，大家都说美仁宫是属于厦门尾、禾山头，因此叫"尾头"。

当时城区的边缘在哪里？就在厦禾路北边后江埭的那一列民房和南边工程机械厂西侧的民房附近，大约就是今天BRT二市站的位置。

尾头社的人们生活简单朴实，靠海为生。出海抓鱼，难免会遇上风浪，所以人们便在尾头山东南坡上建立了一座小庙供奉大道公、妈祖婆等神明以祈求平安。这就是最早的、旧的尾头宫。在厦禾路修建之后，抗战之前，尾头社的人们修建了新的美仁宫，后来在"文革"期间被损毁了。

我伯公张君寿，人称君寿伯。我听说他和一些有文化的人认为尾头社名字不雅，宫庙叫尾头宫也不好。于是在他的倡议下，以"里仁为美"之意，改名"美仁宫"。从此，尾头山便有了雅号"美头山"。而美仁宫的名字更为高雅，也被大家认可，渐渐地取代了尾头的叫法。

陈振川： 厦禾路开拓之前，这里溪流汇聚，阡陌纵横，旧尾头宫建在水边。听老一辈的人说，早先紧挨着龙船河边有一汪池水，犹如一面镜子，故有"美人照镜"之说，成了厦门的一处小景。厦禾路建成后，此小景就没有了。

"美人照镜"还有一种说法，说的是美仁宫的姑娘很"水"。"美仁"和"美人"厦门话念起来差不多。"美仁"也好，"美人"也好，应该说，美仁宫的姑娘不仅外表美，而且心灵美。

古早时，尾头三角头各自供奉不同的神明。前保有座王公宫，后来改为圆海宫，供奉开漳圣王陈元光父子"公祖二将"等；后保建的是武府宫，供奉妈祖、大道公、哪吒等；袁厝则有土地宫，供奉土地公。

庄南燕：美仁宫既不是前保的宫，也不是后保的宫，它是整个尾头的宫。一直到现在，都是厦门的一个地标名称。

古早时，厦禾路美仁宫这一路段叫龙船河。后江埭、西边社的溪水流到兜仔尾（现叫豆仔尾）汇聚成河，然后缓缓流入筼筜港。以前，王公宫就是现在的圆海宫，它的地形"亲像"（好像）一个畚箕。王公宫前面有一个坑沟，上面铺了一块块石条，走在石条往下看，潺潺流水清澈纯净。

当时兜仔尾四周都是海。兜仔，顾名思义就是兜、网兜。从西边万石植物园流下的淡水和前保、后保的海水流到这里汇合，被兜住了。以前兜仔尾有个社叫黄厝，那里建了不少粪池，叫"十八石盒"（粪池）四四角角（四四方方）。当时经营大粪生意的大多数是龙海一带的外地人，头戴"棕笠"（棕叶做的斗笠），能遮风挡雨，既轻便又经济实惠。搬运大粪的船一般都停泊在兜仔尾码头，装满大粪后，便运到内地或厦门岛的郊外山场做农家肥。

听祖辈老人说，年年端午节，龙船河都会举办"扒龙船"（划龙船）。河上千帆竞发，十分热闹。

美仁宫早先建筑也很粗糙简陋。厦禾路修建后，前保人集资重建了美仁宫，也就是我们现在看到的美仁宫，一座中西合璧的地方神祠。它的外表像洋楼，是钢筋混凝土结构，屋顶是用绿色琉璃瓦铺成的，是中国特有的庙宇式风格。

做"囝仔"（孩童）时，我曾经看过一位专门画壁画的民间艺术家陈利先生在榕树下石桌子上作画。陈利先生是后保人，人称后保陈。每次作画，围观者几乎构成人墙，密密麻麻。他笔下的狮牛虎龙，以及关公、哪吒、大道公、妈祖婆和《封神榜》故事里的人物一个个活灵活现、栩栩如生。我看到他画人物时，左手在纸上面压了一块厚厚的木尺，右手握着毛笔紧紧顺着木尺运笔。所画的人物胡须、眉毛的线条笔直灵动，令我敬佩至极，心里想这就是天才。他是我至今看到的画壁画最有天赋的民间艺术家。我从小喜欢画画，很为这位民间艺术家自豪，因为他是我们美仁前社的"家己人"。

二、老榕树下的欢乐时光

庄南燕：美仁宫的老榕树有多大的树龄？我们这一辈的人好像也说不清楚。有人说，有了美仁宫就有榕树了，它算来也有上百岁了。从我做"团仔"时，榕树就是这么高、这么大、这么魁伟。如今，我们已退休了，六十多年过去了，我们一天天见老，老榕树树龄一天天增长，依然枝叶繁茂，郁郁葱葱。奇怪的是，美仁宫的老榕树没有长须。

在我印象中，厦门经历过 4 次大台风，岛上许多大树都被刮倒了，可是美仁宫的榕树好像都"没半点代志"（安然无恙），虽然一些枝枝丫丫被刮掉了，但是依然屹立挺拔。

这 4 次台风分别是在 1959 年、1999 年、2010 年和 2016 年。

1959 年我才 8 岁，记忆中那次大台风横扫厦门岛。一夜之间，拔树倒厝，船毁人亡，而美仁宫的老榕树主干却没受到伤害。1999 年第 14 号台风正面袭击厦门岛，天昏地暗，摧枯拉朽，岛上许多百年老树都被连根拔起，但是美仁宫的老榕树也只是断了侧臂。2010 年台风"凡亚比"来了，风从东南方向刮来，从现在的银聚祥邸与冠成大厦之间的缺口杀向美仁宫三岔口。过了三岔口台风分为两路：一路顺着冠成大厦与美仁宫之间的巷道向北杀去，直扑美仁后社；另一路左拐向西，顺着一座座高楼中庭相连接的几百米长的风道呼啸而去。美仁宫的两棵老榕树经受住考验，在风口中屹立不倒。

还有就是 2016 年台风"莫兰蒂"，许多高楼的落地窗都被掀掉吹走，美仁宫的两株老榕树也差点被"生吞活剥"，但最后还是挺住了。

我们做"团仔"时，美仁宫是我们心中的圣地。宫殿周边没有一座高楼，更显得它的气势宏伟。宫内供奉着恩主公（大道公的尊称）、妈祖婆、关帝爷的神像，庄严肃穆、栩栩如生。粉壁上是墨线素描的神仙，或乘龙驾凤，或跨鹤骑麟，优雅飘逸、仙气十足。屋檐下，悬挂着一块青底的额匾，上面用金粉书写着"美仁宫"三个楷体大字，遒劲雄健，令人过目不忘。小时候，每次经过宫庙，我都会抬头仰望这块百看不厌的横匾，欣赏美仁宫的建筑风格，心中充满敬畏。

1958 年我上学的第一段是在美仁宫楼上度过，因为当时原址在工程机械厂的第四中心小学正在修盖，便先借用美仁宫二楼办学。但过了不久，美仁宫楼上也办了小学，我们称之民办小学。1949 年之前，美仁宫附近居民集资办的是树人小学（后改为溪岸小学），地址在第二市场对面，多年前拆了变成大排档，近年又改为停车场。

我在美仁宫二楼读小学时，教室地板是铺花砖的，很漂亮。当时地板铺花砖、建男女厕所，还是较少的，较前卫的，至今还很实用。现在的美仁宫是在"文革"中被毁掉的美仁宫原址上重建的四层楼房。底层供奉大道公、妈祖婆等，二楼以上为街道办所用，有居委会的文化教室、老年活动中心等。

宫前的大院，东西各有一株老榕树，根株结盘，蔚为壮观。两树树冠环合交错、互为依托不分彼此，给院前空地的红砖大埕投下一片绿荫。这块空地树荫斑斓，有几张石桌子石凳子，是美仁宫前保、后保、袁厝三个社的公众聚集地，也是孩子们玩耍的乐园。中午上学前，下午放学后，许多小摊贩云集于此。孩子们在两棵大榕树下嬉笑玩耍，尽情撒欢。

记得小时候，美仁宫墙角上挂着一个大喇叭，厦门人民广播电台广播一响，三个社里的人都能听得到。清晨，大喇叭响起优雅的南音乐曲《梅花操》，厦门人民广播电台便开始广播了。1958 年炮轰金门之后，《梅花操》换成了《厦门颂》："厦门，厦门，你是英雄的城，千里海涛万里浪……""文革"期间，《厦门颂》改为《东方红》。

在《梅花操》的广播声中，上班的、上学的开始了一天的忙碌生活。没上班的老人孩子们，来到斑驳的树荫下，有下棋的、有"讲古话仙"（聊天）

的、有做游戏玩耍的,安逸休闲的一天开始了。傍晚,厦门人民广播电台又开始广播了,我们听到播放《马兰花开》音乐时,就知道要播报天气预报了。

夜幕降临,一群又一群归巢的八哥鸟、喜鹊欢快地叫着,钻入浓密的树叶之中。最让我难以忘怀的是盛夏时节的夜晚,宫殿前的空地热闹无比,犹如过节。

美仁宫前的空地

以前,每家每户的住房都十分拥挤,大家都跑到外面纳凉,榕树下就是最好的去处。社里的男人、小孩都跑到老榕树下睡觉。当时没那么讲究,只要拿一"领"(条)草席,抱着一个枕头,在树下占有一席之地,就可以呼呼大睡了。说来也奇怪,当时也没那么多蚊子,大家在榕树下空旷的红砖埕上睡觉,不用点蚊香,也不用牵蚊帐,不见谁被蚊子叮咬。记得半夜醒来,我望着头顶上那片黑色的像地图一样的树影,欣赏美仁宫的夜色,心里特别舒畅。有时候手向两边一摸,就能抓到豌豆一般的树籽。再看看旁边熟睡的有家人,有伙伴,感到很温馨。这是美仁宫独特的夜景,至今回想起来还特别怀念。

美仁前社 42 号张跃明家

张跃明： 当时社会治安很好，每家每户不用关门上锁，互相串门是常有的事。社头到社尾，几乎人人都认识。如果有外人到美仁宫找人，只要报个名，说出是找前保或后保的某某人，就会有人主动带你去找。因为"人知厝识"（人认识，房子也熟悉），知根知底、轻车熟路。以前较封闭，前保、后保联姻的很多。前保娶后保，后保嫁前保的多的是。只要听到前保、后保、袁厝的女人叫"某某姑"，就知道她娘家是当地的。"叶向李九，在家喝酒，不是亲戚也是朋友。"我们这一辈同学朋友之间，沾亲带故的很多，一条巷子走进去，"牵来牵去笼是（都是）亲戚"。整个社里，"亲像"一个大家庭。一般说来，前保、后保的姑娘大部分只嫁到美仁宫的周边，最远不会超过溪岸、西边或后河仔。

美仁宫以外的男人娶媳妇，也喜欢娶我们美仁宫前保、后保的姑娘。因为我们的姑娘会吃苦，能持家，谁家娶到谁家就有福气。但是，美仁宫之外的姑娘几乎没有人愿意嫁进来当媳妇，因为这里一来比较落后，二来很贫穷。

当时，前保、后保的每户人家子女多，房屋狭小，大多数都一贫如洗。男人虽然有力气，能干活，但目不识丁。生下的孩子，很多按他的特征取名。鼻子大的叫"大鼻仔"，眼睛大的叫"大目"，嘴巴大的叫"大嘴""阔嘴"。虎狮、碰狮、婴仔、阿狗、阿猪、阿弟、阿呆、阿皮、阿国等随口拈来，土里土气的名字无奇不有。男娃女娃也有同叫"婴仔"的。大家小名、外号叫惯了，都不知道大名是啥，为此还闹过不少笑话。不少人的大名，还是上学报名时老师取的；有的人一辈子足不出"社"，登记户口时才临时取个大名。

小时候，我们经过美仁宫时，常常拜拜殿堂里的神明，摸摸殿前的那对狮子，心中有所求，就会虔诚地念念有词，祈求庇佑。记得长牙齿时，我还特地去摸狮子的牙齿，边摸边说"石狮石狮，嘴齿一粒给我栽"（给我一颗牙齿）。美仁宫的神明生日时，烧香拜佛的信众更是络绎不绝。印象最深的是上元节，最喜欢跟随母亲去"祈龟"祭拜，一来可以逛庙会，二来有东西吃。我跟着母亲跪下来磕头祭拜，祈求来年全家大小平安吉祥，口中还念叨着"弟子空坎（不懂礼数），祈龟配俺（米汤、粥饮）"。祭拜之后，就能吃到甜甜的"红龟"，一种糯米做成的糕点。那"红龟"包花生、芝麻、白糖，是我们儿时的美味甜点。

每年美仁宫做佛事，榕树下的那块空地更是热闹无比。卖水果、茶配的，卖咸花生的，卖腌制果脯的，各种小买卖这里都有。

庄南燕： 在我做"团仔"时，有一位卖鲜果腌制品的"朱李仔胡须伯"，他的尊名大姓我们都不知道，但是六十岁以上的美仁宫人一提起胡须伯，都知道他是吹唢呐、卖"朱李仔"（李子）的。

胡须伯是我们孩提时代最亲切的人。他卖的"朱李仔"不是今天那种"啫喱仔"水果冻，而是鲜果的腌制品。有半边桃仔、半边李仔，还有甜橄榄、甜洋桃、蜜柚皮等。这些鲜果腌制品浸泡在他那只红色木箱的玻璃格子里，红是红，黄是黄，看起来水灵灵的，形色俱佳，吃起来甜脆爽口。

前保的老房子

　　胡须伯从来不"骗囝仔吃"（赚小孩钱），大家都很喜欢他，爱买他的东西。记得那时，你要买半边桃仔或者半边李仔，他会小心翼翼地用竹夹子镊出来，放在小纸片上交给你，那纸片是用平展的香烟壳裁开的。夏天他卖鲜果腌制品，到了冬天还卖烤鱿鱼。

　　我们常常站在一旁看他制作鱿鱼干。他手上拿着鱿鱼干，用力地敲打着，直到鱿鱼干松软、散发出诱人的香味，然后把敲打得松软的鱿鱼干剪成条状，再用手摇齿轮机"嘎嘎"地压成薄片，最后剪成小方块。他明码标价：一个小方块 2 分钱。

胡须伯不是美仁宫社里人，他因为满脸络腮胡子，由此得了这个外号。听说他家住第七市场的"关仔内"（城墙内）。他每天午后才来，就做孩子们午饭后、上课前这一黄金时段的生意。每天午饭后，孩子们从家里出来，等待胡须伯到来，有的还跑到马路边上去等候。只要看到他挑着"朱李仔箱"，听到他的唢呐声，便会欢声呼喊着相互告知："胡须伯来了！胡须伯来了！"

多少年过去了，我依然忘不了那烤鱿鱼干的美味，"朱李仔"的脆甜，还有那一脸络腮胡子的胡须伯……

三、"咸菜帮""咸花生""车公司"

张跃明：古早时，有一首厦门民谣把全城各个地段、角落的各行各业、土特产、地方特色都唱进去了。其中美仁宫这一带就有说道:"……将军祠'曝'（晒）米粉，西边掘土笋；袁厝咸菜帮，后保讨鱼瞥，前保浸大蜅；美仁宫车公司，兜仔尾卖故衣……"把袁厝、后保、前保做咸菜的、讨海的、卖海产品的特色都编进去了，连邻近的西边、兜仔尾等地的一方风情也说了。其中的"袁厝咸菜帮"，就是很直白地在说袁厝腌制的咸菜很出名，成了这个社的地方特色。

袁厝社杂姓较多，不像前保、后保陈姓居多。袁厝多为商贩、手工艺人和菜农。因为做生意，生活相对比后保好。他们社有不少洋房，不像后保都是"古早厝"。

小时候，我们看到袁厝人做咸菜，那是很讲究的，一道道工序不能马虎，否则做出来的咸菜就会"奥风"（变味）。

每年冬天芥菜上市，袁厝人就开始忙碌了。芥菜要选用阔叶的、长菜秆的那种，这种芥菜一般只有漳州龙海一带才有，厦门山场也有，但比较少。老市区的人们把禾山称为"山场"，并且以离市区的远近将它分为上山场和下山场。现在的莲坂以北、以东的大片地域被称为"顶山场"（上山场），而莲坂、双涵、梧村、文灶一带叫"下山场"。

袁厝人把收购来的芥菜先晾晒风干，再码到大缸里浸泡海水，去掉菜叶子的泥巴沙子。这样做既是洗菜，也是杀虫。因为有的芥菜有"龟蝇"（蚜虫），用海水浸泡，被杀死的虫子就会浮起来，泡过的芥菜很干净。

冬季天气干燥，浸泡过海水的芥菜沥去水分之后，再装到大缸大桶里。铺一层芥菜就要撒一层盐，一层一层铺平加盐，直到整缸整桶装满为止，然后把它压实，最后还要用大石条压在菜上面，挤出部分菜汁。缸里的菜汁和盐水要淹没菜面，菜才不会发霉变味。

庄燕南：小时候，我们看到袁厝的咸菜缸、咸菜桶都置于户外。咸菜桶巨大无比，大的直径有一米多。桶很高，连大人们也够不到桶口，要踩着梯子才能够得着桶上面的边沿。

张跃明：芥菜装进桶里两三天后，盐泡过的芥菜会出水，这水是苦的，要抽掉一部分。这就要讲究抽的技巧，不能全抽掉，也不能留太多，全看腌菜人的经验。留下的"苦水"在桶里让芥菜和盐充分发酵，绿色的芥菜逐渐变成暗黄色。半年后，咸菜成熟了，咸咸的、酸酸的、脆脆的。一种特殊的咸菜味散发出来，整个村子都是，人还没进村就能先闻到。很可惜，这一纯手工制作咸菜的民间工艺已绝迹多年了，我们老厦门人很怀念那个时候的袁厝"咸菜帮"。

庄燕南：前保的咸花生也很出名，但是没编入民谣，可能是民谣编唱在先，前保的咸花生出名在后。

当时前保很多人做咸花生，但最出名的是"番薯伯"。他做的咸花生，很好吃，四乡八里都来买，"很好销"（销路好）。他每天也就卖一两个"伽箩"（箩筐），十几斤而已。

番薯伯的咸花生有他独特的风味，内咸外脆。花生壳剥开，里面"含水"（带有水分）。花生仁煮成咖啡色，微咸香脆，不软不硬，老人小孩都能吃得了。有的买一两包配稀饭，有的买来配烧酒，有的当零食解馋。

我记得番薯伯的咸花生一拿到市场,买的人很多。他用"纸盒仔"(用稍硬的纸做成三角形的纸袋)装花生,一"纸盒仔"5分钱,很好"配糜(稀饭)"。

张跃明:番薯伯的咸花生也全是手工制作。首先要精选花生,要颗粒饱满、新鲜,然后把花生壳洗干净,放到锅里煮。煮花生也是有讲究的,盐和水是有比例的,盐不能太多,也不能太少。火候、煮的时间都要掌握好,否则煮出来的花生不是太生太硬,就是香味不够。可惜,他的这门手艺也没有传下来。

庄燕南:美仁宫车公司很多人以为是因为早些年靠近美仁宫的那个长途汽车站而得名,其实不是。美仁宫长途汽车站建于1955年,那时高集海堤建成,厦门和大陆联通了,才有汽车开出岛外。

最早汽车站建在厦禾路,正对着美仁宫,所以也叫美仁宫汽车公司,正式的名称为厦门汽车公司。汽车公司建成时,美仁宫一带还是厦门市区和郊区的分界线,往西是厦门城区,往东是郊区,往北则是广阔的筼筜港。厦门岛是一座孤岛,如果要出厦门,就要到汽车公司乘车到五通码头,在那里换乘船只到集美、同安,再转车去往内陆各地。

汽车公司就在后来改为双全酒家、太白酒楼、国记酒家的那个地方。当时它在一栋二层的洋楼里,很漂亮,左右两边都有楼梯。二楼为公司的办公室,楼的后院有一块空地,就是停车场,停放开往厦门东北角五通码头的汽车。再后来,汽车公司也没有了。

四、袁厝社的三孔井、四孔井

庄南燕:袁厝社原来有三孔井、四孔井,现在在哪里呢?

张跃明:井是不存在了,但是遗址还在。四孔井原址在如今的厦禾路银聚祥邸小区东边的市府大道人行道上,三孔井原址在市府大道对面的人行道上,两口井的原址隔路相望。

这两口老井是修建市府大道时一并消失的。"文革"之前,两口井之间的地块还是一片菜园子。后来,变成了市政工程处运土用的手推车的停车场,再后来就完全消失了。

庄南燕：这片菜园子是老明伯的。我们记得他年纪较大，背又驼，脸上有很多黑斑黑痣，腮帮上的一颗特别大。老明伯一年四季都穿汉装，不是黑色的，就是讨海人穿的棕色"红朱榔"。无论冬夏，裤脚总是卷得高高的，头上扣一顶卷边的网状黑纱帽。

我记得，四孔井边种着一棵黄花槐、一棵苦楝树，老明伯在树旁竖起一门"吊乌"（打水用的桔槔）。他每天要打两趟水浇菜，打水时，他驼着背，把"吊乌"按入井中，发出嘎吱嘎吱的声音。老明伯浇水的桶，是"渲桶"，一种装着长长喷口的专用桶，现在已看不到了。老明伯浇菜时，伸直双臂，双手紧紧抓住桶把，喷口像转动的螺旋桨激起扇形的水花，很均匀地洒在菜地上，显得悠然自在。但是，如果谁去动了他那"吊乌"，他就会破口大骂。

收菜时节，我们一群"团仔"便会围着他的菜园子转。我们特别喜欢那胡萝卜。老明伯的老婆，我们叫她老明姆，很热情地招呼我们去吃。可是，平日里大家都怕老明伯，没有一个人敢过去。老明伯看到大家不敢来，便大喊大叫："叫你们吃，就吃！"孩子们更是吓得四散跑开，他自己却气得吹胡子瞪眼："我是要'吻'（亲）你，不是要咬你……"

老明伯在菜园子边建了两三处粪坑，为社里人提供方便，也为自己广积肥源。于是，家家户户马桶都往他那粪坑里倾倒。盛夏七月日头正毒，粪坑散发出阵阵恶臭。

老明伯辛劳了一生，他走后，菜园子变成停车场，只剩下那"吊乌"。后来，那"吊乌"也朽了断了，残留的条石基还立在四孔井边黄花槐和苦楝树下。

五、福伯、瑞宝爷、沈部爷、卖水阿婆

张延平：美仁宫出过不少名人，我们做"团仔"时，常常听大人提起福伯、瑞宝爷、沈部爷。福伯是我们父辈称呼的，我们辈分小，应该称福伯公、福伯爷才是。

福伯公是从"番滨"（南洋）回国的，他与爱国华侨陈嘉庚先生交情甚好。听我父亲说，陈嘉庚老先生曾经从集美来到尾头拜访过他。见过福伯公的人都说他的面相慈祥和蔼，很有文人风度。他一脸白胡须，长得很像齐白石，手常拿着一根文明杖（拐杖），是一位可亲可敬的老人。

庄南燕： 福伯公的房子就在前保和后保的交界处，我记得他家用石头铺地基，门口种了一整排的仙人掌，还用铁皮当围墙。那种铁皮是工厂冲压铁片零件残存的边角料，有一个个洞和镂空图案。围墙上面还挂了很多花螺壳，种上仙人掌，有圆的、五角形的、扇形的，很有渔村的特色。以现在的眼光看，房子并不豪华，甚至有点简陋，但很讲究、很有品位。

张延平： 前保有一大户人家，主人叫瑞宝爷，在厦门很出名，尾头人更是十分敬畏他。瑞宝爷姓魏，安溪人，是做茶叶生意的。他的房子在前保52号，在美仁隧洞的右边，现在还在。虽然现在很破落，但是有的屋檐、门窗还能看到描金雕花的图案，一看就是以前有身份的人家才能住的。

瑞宝爷家原先有两个花园，分别是内花园和外花园。外花园很漂亮，在以前区署那个地方，也就是现在的干休所。内花园就在他住的宅子里，比外花园小一些。小时候我去过瑞宝爷家，房子很大，分"前落"（上院）、"后落"（后院），中间隔着一个天井。那天井建得很讲究，用钢筋、铁丝做成一个网罩，以防有人翻墙入内。

沈部爷在美仁宫也是一个人物。他的名字叫沈炳钧，如果尾头人在外面做生意被人欺负了，就回来找沈部爷当后台。沈部爷不管谁来告状，从不问缘由究竟，也不问谁对谁错，只问是打赢还是打输。如果你打输了，他很生气，就会"用洞拐索你"（用拐杖打你），认为你没出息、丢脸，被打活该。如果你打赢了，沈部爷不加追究。他嘴上不说，心里却暗自高兴，只点点头说"知道了"。其实，瑞宝爷还是喜欢能打赢的"好汉"。所以，"口面的人"（美仁宫以外的人）都说，后保的人"这恁坏"（那么坏），就是沈部爷惯出来的。

沈部爷在尾头社威望很高，他不是当大官的，但"官小衙门大"。他是穷苦人出身，读书后才做官的。怎么当上官的，我们后人不了解。他还有一个兄弟，也是当官的。我们只知道他家在"门仔社"的房子前面有一块空地，竖着两根高高的旗杆。古早时，听说当官的经过这里，文官下轿，武官下马步行，以示尊重，要一直走到兜仔尾才能上轿上马。可见，当时的沈部爷有多威风，他在美仁宫的地位很特殊，相当不一般。

瑞宝爷家

过去的沈部爷家侧面

庄南燕：美仁宫出了不少名人，但是我也记得很多小人物。小时候，我们这里靠海，淡水很缺，要到尾头山脚下就是现在隧洞附近的一个泉眼接"坑拦水"（山上流下的水）。后来有了自来水，但是整个尾头社也只有三个水龙头供应自来水。我印象最深的是有三位阿婆负责卖水，我们都叫她们"卖水阿婆"。这三位阿婆性格开朗，认真负责看管水龙头，滋养了我们这一方土地上的人，我对她们是心怀敬意的。

彩鸾姑的家在美仁宫的宫口，她就在自家门口卖水，记得她家的门口永远"澹漉漉"（湿漉漉）。她还兼职负责街道的一些事务，家里就是办公室，经常有街道干部在"尹兜"（她家）进进出出。尾头社的人大多不识字，"居委会"三个字用厦门话总是念成"龟汝会"，彩鸾姑是三位卖水阿婆中唯一的"龟汝会干部"。

彩鸾姑常常穿戴整齐，发髻梳得很光亮，不管谁来，她总是笑脸相迎，真是有"龟汝会干部"的样子。记得小时候，买水的人多，要排很长的队，但是不管队伍有多长，有多嘈杂，她从来不急不躁，收费全凭大家自觉。也许受她的影响，大家竟然也都很自觉缴费。

尾头社人吃水全靠这三个水龙头，其他两处遇到人多拥挤，有时会乱成一团，甚至有人开口骂粗话，可彩鸾姑这里却是最少吵嚷的。小孩子路上见到她，恭恭敬敬叫她一声"彩鸾姑"。她一脸慈祥，看着问候她的小孩，回问："谁人的团仔？这恁乖（这么乖）！"

袁厝口的卖水阿婆名叫"发阿"。因为长得高大肥胖，大人小孩都叫她"肥发阿"，她并不计较这外号好听不好听，还自我肯定："咱就'有影肥'（确实胖）咯！"

"肥发阿"坐在木板棚的水房里，笑口常开，红光满面，像是一尊弥勒佛。她身边总是放着一个很大的饭包，用来装饭罐和保温的棉胎。她和挑水的人说说笑笑，左顾右盼，仿佛心不在焉，其实她心里跟明镜似的，水刚刚流到桶里高位，她立即抓起那根粗大的竹筒水管，搁到另一只桶上。这一切都做得很熟练、自然，令人惊叹。人们喜欢"肥发阿"那种和人人都友好相处的豁达大度，更佩服她做事一丝不苟、精明干练。

在袁厝与后保交界处的下路仔，卖水的是"过水阿婆"。她不是当地人，娘家是龙海白水，厦门人称白水一带的人为"过水"。她满口"过水腔"闽南话。"过水阿婆"十分性急，且长得一脸凶相，动不动就暴跳如雷，更像是爱冒火的"火神婆"。

"过水阿婆"跟任何人都爱计较，一点一滴算得清清楚楚。卖水时，她用一根铁钉在每个人的每只桶壁上，划出最高水位线。如果你换了新桶，比原来小的桶她权当没发现，比原来大的她立马就叫起来："不使得，要算三分钱两担！"当时是一分钱一担水，你若不肯，她就飞快地亮出铁钉，在你的桶壁上一条线。碰上分毫不让，与她恶语相向的，她立即跑进水房，关上水龙头。接着，双方抢抓水管，弄得衣裤全湿……

虽然"过水阿婆"脾气不好，常常和人计较，但是大家也念着她好的一面。如有路人中暑晕倒了，她知道了一定疾奔过去。"救人如救火"的劲头就像她的火脾气。"过水阿婆"救人有一招，她用指甲掐人中，用手指刮筋络，直到把人救醒。夏天，常有"着痧"（中暑）的坐在她跟前，听凭她在鼻根、脖子、前胸、腋下、后背"抓痧"（刮痧），直到抓出一串串又红又黑的如"乌蔷莓"（杨梅）的印子出来。她满脸和善认真专注地"抓痧"，完全不是发火时"火神婆"模样。她那么投入地给人"抓痧"，好像这才是她的本业。

20世纪80年代以后，家家户户都装上自来水，三处水房也关门、废弃了。三位卖水阿婆都下岗了。听说彩鸾姑去了外省儿子家，不知在何处颐养天年，如果还健在的话，也是一百多岁的人瑞了。

"肥发阿"和"过水阿婆"二位阿婆早已作古。有一天，"肥发阿"坐在矮凳上捡菜，手往下一伸，重心一歪，头撞到地上后，再也没有起来。老人家走得太突然，儿女哭得死去活来，四周邻里都劝说道："老人家人好，老了好'归仙'（去世），自己不受苦，儿女不受拖累，也是一家大小的福气。"

"过水阿婆"死得比较"壮烈"，她半夜里听见邻居喊抓贼，竟也冲将出来，一双小脚一绊，栽在石阶上，碰出一头鲜血，走了。记起小时候常听"过水阿婆"说一句豪言壮语："路见不平，气死闲人！"她就是那种路见不平，敢于拔刀相助的人。

绽放的生命

——郑晖口述实录

口述人：郑晖

采访人：周伊萍、陈秀芹

采访时间：2022 年 5 月 29 日，6 月 7 日、17 日，7 月 4 日，8 月 24 日，9 月 6 日

采访地点：郑晖家中、鹭江道 278 号、网络视频

【口述人简介】

郑晖，1946 年出生在泰国曼谷，1954 年随家人回国到北京定居。由于父母工作关系，从 1964 年到 1966 年初曾住廖承志家，有过一段特别的经历。在北京成长期间，结识了一对泰国兄妹常怀和常媛（系当时泰国高官子女），并与之结下深厚友谊。中学学习成绩优秀，获北京市"金质奖章"保送大学，但因当年"文革"爆发，大学录取中断，失去了第一次上大学的机会。1968 年回厦门老家杏林公社高浦大队插队，1971 年被安排到高浦小学任民办教师。1974 年返城回到当时已调到漳州工作的父母身边，在漳州龙溪师范附属小学任教。1977 年恢复高考，参加高考并考上龙溪师范大专班数学系（现闽南师范大学数学系），毕业后留校任教。1984 年调到中国致公党漳州市委员会任专职干部，后任市委会秘书长，主持市委会日常工作。曾任致公党第十一届全国代表大会代表、致公党省委委员、漳州市人大代表等。2001 年退休后，回厦门定居，参加厦门市老年大学合唱团，曾担任合唱团女高音声部长，后担任合唱团副团长。曾任厦门市老年大学艺术团秘书长，参与市老年大学举办的大型歌舞《走向辉煌》《老年大学建校 20 周年》等四场专场文艺节目。参与组织由市老年大学合唱团与香港、台湾地区的合唱团联合举办的合唱交流音乐会，在 2010 年、2011 年、2012 年厦门、高雄、香港三地的演出获得圆满成功，促进了艺术交流。2012 年组建厦门乐之声合唱团，为本市热爱

合唱的中老年人搭建了老有所乐、老有所为的平台。乐之声合唱团曾于 2012 年 12 月赴泰国参加泰国归侨迎新文艺演出，2013 年 8 月赴俄罗斯参加"中俄友谊之声——圣彼得堡合唱音乐会"并获得优秀演唱奖，2013 年 11 月参加厦门市老年艺术协会成立五周年"春光礼赞"文艺演出，2015 年在北京参加"七彩夕阳唱响国家大剧院——第六届全国中老年合唱艺术节暨全国中老年合唱之星邀请赛"，获得最高奖"明星金奖"。

郑 晖

一、童年——在泰国

我是在泰国曼谷出生的，这个故事要从我的爷爷说起。我们老家在厦门杏林高浦，我爷爷年轻时到南洋谋生，后来在泰国南部华人开的锡矿场工作。我父亲是在厦门出生的，出生后又接到泰国。我爷爷一共有两男六女。爷爷虽然身在异国他乡，但无时无刻不惦记着祖国，所以等到他的长子，也就是我的父亲长大后，就送他回中国读书。

那是 20 世纪 30 年代初，父亲回国到上海复旦大学读书。当时因为日本帝国主义入侵，全国各地都在爆发学潮。我父亲也在复旦大学参与学潮，加入共产党，开始了革命活动。我父亲和我母亲就是在上海参加革命活动时认识的。我母亲是龙海石码人，她的哥哥，也就是我的舅舅，也是一个革命者。母亲跟着舅舅搞革命，很小就参加了妇女运动。20 世纪 30 年代初，我舅舅参加国民革命第十九路军，要到上海去，我母亲也跟着去了上海。父亲和母亲两个福建人在上海相遇，他们志同道合，不久就相恋结婚了。

后来发生了白色恐怖事件，很多革命者遭到屠杀，上海的共产党组织受到严重的破坏。由于是单线联系，父亲跟党组织失去了联系，就像掉了线的风筝。无奈之下，他只好带着母亲回老家厦门。这段时间，他们因为没有找到组织很痛苦很彷徨。他们临时在杏林高浦的小学教书，一边教书，一边继续宣传革命思想。他们的许多学生就是因为受到这样的革命启蒙教育，走上了革命的道路。彷徨了一段时期，我爷爷担心他们的安全，来信要他们回泰国，所以他们就决定回泰国。在回泰国的途中，他们一岁多的长子（我的大哥）因病夭折了。回到泰国，他们找到了侨党组织，开始参加抗日大同盟，并先后重新加入了中国共产党在泰国的地下侨党组织，在异国他乡继续参与祖国的革命事业。他们出报纸、组织文艺演出队，宣传抗日，筹集捐款汇到国内支持抗日斗争。抗日战争胜利后，蒋介石发动了内战，在泰国的进步组织只能进行秘密的地下活动。按照组织的安排，父亲在泰国曼谷的公开职业是泰国曼谷启光公学的校长，母亲则是这个学校的华文教师。

他们回泰国后先生下了我的二哥，后来在曼谷生下了我。其实在我之前还有个三哥，但是当时条件非常艰苦，为了革命事业，父亲和母亲忍痛将刚出生的三哥送给别人抚养，从此再也没有找回来。

我虽然在泰国出生，但从小就受到革命教育。我那时候很小，很多事情都不记得了。比较有印象的一件事是我三岁那年，有一天家里来了许多阿姨、叔叔，他们聚在一起听广播，一边听一边小声地欢呼。我还很小什么都不懂，只觉得一定有什么高兴事。妈妈告诉我："咱们的新中国成立了，我们有好日子过了，我们要回家了！"我也跟着又蹦又跳。但是当时我父母所属的中共泰国支部还是地下组织，因为担心暴露，就让我和我哥哥就在外面守着，帮忙望风。长大后回忆起来才知道，那是 1949 年 10 月 1 日，中华人民共和国成立的那天。

　　另一件印象很深的事是我们一家四口同台演出《三毛流浪记》。1951 年抗美援朝那段时间，很多海外华人都在进行募捐支持国内的抗美援朝。我父亲作为华文学校的校长，也组织教育协会的进步华人排练话剧《三毛流浪记》进行公演，公演募到的资金汇到国内。我父母和哥哥都参加了演出。当时我只有四岁，家里没人照顾我，只好跟着父母到剧场去。我父亲扮演剧中的有钱老板，母亲演的是有钱老板的太太，比我大七岁的哥哥演流浪儿的头儿。一开始，我只是躲在幕旁看他们表演。当第一场快结束时，一个扮演被人贩卖的四五岁小女孩的小演员还没来，快到她上场了，怎么办？扮演人贩的导演一眼就看中了幕旁的我，把我抓进筐里，给了我一块饼干，让我坐在筐里别动，就这样把我挑上了台。台上扮演阔太太的妈妈来挑小孩，我也不太知道怎么回事，只是乖乖地在筐里吃饼干，下台后导演还夸我。这就是我第一次上台当"演员"的经历，很有意思，哈哈！

《三毛流浪记》演出剧照之一，坐在竹筐里被卖的孩子（画圈者）就是郑晖

《三毛流浪记》演出剧照之二，扮演阔老板和阔太太的郑晖父母坐在沙发上，站立的穿黑衣的孩子是郑晖的哥哥郑丹

《三毛流浪记》演出剧照之三，赤膊者是郑晖的哥哥

　　1952 年，泰国时局发生了变化，泰国反动政府开始镇压共产党，社会上也出现了比较强烈的排华情绪。我父亲被泰国反动当局怀疑是共产党员，遭到了逮捕，关在曼谷的监狱里一年多。他在监狱里受尽了苦，但始终没有暴露他共产党员的身份。为了救父亲，母亲配合组织，带着当时还很小的哥哥和我四处奔波。那时我只有六岁多，记得有一天我和母亲去探监，父亲叫我给他唱歌、跳舞。我流着泪，一边跳、一边唱"小么小儿郎，背着那书包进学堂……"父亲边打着拍子边说："不要哭啊，哭了就不好看了……"那情景我现在还记得非常清楚。

1953年初，组织去营救他。通过国内的共产党组织和泰共的帮忙（当时泰国共产党和中国共产党有一些合作），去解救的人员秘密地把我父亲从监狱里救出来，藏在接侨的船的船舱里，躲过了进入公海前警察的巡查，顺利到了公海。因为进入公海以前泰国警察要搜船，搜不到就放行了。一进入公海，问题就不大了。后来我父亲跟我说，当时如果被巡查的警察发现，他可能就会被送到台湾地区去了。

父亲顺利回国了，但是我和母亲、哥哥还留在泰国。那一年母亲一个人带着我们兄妹，很辛苦。幸好她还有个教师的公开身份，组织从生活上也给了她很多照顾。经过近一年的时间，在多方帮忙下，我们也跟着接侨队伍回来了。回到北京后，我父母被安排在中侨委（全称为中华人民共和国华侨事务委员会）工作。

从泰国回国前郑晖和母亲、哥哥合影

二、青少年——在北京

我八岁和父母、哥哥开始在北京生活。在北京生活的那十四年是我一生最幸福快乐的时光，有很多难忘的、非常宝贵的回忆。

我父亲回国后先在中侨委工作，后来调到了国务院外事办，他办公地点就在中南海。当时外事办主任是陈毅，副主任是廖承志。记得我念中学的时候，学校离中南海不远，中午饭就到中南海食堂吃，有时候也跟着父亲到办公室去，经常能看到陈毅、廖承志这些领导。但是那时候小，并不觉得有什么，长大后才意识到我从他们身上受益匪浅，整个成长过程中从他们那里耳濡目染学到了很多东西。

郑晖全家在北京合影

（一）我认识的廖伯伯

最难忘的就是跟廖伯伯的接触。我父亲当时在廖伯伯底下的科室工作，我母亲和廖承志的夫人经普椿阿姨则都在中侨委工作，在同一个办公室面对面办公。那时候我们一家四口住在王大人胡同的侨委大院，廖伯伯家就在我们隔壁，所以他们家的孩子经常到我们院子里来玩。我跟廖家的三女儿廖茗（小名笃笃）同龄，很快就玩到一块儿了。她有时候带我去她家玩。第一次跟廖伯伯接触之前，我心里有些紧张。在我的想象中，像廖伯伯这样的大首长都挺严肃可怕的。跟他第一次说话后才发现，他非常亲切，一点都不可怕。他见到我的第一句话是："多大啦？属什么的呀？"我小声地告诉他我属狗，他竟然哈哈大笑，说："我们家又多了一只小狗了。"然后，他用手刮了下我的鼻子，还叫我一声"小狗鼻子"。从此以后我就成了廖家的小常客，他们家一说到"两个狗鼻子"，大家就都知道指的是我和廖茗。

郑晖和廖承志一家，分别为廖承志（中）、经普椿（右一）、廖茗（左二）、郑晖（左一）

郑晖（右）和廖茗在颐和园听鹂馆

郑晖（左）和廖茗

　　廖伯伯特别喜欢孩子，他自己就有七个孩子了，还不嫌我们这些孩子吵闹，星期六星期天总叫我们去他家玩。我性格比较活泼，学习成绩也好，廖伯伯和经阿姨特别喜欢我，白天有空总要我常到他们家玩，晚上也要我上他们家和孩子们一起做功课。1965年初，我父母因为工作原因，要到南方出差，一年多才能回来。而我哥哥在大学念书，家里只剩我一个女孩子。廖伯伯知道后，马上要我搬到他家去住。在他一再坚持下，我在他家住了一年多。那段时间是我最难忘的，他们对我就像对亲生女儿一样。

　　在廖家住的那一年多，廖伯伯对我非常关心。1966年初，邢台发生大地震，整个北京城到处人心惶惶，大家都很紧张。一开始我也莫名感到害怕，廖伯伯经常安慰我、鼓励我，很快我就不害怕了。记得每天睡觉前，廖伯伯总要拿来手电筒，让我放在枕头边，仔细叮嘱我发生什么样的情况要采取什么样的应急措施。有时他半夜起来，还特意过来看看我有没有按照他说的去做。

廖伯伯平易近人，常常和我们玩成一片。他每天都很忙，只有周末才有时间和家人一起过。他特别喜欢孩子，周末有什么文艺活动，总是把我和其他孩子一起带去参加。他的兴趣十分广泛，喜欢看芭蕾舞、听音乐会、看话剧，还有看各类球赛。他还特别喜欢游泳，星期天一有空，就带着全家去游。我就是从那时学会游泳的。

最有趣的还是节假日在他家举行的乒乓球赛。他跟经阿姨组成一对，然后一一跟我们这些孩子进行混合双打。他横着拿球拍，称自己是横拍球王"西多"（匈牙利著名乒乓球选手）。他胖胖的身子，一举手一投足都让人觉得非常滑稽可笑，常常逗得我们前仰后合。

另外一件事也很有意思。廖伯伯特别喜欢吃榴莲，可是他家里其他人没有一个喜欢吃的。有一次他接到邓小平的电话，让他派人去拿榴莲。原来是有个东南亚友人送给邓小平两个榴莲，他知道廖伯伯爱吃，就送给他一个。廖伯伯非常高兴，赶紧让警卫员去取回来。刚好那天我和哥哥在他家里，他就招呼我们一起来吃。榴莲打开后，客厅里全是榴莲味，家里人全给吓跑了，只剩下廖伯伯和我们兄妹俩。廖伯伯高兴地说："哈哈，胆小鬼都跑了。这榴莲可是好东西呀！我们可以饱餐一顿了。"一个大榴莲不一会儿就让我们吃光了。廖伯伯举着黏糊糊的手，看了看我们兄妹沾满榴莲的嘴，笑得很开心，说："我可找到不怕榴莲的人了。"接着他就给我们讲他吃榴莲的故事："你们知道吗，一开始我也是很怕榴莲味道的。1955年我去参加万隆会议，回国的时候华侨送我两个榴莲，我很怕那个味道，不敢吃，偷偷把榴莲扔进大海。后来，我再次出国到东南亚，华侨朋友又送我榴莲，告诉我这是水果之王。这回我想，干革命死都不怕，还怕吃榴莲吗？吃！尝第一颗，勉强吞下去；第二颗，开始觉得齿颊留芳；接着第三颗、第四颗……越吃越有味。现在要吃可没那么容易哟，要不是邓老惦记，我们今天还没口福呢。以后有机会咱们再在一块吃！"从这以后，我非常盼望还有机会和廖伯伯一起吃榴莲。在当时吃榴莲的机会是很难得的，可惜再也没能和廖伯伯一起吃了。现在每次吃榴莲时，我都会想起当年和廖伯伯一起吃榴梿的情景，真是难忘啊。

廖伯伯不仅喜欢孩子，还喜欢宠物。廖家有一只可爱的小狮子狗叫"包包"，是廖伯伯的心肝宝贝。还记得1965年初秋我住在廖家的时候，有个星期天，我经过客厅时，廖伯伯拿着个照相机叫住我，让我把包包抱起来，说要给它照个相。我把包包抱起来，头歪向一边，怕廖伯伯照到我。没想到照片洗出来的时候，也有我一个大脑袋，可把廖伯伯乐坏了，他高兴地说："这两只狗鼻子多可爱呀！"这是他的杰作，他洗了两张，一张给我，一张留在了他家的相册里。这张照片我一直保存着，对我来说非常珍贵。在那个物资匮乏的年代，能照一张照片很不容易，加上经过那么多的周折，能留到今天就更不容易了。

这只包包啊，它可是一只传奇的小宠物，也是中日友好的"小使者"。它是日本著名的友好人士，也是廖伯伯的好友西园寺公一先生专门从日本带来送给廖伯伯的。西园先生说这种小狮子狗的祖先在中国，后来因种种原因在中国绝了种，却流传到了日本。他将两只公狗（其中一只就是包包）和一只母狗，专程从日本带到北京，让它们回"原籍"，表达他对中国人民的友好情谊和对廖伯伯的深厚友情。这三只可爱的小狗在廖家安了家，受到全家人的宠爱，后来还生了许多小

1965年郑晖抱着小狗"包包"（廖承志摄）

狗。包包是廖伯伯最疼爱的一只，廖伯伯说它憨厚。"文革"时廖伯伯一家已自身难保，这些小狗们也遭到了厄运，它们也要被遣散。由于它们的特殊身份，廖伯伯要求造反派把小狗们送到动物园，免得它们遭到更大的不幸。"文革"后，听说包包被选送去了马戏团，全家人一直都很想念它。

廖伯伯还特别善于接受新事物，他的好学精神令人敬佩。记得我上高中时，有日本友人送给廖伯伯一个放大机。廖伯伯跟日本有很特殊的关系，他在日本出生，曾在早稻田大学读书，跟日本很多爱好和平的人士、革命人士关系很好。收到放大机后廖伯伯就上交组织了，但是人家说放大机上交也没什么用，他就反买回来。我对放大机非常感兴趣，就在学校跟物理老师学会了放大和冲洗照片。没想到，他知道了后居然叫我当老师，周末晚上一有时间，就拉着我们这些孩子躲到他自制的暗室里，让我教他们冲洗和放大照片。那段时间我们把家里的底片都拿出来放大、冲洗，洗出来的照片现在还在他家的相册里保存着。

廖伯伯还很会画漫画，他画的漫画非常幽默。有一次，他给我和他女儿两个人画了一幅漫画。他随便拿张纸，随手一画就画得特别好。因为我们是家里的"两个狗鼻子"，他就把我们的鼻子画得跟狗鼻子似的。可惜当时没有把这些漫画保存下来。

有时候吃完晚饭，我们这些孩子会坐在藤萝架下听廖伯伯讲故事。那可是我们最享受的事情啊，那些故事，我现在还记得很清晰。比如他讲到长征时，他们怎么煮皮带皮鞋充饥，还把当时他创作的"牛皮歌"唱给我们听。他还给我们讲过他在监狱里如何应对国民党的诱降，以及1946年"四八"空难的经过和他怎样逃过一劫。有时候他也会讲他出国遇到的各种奇闻趣事。有一次他特意拿出斯诺写的《西行漫记》，把其中一段描写他外貌的段落念给我们听。念到斯诺形容他有一幅欧洲人的脸型时，他对着镜子，耸耸肩膀，扮着怪脸，笑着问我们："斯诺写得像吗？"逗得我们哄堂大笑。回想起来，廖伯伯身上有一种革命乐观主义，不管环境多么艰苦，他都是那么幽默，同时又是那么坚定。

廖伯伯不仅知识渊博，还精通多国语言，英语、日语、法语都会说，德语也讲得不错。他经常鼓励我们要学好外语，为将来投身世界性的交往做好准备。遗憾的是，我不仅没能把外语学好，连本国语言都没有真正掌握好，这使我常常感到内疚。

廖伯伯多才多艺，他非常喜欢音乐，唱歌十分动听。他唱男中音很迷人，声音非常浑厚。我还记得他最喜欢法语的《马赛曲》，他的法语非常流利。我第一次听他唱这首雄壮的进行曲时，非常感动，虽然听不懂他唱的是什么。廖伯伯唱完后对我说："小鬼，知道吗？这首歌我在国民党的监狱中经常哼唱，看守的人听得一头雾水，他们根本不知道这是一首革命歌曲啊。你听：'前进前进祖国的儿郎，那光荣的时刻已来临；专制暴政在压迫我们，我们祖国鲜血遍地。公民们，武装起来！公民们，投入战斗，前进，前进，万众一心，把敌人消灭净！'看守长也搞不清楚，报告蒋介石，可蒋介石抓不住把柄，也无可奈何，总不能不让我哼歌吧。哈哈哈！"我不仅被他的歌感动，更钦佩他的坚强意志和革命乐观主义精神。后来，我从其他资料中了解到，廖伯伯一生坐过七次半牢。他长期地在苦难中挣扎而从不动摇，坚信革命一定会胜利。

"文革"后期，"四人帮"还没倒台，廖伯伯的日子还是很艰苦，但他十分关心其他的老同志。1974年，王稼祥同志去世的时候，廖伯伯带着全家人和我哥哥到王家看望王稼祥同志的夫人朱仲丽阿姨。在朱阿姨家，他让我哥哥弹《马赛曲》和《国际歌》。他站在钢琴旁，清了清嗓子，挺起胸，全神贯注地用法语唱了起来。在场的人听了都非常感动。后来我读到朱阿姨的一篇回忆录，其中写到了廖伯伯的歌声："这意料之外的演唱，怎能使人相信是出自一位政治家之口呢？高超的技艺，使房间里出现新的寂静。这歌声比歌唱家唱得更动人，更启迪人。因为它把政治家坦荡的胸怀和艺术家精湛的技艺熔为一炉，令人感到艺术美的享受外，更有一种灼人肺腑的热浪。"

廖伯伯平时的为人处事、工作作风、待人接物，无论男女老幼、上级下级，都是有口皆碑的。在他身边工作过的人，没有一个不感到心情舒畅，工作愉快的。有件小事就足以说明他的为人：他的小车经常载满他身边的工作人员及朋友。这件事使我受益很多，所以记忆特别深刻。

廖伯伯豁达乐观、宽宏博大，这是一面；另一面，他对那些违背原则、玩忽职守的人和事，则是疾恶如仇、义愤填膺。我在他家就遇到过一次他发火。

鹭岛人家

有天机关来了人到家里，不知道为什么，廖伯伯竟大发雷霆，声音几乎是在怒吼，吓得我赶紧离开客厅，躲了起来。后来经阿姨告诉我们，廖伯伯那天发火是因为有人工作不负责任，还违反了外事纪律。

1966年4月，我们家搬家，离廖家就比较远了。从认识廖茗和廖伯伯时算起，我在廖家出入了一共5年又2个月。这段时间对我人生的影响非常大。我后来性格、气质的形成，甚至人生几次重大的抉择，都与当时廖家良好的家风、廖伯伯待人处事的作风对我的耳濡目染是分不开的。

离开廖家不久，"文革"爆发了。廖伯伯和经阿姨似乎预感到了什么，叫我不要再去他们家了，以免受到连累。我当然无法接受这样，每星期照样去看他们。不久，我的同龄人都陆陆续续上山下乡了，离开了北京。我也离开北京，回到老家杏林高浦插队。

临走前我去廖家告别，才知道廖伯伯已经被造反派关起来了。听说他恢复自由后一直在打听我的下落，后来从我哥哥那里知道我回老家农村，一切平安，他才放心下来。1976年我终于又有机会回到北京。回京后，我马上去看望他老人家，他还是先刮我的鼻子，说："小狗鼻子怎么样啦？"后来我考上大学，写信向他报喜，听说他老人家还非常为我高兴。

"四人帮"垮台后，我本以为从此又能够经常见到廖伯伯了，可是没想到，新的时代，新的生活，见面的机会反而更少。1976年我离开北京前去向他告别，没想到那一面竟成了永别。1983年6月10日，他老人家永远离开我们了。

1986年，我回北京探亲，去看望经普椿阿姨。她送给我两本纪念廖伯伯的画册和文集，我至今一直珍藏着。我经常会翻开画册和文集，回忆在王大人胡同的侨委大院里和廖伯伯及他们一家人相处的那段幸福难忘的日子。

2008年9月25日是廖伯伯诞生100周年纪念日，那几天中央电视台播出了六集专题片《廖承志》。电视里他的面容是那样熟悉、亲切，我是含着热泪看完的。正如影片里说的："每一个与廖承志接触的角度不同的人，对他的人格魅力的感受也就不一样。"人们从不同的角度回忆与廖伯伯相处的日子，得出不同的结论：他乐观、豁达、幽默、活泼、机智、果断、真诚、开朗、平和、平易近人……跟他接触过的人不会忘记他的微笑。他既是党和国家的优秀领导人，又是一个孝顺儿子，一个好丈夫、好父亲、好长辈，也是大家的好朋友。

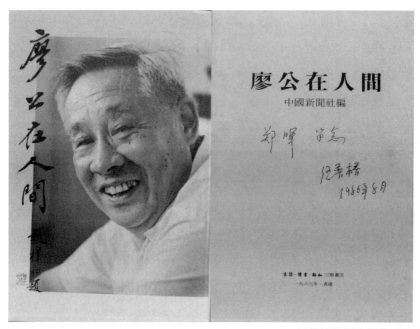

经普椿赠送郑晖的画册

这就是我作为一个普通人接触到的廖伯伯，从一点一滴的小事情可以看出我们的革命先辈、我们的国家领导人的品质。我成长的十几年里，他们对我产生了决定性的影响。我虽然不是共产党员，但是身边人都说我做事情比共产党员还共产党。对革命事业的追求，我还是有的。

（二）我的泰国朋友——常媛和常怀

在北京的成长过程中，还有一段很特别的经历，就是认识了我的两个泰国朋友。他们是一对兄妹，有很好听的中国名字，哥哥叫常怀，妹妹叫常媛。

还记得那是1956年底，那一年我十岁。有一天，父亲带我到一个很漂亮的四合院。他跟我说："今天给你介绍两个泰国来的小朋友，其中一个是和你差不多大的女孩，以后星期天你就来陪她玩。"我带着十分好奇的心情，认识了他们。当时他们还不会说中文，我只好用我懂的一两句泰语跟他们问好。从此每到星期天，我就到他们住的四合院，和他们兄妹一起玩，很快就成了好朋友。每个星期天，我八九点钟过去，上午跟他们一起学习，中午在那里吃饭，下午和他们一起学跳舞。常媛非常活跃，喜欢唱歌跳舞，常怀比较内向安静。常媛很喜欢中国舞，我在小学里有参加舞蹈组，就把学到的一些动作教给她，教她跳《草原上升起不落的太阳》，还教她说中国话、唱中国歌。她教我说泰语、唱泰国歌，还教我跳泰国舞，告诉我什么是宫廷舞，什么是民间舞。那些泰国古典舞动作，现在我都还记得。退休后带合唱团，有时候参加一些中泰联谊活动，我还会编泰国舞参加演出。

后来接触得多了，我慢慢了解到他们是泰国高官的孩子，他们的父亲在泰国的职位相当于我们国家的宣传部部长。至于他们为什么来中国学习，父亲当时肯定不会告诉我，我那时候还是个孩子，也不可能知道其中原委。但是我发现，我认识的几个在国务院外事办工作，懂泰语的叔叔阿姨，经常来他们这儿，教他们中文，关心他们。不到一年的时间，他们就会说中文了，常媛的北京话还说得特溜儿。还记得那里的午饭有很多好吃的菜，做饭的也是在外事办工作的叔叔，拿手的是广东菜。印象最深的是烧鸭，还有各种煲汤，都是平常难得吃到的美食。

我长大后才逐渐了解了他们的特殊身世。他们的父亲桑·帕他努泰，在1955年的万隆会议后，为了谋求与中国的接触，取信中国，跟当时的泰国总理举荐将自己的儿女送到中国来学习。就这样，1956年8月兄妹俩从泰国经过缅甸，秘密来到了北京。周总理亲自关心照顾他们兄妹，专门派人负责他们的学习、生活，还让廖承志夫妇照料他们。他们的中文名字就是廖伯伯的母亲何香凝女士取的。她老人家说："常是南方常见的姓，又与他们父亲的名字'桑'发音接近，女孩叫媛，男孩叫怀。'媛''怀'的发音与他们的泰名近似，这样泰名与中国名字就结合在一起了。加上'怀'有思念之意，有把祖国牢记在心之意。"周总理、廖伯伯待他们兄妹像自己的孩子，经常请他们到家里做客；送他们到北京最好的学校学习，挑选的司机、厨师和其他工作人员都曾经在泰国生活过；还选了一两个泰国归侨子女在节假日去陪伴他们。就是这样我才有机会认识了他们。他们来北京的第二年，泰国政局发生了变化，当时的泰政府被政变者推翻，他们的父亲桑也被逮捕了，一关就是七年。他们不得已只能继续留在中国，周总理和廖伯伯还是像以前一样照顾他们。他们经常见到周总理，跟廖伯伯的家人打成一片，还认廖伯伯、经阿姨做干爸和干妈。恰巧有一年多我住在廖家，节假日和学校放假的时候，我们就又有机会常常在一起玩了，成了非常要好的朋友。

1967 年初，他们的父亲经泰国政府批准才能来到中国看望这两个孩子。当时"文革"已经开始了，桑要求会见周总理的请求被拒绝，而且被看作是"出卖了泰国人民和中国人民"的人，成为不受欢迎的人，被驱逐出境。常怀、常媛兄妹也在"文革"中受到很大的冲击。在当时的情况下，我们都自身难保，就与他们兄妹失去了联系。直到"文革"结束后，我回北京探亲时，在廖家又碰到了刚从英国回来的常媛，非常惊喜。她抱住我，我也抱住了她。那时候我才知道他们兄妹的不幸遭遇。原来"文革"时，北京的泰国爱国阵线要求他们与父亲划清界限。常怀拒绝这个要求，就被戴着手铐驱逐出境，离开了中国。常媛逃过一劫，化名潘红，先和解放军驻河北一个公社里的工作组一起生活了几个月，学会了自己洗衣服，后来又寄住在当地的农民家。一年半后，她回到北京，被安排在北京国棉三厂当工人。1969 年，她认识了一个在北京大学读书的英国人，随他去了英国。后来，她跟那个英国人结了婚，生了两个儿子。她给孩子起名字，一个叫念周，一个叫念廖，"周"就是周总理，"廖"就是廖伯伯。"文革"结束后，常媛又回到了中国，做泰中友好往来的工作，成为泰中两国的"友好大使"。常媛 1995 年写了一本自传体小说《龙珠》，这本小说被珠江电影制片厂改编成电视连续剧《龙珠》，在全国一些省市播出。常怀回到泰国后，帮助他的父亲重操旧业，办报纸，参与政治。1996—2000 年间接受泰国国王委任担任上议院议员。他负责家族在泰国的媒体公关工作，也致力于推动泰中友好往来。

1995 年郑晖（左一）和常怀、常媛在曼谷相聚

1995 年曼谷相聚，从左到右分别为林莎南、范荷芳（林莎南太太）、
常怀、郑晖的父亲郑宏、常媛、念廖、郑晖、念周

　　1995 年，我在离开泰国曼谷 40 多年后，重返我的出生地。我和常媛、
常怀又相逢了。巧的是，当年曾经照顾过他们兄妹俩的林莎南叔叔、赖烈生
叔叔两对夫妇也到曼谷探亲，我们再次相聚，非常感慨。因为有在中国的这
段特殊经历，常家三代人跟中国结下了不可割断的情缘。当年中国经历道路
曲折时他们遭受磨难，如今中国强大了，常家也从中受益。1986 年，他们的

父亲临终前叮嘱常媛："不管中国将来变成什么样子，它总会是最重要的国家。我希望中国永远在我家的历史中占有特殊的位置，念周和念廖要在中国住，要将家庭的传统延续到第三代。"现在的念周和念廖会讲中、泰、英、法四种语言。常念周成立了自己的投资顾问公司，总部注册在香港，在曼谷、北京、巴黎都有办公室。常念廖现在生活在北京，曾任英国驻华使馆外交官员，现在英国国际发展部驻华代表处担任国家协调员，同时也是世界银行驻华代表处的专家顾问。

三、青年和中年——在厦门和漳州

1966 年我即将高中毕业，正准备迎接高考的时候，"文革"开始了。我学习成绩很好，初中和高中都是北京市"金质奖章"的获得者。金质奖章是北京市给中学生的一个奖励。它的要求很高，例如初中毕业要获得金质奖章，那么初中阶段所有学期所有科目只能有三个是四分，其他的都必须是满分五分，另外还要求三年都得是三好生。我初中就是因为有金质奖章保送上的高中，高中阶段再次获得金质奖章，所以其实已经可以保送上大学了。但是"文革"一开始，高考取消，大学的录取工作也都暂停了，我就失去了上大学的机会。我这么爱读书的人，不能上大学就很不甘心。

两年后，上山下乡运动大规模展开了。当时北京的知青大部分到东北和内蒙古插队。我本来也要跟同学到东北去，但是我母亲说我是南方的孩子，受不了那边的寒冷，不让我去。我小时候也是比较体弱，肠胃不好，瘦瘦小小的。当时还可以选择回乡，所以我就回了厦门老家。

1968 年 10 月离开北京时，父母都没能去送我。我自己一个人坐火车，到上海转车，千里迢迢跑到厦门来了。到了集美火车站，我堂哥去接我，就这样回到了老家。回老家住在我伯母那里，两个人相依为命。我伯母是守活寡的，当时很多侨属都是这种情况。我大伯跟伯母生了一个女儿后就去了海外，走了就再没有回来。我要劳动，要生产，没有家，只能投靠她。所以我

鹭岛人家

就在杏林公社高浦大队插队，一共待了六年。前三年都在干农活，学会了各种农活。白天干活，晚上就协助大队组织毛泽东思想宣传队的活动。那段时间的生活还是很丰富的，我们的宣传队在厦门有点小名气。三年后我被安排到了高浦小学当民办教师。

这六年的时间，我父母那边变化很大。"文革"的时候，父亲也逃不脱劫难，被以"叛徒、特务、里通外国"的罪名打倒，后来又和母亲一起被下放到了江西五七干校。这段时间，我在高浦老家务农，没有和他们在一起，不知他们是怎么度过的。后来我终于有机会去五七干校看望他们，看到了父亲在当牛倌，母亲在连队下田。父亲每天要把几十头牛赶上山，来回走几十里地，还要从稻田里割下喂牛的饲料。看着父母亲瘦了那么多，我心里非常难过，偷偷地流眼泪。可是我父亲却幽默地说："我们这里部长、司长、处长都在当鸡倌、鸭倌、猪倌。我还不小哩，当牛倌。"看到他那样受苦，可是又那么坚毅和乐观，我又难受又感动。

1973年，父亲和母亲已经62岁了，当时中侨委已经被撤销了，他们就被一起安排到漳州工作。原来中侨委的很多干部是归侨，都是福建人或者广东人。十几对夫妇就都分到了福建。母亲因为在五七干校期间劳动强度太大，生活环境又很差，落下一身病，没办法继续工作，就办了退休。退休后她还是坚持参加社会活动，为侨务工作做些力所能及的事。为了让我们专心工作，母亲虽然身体不好，还是一个人把家务都承担了下来，同时要照顾还在工作的父亲。母亲后来过早地离开了我们，大概就是因为太过操劳。

父亲被安排在中旅社工作，职位下降了，但是他一句怨言也没有。他坚决服从组织的安排，仍然像以前那样投入地工作。父亲那时候已经一头白发了，还经常和中旅社的职工一起做接待和服务的工作。他热情地接待来漳的"三胞"，为他们排忧解难。他也很关心职工，分配住房时都是优先考虑老职工和住房困难的职工。有一次，为了抢救一位脑出血的职工，他也不顾自己年事已高了，跑到泉州请来一位脑外科专家给那个职工做手术。职工的命终于抢救过来了，而他却累得快虚脱了。父亲在这个岗位上工作了11年，受到很多领导和职工的尊敬和喜爱。他一直工作到 73 岁才光荣离休。

父母亲的一生从来没有跟组织提过要求，一切都听从党的安排。他们也从不计较个人得失，几次把调资的机会都让给了别人。20 世纪 70 年代初，上山下乡的知青可以申请回城了，但是我父母已经离开了北京，我再回去北京也没有家人了。我一心就想去漳州，到父母身边照顾他们。可是父亲写了报告以后一年多都没有消息，他也不去催。他说要相信组织会安排的。直至1974 年，原来中侨委副主任林一心当时在福建省担任省委书记，他很关心从中侨委下放到地方的干部。有一天他到漳州看望我父亲和母亲，发现两个老人年纪那么大了，身边没有子女照顾。得知报告提交了一年都没有消息，他便安排人根据政策把我调回漳州。

消息到我公社的时候，我还不知情。那天我还在上课，有人通知我到公社书记那里去。公社书记告诉我，上面让我返城了，可以回漳州。他说让我自己选择，如果我留在厦门，就马上帮我转正。但是我想，好不容易可以回到父母身边了，当然别的什么都不考虑了。我一心只想回到父母身边，所以就没有填那个转正的表格。到了漳州，我被安排到龙师附小当小学老师。

从 1974 年开始在龙师附小当小学老师，到了 1977 年，恢复高考，我也跃跃欲试。当时我在学校里教书还挺忙的，而且我那时都 31 岁了，但还是想要去考。临高考只有两三个月了，我也没怎么补课，只物理和化学这些忘得比较多的科目，抓紧时间看一看，其他的全吃老本，这样就去参加高考了。我那时候年龄也比较大了，跟应届考生差了十几岁呢。我记得自己在考场上感慨万分：我本来十一年前就能上大学的。我当时报考福建师范大学地理系，成绩还不错，但是因为年龄太大了福师大那边不收。当时很多人都是这样，成绩不错，但是没有被报考的大学录取。所以我后来就到了龙溪师范（现闽南师范大学）大专班读数学系。毕业后留校，在数学系教书，教了快五年。

在龙溪师大教书教到 1984 年，我被调到了致公党漳州市委机关工作。致公党（全称中国致公党），很多人不知道它的前身是美国华侨社团建立的海外组织，致力于维护华侨的正当权益，同时也致力于推动民族独立和祖国富强。现在的致公党是中国八大民主党派之一，成员主要是归侨和侨眷，主要做的也是跟"侨"有关的工作，比如维护归侨、侨眷和海外侨胞的合法权益，开展海外华侨华人和港澳同胞的联谊活动，促进祖国和平统一大业，也促进中国人民和世界各国人民的交流和友谊。

致公党漳州市委员会是在 1982 年底成立的。当时的主委是蔡时敏同志，有次他跟我父亲聊天，提出让我参加致公党，并说要调我到致公党漳州市委会机关任专职干部。他们跟我说："你是归侨，从小对侨务工作耳濡目染，对侨务工作有一定感情，希望你能为漳州市的民主党派和侨务工作做贡献。"我当时犹豫不决，因为我和大部分人一样，对致公党几乎不了解。我父母在北京中侨委工作的时候，和致公党的中央领导有一些接触。有时候听他们茶余饭后聊天，略微知道致公党是一个"侨党"，但感觉离我很遥远，和我好像没有什么任何关系。后来经过半年多的考虑，对致公党有了更多了解后，我终于在 1983 年底加入致公党，于 1984 年 4 月调入致公党漳州市委机关工作。加入致公党后，我对致公党有了更多的认识，更加深入地学习了它的传统、作用和任务，我也越来越为自己是一名致公党员感到自豪，认为自己是可以有所作为的。在致公党委机关工作的二十年，我一直把"致力为公，无私奉献"作为自己工作的座右铭。

二十年的工作中，跟致公党的其他党员同志的接触，让我收获很多。记得我刚加入致公党时，漳州市只有四十多名党员，最开始甚至没有办公地点。党员很少，社会上对致公党也不了解，但是我们党员和老主委蔡时敏一起克服了这些苦难，在 1987 年 5 月召开了致公党漳州市第一次代表大会，成立了第一届委员会。近年来，致公党漳州市组织有了较大的发展，有越来越多年轻人加入其中，这个组织越来越有活力了。

2002 年，我从致公党专职工作岗位上退下来了。退休后的日子很轻松，很潇洒，但我也经常想起在致公党工作的二十年，想起我在致公党的朋友们。

四、老年——绽放的生命

（一）在老年大学合唱团的十年

我 2001 年退休，2002 年回到厦门定居，一回来就四处打听，听说市老年大学有合唱团，就很高兴地报名参加了。我从小喜欢音乐，在北京上小学时参加了合唱团，从此喜欢上了合唱，还担任学校合唱团的小指挥。上中学后，又担任了学校红领巾合唱团的指挥。在学校音乐老师的指导下，我们合唱团参加了学校、区、市的各种演唱活动。我和合唱结下了不解之缘，直到念高三的时候才因为学业停止了合唱活动。接着碰到"文革"等一系列事情，始终没机会参加合唱活动。退休后我参加了老年大学合唱团，终于像找到了家一样，能做自己喜欢的事了。

当时老年大学合唱团也刚刚组建，团员大都是没有合唱经验、单纯爱唱歌的老年朋友。我们的指挥带领这些退休的老同志认真地从基本功抓起，一点一滴地磨合。我担任声部长，有事没事经常叫大家来我家里练歌，让大家多一些在一起练唱的时间。大家互相听、互相挑毛病，不管是音准、节拍，还是情感表现力上的不足。这样反复练唱，不同声部之间的配合越来越和谐，整个合唱团的演唱水平逐渐提高了。在我们合唱团第一次参加全国老年合唱比赛时，我有幸请到了著名指挥家郑小瑛来给大家做了声乐辅导。

我们团的演唱水平提高还是很快的，表现得越来越专业。2003 年我们参加了在昆明举办的全国老年合唱大赛，后来又参加了 2006 年的全国老年合唱大赛——那一次是在内蒙古呼和浩特。这两次比赛，我们的表现都很好，受到很多好评，大家也很受鼓舞，越来越有信心。

2007 年，我通过泰国那边的亲友关系，联系到了曼谷知音合唱团，跟他们一起在泰国曼谷举办了"银光熠熠耀湄南——'知音'会知音崇圣音乐会"。这是我们第一次走出国门演唱，大家唱得很开心，也很自豪。后来我们还参加学校艺术团到马来西亚、新加坡演出，还举办了两届"银龄之声"音乐会，和香港爱乐合唱团、台湾高雄合唱团连续三年在厦门、高雄、香港举办了"乐与情"合唱交流音乐会，都受到当地观众的喜欢和好评。我们还参加了"永远的辉煌"第十二届中国老年合唱节，也取得了很不错的成绩。

值得一提的是，在老年大学合唱团的那八年，我们先后有三位非常棒的指挥指导、带领我们。最开始是年轻的周干明老师，他认真帮我们训练基本功，对我们的帮助非常大，可惜后来他由于工作原因离开了。第二位指挥是厦门歌舞剧院的吴宏才老师，他来了以后，没有嫌弃我们这些没有经过专业训练，只是爱好歌唱的老同志，而是根据我们的实际情况，耐心地指导、精心地雕琢。他四年来的训练，让我们的演唱水平有了很大提高，向着半专业的目标发展。吴宏才老师离开后，我们请来了孙宏声老师。我们多次演出的成功，离不开他坚实的艺术功底和对我们严谨的训练。

这八年中，除了开心唱歌，另一个收获就是结识了许多好朋友。我们有一位团友说得好："夕阳路上结伴同行。"共同的爱好让我们走到一起来，一同唱歌、一同参加演出、一同出游，就像我们唱的一首歌："你有一颗心，我有一颗心，如果心贴着心，我们就是快乐的人！"合唱团的人员进进出出是很正常的事，但是我们在合唱团里结下的友谊永远留在心里。

（二）战胜癌症，让生命绽放

2010年11月，我突然被查出了乳腺癌。从发现、检查到手术的整个过程，也非常传奇、非常快。那段时间我去北京玩，一个同学来酒店跟我一块儿住。她五年前得了乳腺癌，刚好那天晚上我们聊天，说到我腋窝下面有一个疙瘩，她帮我摸了一下，说："哟，这个可得回去检查一下。"第二天我要坐飞机回厦门，她特别交代我一定要去检查。

回厦门后，我开始上网查资料，并且经我们合唱团一个团员介绍，联系到了跟他们住同一个院子里的第一医院乳腺外科的医生。那个医生人很好，他本来周末不上班，但是看情况紧急，星期天下午就约我到他办公室去检查。查完B超后，医生神色严肃地跟我说："阿姨，你这情况可能不太好。"我说："怎么个不好法？你直说没关系。"他说我这个可能是恶性的。我问他怎么办呢，他说就抓紧治疗吧，一般就是先手术。我说手术就手术，他看着怎么安排好就怎么来。他让我星期一过来，他给我开单，下周就可以手术。我说好，就回家准备手术住院要用的东西，心里一点负担都没有。反倒是我女儿他们很紧张，那天晚上他们研究了半天，第二天跟我说还是去北京手术吧。我想，北京我很熟，我的同学都在那儿，去北京手术也不错。星期一上午决定去北京，下午就买了机票飞到了北京。星期二去找医生检查，医生把我收入住院，决定星期四手术。星期三晚上，医生来跟我商量手术方案，我说："你觉得怎么样好就怎么样。"他说："这个病很难说。"我说："你就治吧，该怎么治怎么治。"所以星期四就手术了，手术很顺利。在北京住了二十多天，等到伤口引流结束，我就回厦门了。回来厦门后要开始化疗，我听说化疗非常痛苦，副作用让人很难受，还会掉头发。一开始还是有些害怕的，后来在网上看到了"兰花草"的博客，看到她得了乳腺癌后怎么坚强面对。她博客里有句话"活着，努力地绽放"，我读到后很受鼓舞，就决心积极认真地应对化疗可能带来的痛苦。

从那以后我的心态就特别好，特别乐观，但是我也得研究怎么样做才对我的身体好。我上网查了有关化疗的知识，了解了化疗病人怎么配合医生治疗。同时也积极跟医生沟通，决定用中医辅助治疗。第一次化疗顺利度过了，肠胃有些反应，但还能忍受。头发掉了一些，挺可惜的，但是精神总体还不错。化疗过程中，有次还跟老伴一起去看老年大学合唱团的演出。他们演出结束后我上台跟他们合影，心想着："我要赶紧恢复，回来跟你们一起继续唱歌。"化疗一共是六次，是挺辛苦的，但是熬过来就好了，很快我就基本恢复正常人的生活了。身体恢复得差不多了，我就和老伴到印尼、日本旅游度假去了。我就是停不下来，虽然得过这个病，但之后这十几年都过得很好，身边的朋友都说我完全是个年轻人的状态，哈哈！

我常常觉得，人生已经很不容易了，人到晚年，唯一要做的就是想办法让自己充实、健康、快乐。身体健康是首要的，在合唱团里每次练唱前，我都会先带大家做一下健身操"八段锦"，跟大家说一定要保持健康，才有快乐的生活。

（三）组建厦门乐之声合唱团

因为身体和其他一些原因，我在 2010 年离开了老年大学合唱团。但是我对合唱的热情没有减少，很快，2012 年，我就组建了自己的合唱团——"厦门乐之声合唱团"。"乐之声"，音乐的"乐"，也是快乐的"乐"，简单明了，一语双关。我创办这个合唱团的初心很简单，就是把我们这些退休老人组织在一起快乐地唱歌。我们的团员能走到一起，组成这个快乐的享受音乐的团队，就是因为我们都热爱唱歌，追求美好的生活。

我们合唱团刚一成立，就吸引了 80 多名团员，日常参加演出的有 60 多人。很高兴的是，指挥和钢琴伴奏也是我的好朋友，他们非常热心地跟我一起针对老年人的声带特点，摸索出了一条适合老年人唱歌、发挥老年人特色的路子，让大家在快乐中歌唱，在歌唱中将快乐延伸，让大家的晚年生活丰富多彩、有滋有味。

2012 年 12 月，乐之声合唱团成立刚四个月的时候，我们就受集美学校泰国校友会的邀请到泰国曼谷参加泰国归侨迎新文艺演出。准备的时间还是比较紧张的，我编排了 10 个节目，有合唱歌曲《雨丝》(泰国国王普密蓬御作)、《不了情》、《香格里拉》，有男声小组唱《朋友》、女声小合唱《洪湖水浪打浪》，还有表演唱《康定溜溜的城》、男女声二重唱《今夜无眠》、印尼舞蹈《瓜果飘香》、新疆舞蹈《一杯美酒》、武术表演《功夫扇》，最后还有手语表演《普天三无》。演出过程中，大家非常投入认真，收获了很多掌声。演出结束之后，我带着团员们一起在曼谷玩了几天，参观了曼谷大皇宫、玉佛寺，夜游了湄南河，接着又去了普吉岛，游玩了攀牙湾和大小皮皮岛，大家都玩得非常开心。

2013 年初，我听说中国合唱协会在组织"伏尔加河合唱之旅"的活动：一艘叫"中国合唱号"的邮轮将从莫斯科出发，沿着伏尔加河，旅行 5 天，最后到圣彼得堡。这样的行程，对于我们这一代人来说，是非常向往和憧憬的。

但是费用比较高，每个人要自费 2 万元，我担心很多老人不一定负担得起，心里就没了底，不知道会不会有团员愿意参加，能不能组成一个团。一开始我觉得希望不大，能有 20 人参加就不错了。后来没想到，我一说这个消息，大家都很感兴趣，连家属也都跃跃欲试，最后报名的竟然有 56 人！参加合唱表演的有 30 多人，另外还有一些家属都参与进来了。

2013 年 8 月，大家如愿以偿到了向往已久的莫斯科。在伏尔加河上，5 天的邮轮旅行，大家尽情地表演、唱歌，欣赏沿途的风景，香港来的音乐家还抽空给大家上专业的音乐课。最后我们在圣彼得堡参加了"中俄友谊之声——圣彼得堡合唱音乐会"，还获得了优秀演唱奖。这一次到俄罗斯演出的旅行，真的是非常幸福和快乐，对我来说是最难忘最有意义的一次经历。

2015 年初，我们还到北京参加了"七彩夕阳唱响国家大剧院——第六届全国中老年合唱艺术节暨全国中老年合唱之星邀请赛"。参加那次活动的有来自全国各地的 24 个合唱团，一共 2000 多人，不少都是国内高水平或者小有名气的合唱团。那一次我们团唱了《我爱你中华》和《迎风飘扬的旗》这两首歌，第一天在中央音乐学院唱，第二天到国家大剧院表演。为了这次比赛，我们强化训练了三个多月，最后演出非常成功，拿到了最高奖"明星金奖"。我们的指挥孙宏声老师获得了"最佳指挥奖"，钢琴伴奏张艺老师获得了"最佳钢琴伴奏奖"。国家大剧院是中国最高的艺术殿堂，能够在那里登台唱歌，大家都非常激动，也觉得平时的付出有收获，很值得。

我一直有个理念，老人的健康就是对社会和子女最大的贡献。这些退休的老人聚在一起，快乐唱歌，保持身体健康，为家庭和社会都减少了很多负担。我对我们团的要求也比较高，平时尽可能正规、科学地训练大家，排练也尽量地挑各种不同风格的歌曲。因为合唱毕竟是一门艺术，我觉得还是要把标准定高一些，要求严格一些，玩也要玩得有水平。

团员们也很努力，排练的时候，有很多老人每天要从岛外坐车进岛。碰到歌伴舞的节目，一些老人从来没有接触过舞蹈，但是为了演好，大家每天练习，一次一次地排练，让我很感动。所以我常常说，我们乐之声合唱团能这样，是团里每个人努力的成果。合唱是一门不能突出自己的艺术，每个人都不能自私，要为了一个共同的目标努力，我的团员们做得很好。

（四）活到老学到老

我学电脑大概是从 2007 年开始的。当时老年大学有开电脑学习班，我就报名参加。实际上我就只去了两节课，因为老师面对的都是老人，都是电脑盲，教学进度特别慢。比如第一节课只教怎么开机，不到两分钟我就学会了，剩下时间就变成老师的辅导员，旁边的老头老太太有问题都来问我，哈哈！后来我就没去了，基本上都是自学。我会买相关的书来看，自己边看边摸索，有时候问孩子们，让他们帮我点拨。我明白了一个道理，就是要把电脑上所有的东西都打开看看是做什么的。比如说我学"会声会影"这个视频剪辑软件的时候，我就把它所有的界面都打开，碰到问题我就问，这样一步一步慢慢就学会了。

老年大学的同学们后来组了个博客协会，我就去参加了。大家都是电脑高手，我们经常互相交流。最早的时候我对写博客特别感兴趣。当时用的是新浪博客，上面可以放照片也可以写文字，我把它当作一个回忆和记录的载体。我在博客上写过回忆常媛和常怀的事情，就有网友要来向我了解他们俩的故事。后来博客慢慢停用了，现在主要用微信上的"美篇"小程序。

我对什么都好奇，比如抖音我也玩。我家跟个办公室似的，复印机、扫描仪、传真机都有。我现在打算把以前的照片都扫描出来，分类保存，做成相册或者视频。我做的视频全部都存在硬盘里，并且上传到了"云"上。因为要做视频，我的电脑配置都比较高，而且一直在更新换代，这样做事才快。

学会了使用电脑和网络，管理起合唱团来也更加得心应手。平时网购合唱团演出服啊，在博客上晒我们合唱团的近况啊，或者用短信发通知啊，这些都没什么问题。每次演出结束，我都喜欢把拍的图片和视频编辑成短片，上传到网络，也刻成光盘发给团员们和亲戚们。到现在我的光盘已经有几十张了，好几摞。做这些事情很花时间，有时候一坐就是好几个小时，让人腰酸背疼,颈椎肩周都受不了,但是能够自己动手,把所有资料一件件整理清楚,又能跟周围的人分享,还是让人很有成就感的,也是很快乐的。

五、中泰亲情永续不断

我父亲1953年回国,第二年我跟母亲和哥哥回国,这之后四十多年的时间我们都没有机会回去泰国。直到1995年7月,我才第一次陪父亲回到我的出生地泰国探亲。

还记得飞机快要降落泰国曼谷廊曼国际机场的时候,我心情非常激动。四十九年前,我出生在那里,如今终于回来看看这个故乡了。去机场接我们的,有我们的亲戚朋友,还有我父亲当年的学生。虽然四十多年过去了,我还是一下子就认出了他们,而他们也一眼就认出了已经八十四岁的我的父亲——他们的长辈、老师。

在泰国的那段时间,我和父亲一起到了泰南的攀牙府——我们在泰国的老家,泰北的清迈、清莱,泰中的曼谷,著名的旅游区芭提雅、普吉岛这些地方,真是跑遍了大半个泰国,看了在泰国的亲朋好友,包括一些改革开放后到泰国定居的漳州的朋友。

曼谷启光公学(父亲曾任该校校长)的几届校友举办了三次聚会欢迎我们。这些华侨子弟当时还是孩子、青少年,现在他们有的是泰国有名的企业家,有的在泰国政府任官员,有的在华人教育、华侨慈善事业领域工作。我觉得特别感动,他们虽然已经入了泰国籍,但始终忘不了自己是中国人,他们的根在中国,所以他们小时候学的华语现在还说得非常好。中国流行的老歌、新歌他们都会唱。

我跟父亲还回到我们在泰国的老家攀牙府达瓜巴县看我的婶婶、姑姑和堂兄弟姐妹们。我们一家四口于20世纪50年代回国,但是我的叔叔、姑姑们都还跟爷爷留在泰国。我和父亲去了爷爷的墓前看他。爷爷临终前有遗言,说不要给他立墓碑,叫我父亲将来有一天要把他的骨灰带回中国。

在泰国的亲戚朋友带我们玩了很多旅游景点。泰国是个佛教国，到处都是佛庙，风景非常奇特，非常迷人。特别有趣的是，很多王室、佛庙的建筑都可以看到中国建筑的元素，说明中泰的交流历史非常久远了。曼谷最著名的大皇宫玉佛寺是泰国王室的专用佛堂，1782年建成，它的四周围墙就是仿中国式的石灰岩墙。皇宫左侧的一个殿堂门口甚至有两尊中国古代友好使者的雕像。泰王拉玛五世建的云石寺的寺顶就是用中国的琉璃瓦覆盖的。而泰国的四大名刹之一——郑王庙就是为纪念华侨郑信建的。华侨郑信在1768年率领军队打败了入侵的缅甸军，被泰人拥立为王。湄南河上有九座拱桥，其中有一座铁拱桥就是中泰建交后中国援助建造的。1988年，当时国务院总理李鹏去泰国访问时，还在九世王御苑内种下了友谊树。九世王御苑是为纪念泰王六十圣寿建的，是曼谷当前最大最完善的公园。公园内有一座中国式的亭院建筑，也是中国政府赠送的。

2012年郑晖回泰国参加侄女莉珊的婚礼

从这些就可以看出，中泰两国人民的友好交往历史非常悠久。在泰国的华人不仅对泰国的经济、社会、文化的发展做出重要贡献，而且成为沟通中泰两国的桥梁。泰国诗琳通公主写过一首诗："泰中自古是近邻，两国人民友谊情。今后往来更密切，传统关系更昌明。"那次从泰国回来，我深深感到做好第二、三代华人、华侨子弟的工作是非常重要的，我们应该通过各种形式友好往来，把中泰友谊保持下去。

这次之后，我每隔一两年都要回泰国探亲、旅游，虽然上一辈的老人先后去世了，但我和亲友们的来往没有断过。现在中泰交往越来越多了，我在泰国的亲戚朋友也经常来中国旅游、观光、拜祖。我堂弟的女儿读书时，学校放假期间都来厦门学汉语。我在泰国的堂妹，60 岁的时候也还请人教她学汉语。我相信中泰两国这种特殊的亲情关系会一直延续下去。

2012 年 5 月，我再次回泰国探亲，主要是为了参加我侄女莉珊的婚礼。几年前我帮她做了一些联系，让她到厦门大学海外教育学院学习汉语，毕业后再回去泰国。她的丈夫就是她当时在厦大的校友，他们在厦大认识相爱的。我这个做姑姑的，无意中给他们牵了红线，所以肯定要去参加他们的婚礼。

用人生的剩余价值抢救闽南文化

——姚景良口述实录

口述人：姚景良
采访人：泓　莹
采访时间：2016 年 1 月 4 日、8 日，2017 年 1 月 12 日
采访地点：姚景良家中、鹭江街道办

【口述人简介】

　　姚景良，出生于侨乡晋江，1956 年进入厦门市公安局工作。1958 年入伍，参加过"八二三"炮战，1959 年作为福州军区代表到北京参加全军通信兵积极分子代表大会。三年之后回厦门市公安局工作，曾任办公室主任。1982 年调至原开元区政府办公室，之后任原开元区开发公司总经理。姚景良自幼酷爱闽南文化，长期深入研究闽南话，著作颇丰。

姚景良

姚景良：我现在八十多岁了，还能到鹭江讲古场讲古算是奇迹。

我一生四次摔伤，脑部和腰部都受过重伤，九死一生。我曾经被医生诊断有不治之症，说起来是恶疾啊。一度对人生丧失了希望，简直就是在等死。后来在朋友启发帮助下，我到书店买《八段锦》一书，自学八段锦锻炼身体，天天运气静练，意念到位，坚持了五年多，终于达到第八式"背后七颠百病消"的境界，我的身体慢慢好了起来。我还坚持不懈地长跑，比如 1985 年元旦迎春长跑、消防系统的"119"长跑，还有马拉松，我基本上跑半程，也跑过全程，一直跑到 2008 年。现在，我仍然坚持每天做八段锦，早上穿短裤跑十公里。

我原来是厦门市公安局办公室主任，1982 年调到原开元区政府办公室，后来又搞企业，到开发公司当老总。当时有朋友连夜找到我说："啊，你要下海，你不怕被溺死啊！"在大家眼里，我就是个书生（笑）。我在 1987 年创办的会议服务中心，当时是全国首创的新生事物。我们做了很多事，先后有北京、天津、西安、南京等地前来取经交流，后来竟形成了会展产业。

我们的职工都过得很好啊，收入高嘛。

我 58 岁就申请退休，当时的组织部部长很不理解，找我谈话，问为什么要提前退休。我思路比较简单，就说我希望我生命最后这段生活长一点，健康一些，"剩余价值"多一点。这是一点小小的私心，留些"剩余价值"自己用。他后来总算理解了，还说我很开明，但只批准我提早两个月退休。

老年人最后的时间就是他的剩余价值，怎么利用这点剩余价值呢？闽南文化一直在消失，我将抢救与传播闽南文化作为实现自己剩余价值的最重要工作。退休之后，我很注意两个方面：一是自我养护，锻炼身体；二是将我积累的闽南文化知识传播给喜欢的人。

我生长在晋江乡下，从小就喜欢听故事。我们晋江乡下，吃饭基本上没有桌子，就端一碗饭，夹点萝卜干和咸豆豉，到榕树下"听古"，听大人说笑话、讲故事，很有味道，大家"话仙"嘛。那时我们吃的大多是地瓜和地瓜干，我曾经开玩笑说，我们晋江人若要写成分，全部是地瓜！（笑）

鹭岛人家

泓　莹：按理来说，侨属不会穷啊。

姚景良：侨属家里没劳力，有时比一般农民更穷啊。我母亲很了不起，
15岁结婚，16岁生我。她年纪轻轻的，要养活我们4个孩子、婆婆、小叔，
还有我伯母和她的子女。伯母小脚，没法"作穑"（下地做活）。母亲一个
人要养活11个人。白天种田，晚上做家务，农闲时跟人到十几公里外的东
石去担盐。担一次两角钱，用来买点火柴或粗纸，动作稍慢物价又涨了。

母亲就是这样劳苦而勤俭地撑起一个大家。虽然是"番客婶"，但有好
名无好命，一生与丈夫相聚不到两年，说活守寡也是可以的。母亲很能干，
1955年农村搞合作社，她还被选为副社长。

父亲早年在菲律宾，先是做童工，替人家扫地，倒尿壶，后来做店员有
了积蓄，自己开"菜籽店"……父亲总共就"回唐山"四次，他挣的钱除了
养家，大部分用来资助亲戚朋友，做公益事业。父亲抗战结束后回乡两次，
我和他相处的时间很少，但他爱家、爱国、助人为乐的精神给我留下深刻印象。
我的父母做人低调，以人为善、乐于助人的品质在我身上打下深深的烙印，
我以他们为榜样，并将这种品质作为家风传承下去。

我早年没书读，因为抗战侨汇断了，家里没钱，9岁我才读小学。父亲
1946年才回来，他鼓励我们好好读书。

我一生中遇到了好几次事故：第一次是8岁时，不小心掉到池塘溺水，
叔叔发现后把我放到牛背上晃动，吐出腹内的水，这才活了过来，我的命是
叔叔救的。第二次是读初中时从吊环上摔下来。第三次是40岁参加公安办
学习班搬家时，从卡车上连人带家具摔下来。第四次是2006年长跑时被自
行车从身后撞伤。

我本应1954年初中毕业，因为从吊环上"倒头栽"摔下来，救了四个
小时才活过来，没有办法只好休学，到1955年才毕业。

本来我小学成绩是前三四名的，1953年摔伤之后，落下一个"鸡眠症"，
太阳下山就想睡，完全没法读书。我本来不想读了，是母亲一直劝，说父亲
希望我们读书，才坚持到初中毕业。

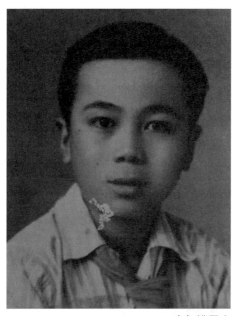

少年姚景良

那时正值农村搞合作社，提倡知识青年下乡，我想自己横竖读不了啥书，就回乡务农。因为表现很好，村里叫我做民兵队长，我还被选派到县里学习，1956 年就入党了。

泓　莹：这么早？您的"鸡眠症"后来好啦？

姚景良："作穑"就没事喽。一天跑十几里，拾粪啊什么都做。不久乡政府让我去培训，回来就做了初级社会计。因为表现好，就被厦门市公安局招工了，那是 1956 年 4 月的事，招的全是乡村青年骨干。1958 年，叫警察也去当兵。我那时很单纯，心想去部队看看也好，就报名参军了，没想到我体检居然全部合格。

1958 年 2 月我们在厦门实验小学集训，其间还淘汰了几个八字脚和患血吸虫病的，到省里又淘汰一次……新兵训练之后，我被选去做报务员，觉得好荣幸啊。我们这些报务员是经精挑细选过的，手要非常灵巧。以前看过《51号兵站》，觉得这工作很神秘，所以我下功夫苦练，用一个多月时间完成一年训练量，三个月就达到三年兵的水平，这就成了爆炸性新闻了。我一分钟可以抄报 170 字，所有的成绩都是满分 5 分，包括射击、体操等，那时叫"满堂红"。我在福州军区很有名。

青年姚景良

　　1958 年 9 月，我代表福州军区参加福建省第二届青年代表大会。正月过后，就是 1959 年 2 月，我被福州军区选派到北京参加全军通信兵积极分子代表大会，受到党政军国家领导人接见并在中南海留影纪念。这样的经历无上光荣，让我终生难忘。

　　那时，连福州军区司令韩先楚都去看我操作呢。这个时候，我觉得自己的智力在部队得到开发了，一般人抄报 130 个字，我竟能抄到 170 个字，而且创造了万组无差错的纪录，这个很难啦。我发报，虽然不算出色，也在 120 个字以上。

　　我是福州军区的五好标兵，《前线报》名记者谢添水特意为我摄影并作报道。他是摄影家，这里很多照片都是他拍的。

　　泓　莹：在部队您的"鸡眠症"还有出现吗？

下功夫苦练（谢添水摄）

姚景良： 没有了。那"鸡眠症"很奇怪，见到书就想睡，人家教我用湿巾捂也没用。每次考试，总有一两科不及格。我很怀念初中的郑衍荣老师，他对我很耐心，简直就是我的启蒙老师。在他的教导下，后来我的作文居然能在班上成为范文。

当兵后体质得到锻炼，我情绪也变化了，荣誉感也得到增强，那时每一次比赛都是第一名啊。在福州时我带了一个班，因为我懂得管理人的要领。要带动一个团队我们不能只顾自己不顾别人，而要盯住那些最弱的来训练，前面十个很好，有两个拉后腿的也不行啊。我的团队就很好。怎么搞互助怎么激发团队精神，这是很重要的。

1958 年，连队成立文化俱乐部，我被选为副主任，负责墙报编辑工作。我制作的《工农兵学文化》的漫画，被通信兵部永久收藏，指导员刘德恭给我报喜。我记得很清楚，漫画画的是三位工农兵同握一根步枪。

"八二三"炮战时，我们从福州调防厦门。当时战斗分前后方，我们属于后方，前方就是炮群，没有多少部队。沿海全部都是高射炮。

那时我们通信兵就住在万石岩，那里是禁区，老百姓是进不去的。我们的部队叫红旗部队，就驻扎在万石岩的一座寺庙附近。部队的营部设在寺庙里，寺庙内里全拆除了，只剩空庙供战时使用，主要是做食堂用。当时也不知道寺庙的名称，是后来寺庙恢复了才知道叫万石岩寺。寺庙的左边是厨房，右边是通信营部，现在那些建筑都拆了。寺庙重新装修了，很派头。

首都天安門留影 1959.3.北京大以楼

1959 年姚景良摄于北京

在新兵连时学习拆装枪械（谢添水摄）

刻苦训练（谢添水摄）

我们的团队

万石岩寺正大门小石桥左边岩石上有"山高水流"的石刻。那个石头现在还在。当时没有自来水，我们吃的用的都是山泉水。水很清，流到下面形成水池，清澈透明。现在见不到山泉了，往上走一点可以看到几段截流，基本上是死水。

万石水库现在只是景观，没有其他价值。未造水库之前，万石岩的水淙淙地流进中山公园，中山公园的活水从斗西、豆仔尾入海……"文革"时中山公园被炸后，小河全然是死水。后面几经改造，花了多少钱去治理，都不如从前。

当时我们所有的工作都在地洞里开展，不管是发电报还是收电报，电话总支就在我们现在看到的水库那边。我们是后方，是为前方服务的。万石岩这个红旗部队是直接听叶飞命令的，可惜叶飞当时坐镇的小楼现在也拆了。

"八二三"这天我们参战了。不过，我发完报后的第二天，就被吉普车带到福州连部了，当时应该是韩先楚要到连部来观摩，由我表演抄报。

1959 年 1 月，我去闽北参加了一次剿匪活动。

在政和与松溪交界，有一个姓苏的大队书记带头叛乱。他因为私仇杀了同胞兄弟，这个兄弟是原来的大队长和民兵队长。他杀了人，拉了一帮人马和枪支上山当土匪。

鹭岛人家

当时部队派一个连进山剿匪，这个连比我们早一天到达，他们已经听过公社汇报，收集了情报，并开始着手布控与围剿。但深山野林，交通不便，没有电话，所以需要我们用电报来联络。

那是 1 月 6 日下午，连部下达了紧急命令，召集了我在内的 4 个人。指导员刘德恭说："刚接到福州军区命令，团部派车送你们四人去闽北山区协助剿匪，军区会派一个班保护你们和电台。"紧接着连长王日聪分配任务："由一排排长李大元带队，姚景良负责收发报，张进忠和黄炎山为摇机员。带八瓦电台一部、马达一台和相应的配套设施，还要带上步枪和生活用品。晚饭后准备，明天出发。"

第二天早上，军车带着我们出发了。路面崎岖，颠得大家难受极了，下午 5 点才到屏南招待所。第二天清晨，军车把我们送到大山边上，我们雇了两个当地人当向导，到时一些民兵已经在等待了。我背着电台，张、黄二人背着手摇发电的马达和其他配套设备，民兵帮我们背生活用品，一行人开始出发。

这是在屏南、松溪和政和交界处，非常偏僻，山路很难走，路上不见人影，唯有"十里一长亭"。进入原始森林，平日罕见的飞禽走兽蹿来蹿去，我们既好奇又害怕，当然更怕土匪打来冷枪，一路不敢随便停下休息，渴了就喝些甘甜的泉水……

整整走了一天，天都快黑了，才到一个小村庄，看到两个等我们的人，其他村民不见踪影。他们说，百姓原先以为先来的剿匪部队是国民党军队，纷纷关门闭户，现在知道是我们就不怕了……

我们住在一间比较大的木屋里，李排长放下行李赶紧去临时指挥部报到，我们迅速将电台安放完毕后，才开始整理床铺和其他用具。不久，李排长回来了，具体谈了我们的任务。

大概经过四五天的"攻心战"和广播喊话，陆陆续续就有几十个人出来投降。我们再反复喊话，甚至利用亲人的呼唤，不断有人投降。一个星期左右，有一百多人出来投降。最后剩下顽固死硬的十多个人，被当场击毙数人，有五六个人被活捉了，包括那个姓苏的罪魁祸首。

于是剿匪宣告胜利，我们担负的承上启下联络、传达军区的指令、上报剿匪进展及其他信息任务等工作顺利完成。我们1月17日返回，19日回到连队，指导员和连长在门口迎接。

当年，这偏僻山沟百姓的生活实在太原始了，就给我留下深刻印象。

他们种的地是高山梯田，大的长条状，小的方块状，最小的只有三四平方米。耕地时一人拉犁，一人扶犁，连牛都见不到。收完稻谷，火烧稻草肥田，作物是稻谷和蔬菜，没有杂粮。伙食虽然简单，却是充足的，人少田多，多出来的粮也运不出去。我们在那儿住了十来天，天天吃当季米煮的米饭，特别香。

蔬菜以萝卜为主，可以拿来腌萝卜干和萝卜缨，也就是块根和叶都可以利用。至于副食，猪是家家轮流养，宰杀后平均分配，各家制作储藏。过年过节或有贵客来访才烹食。过年，还可以吃到一点咸鱼。当地还有一种树，刮破树皮，流出来的树汁可以制作粉条，粉条也是待客用的。我们当时的配菜基本上是腌萝卜菜叶，偶尔有炒粉条。

没有公共厕所，家家都有直径近两米的大粪缸，缸上横着两片木板，搭起杉木顶，围上草木相间的"墙"，四面漏风，甚至不能遮羞。我第一次上这主要用于积肥的"缸厕"，实在是心惊胆战：一是木板晃荡，粪池一有动静就粪水四溅，二是担心有人进来，只能草草了事。

没有电，人们晚上早早就睡了。他们的照明用具是长一米、宽三厘米的竹管儿，听说要在泥土里埋一周，取出洗净，晒干后便可烧亮照明，点完一条再点一条。当时我们带着粗蜡烛，但偶尔也用竹条。冬日老人们取暖，多半就是端着火笼晒太阳，总之生活条件十分艰苦。当地人说的不是福州话，可能是闽北客家话，我听不懂。偶尔交谈，听到他们说晚上叫"暗暝"，这音义又和闽南话十分相近。

参军十个月，部队就要让我去西安深造。当时我们的班长，上海兵，劝我不要去，他说我是从城市来的，跑那么远干吗，以后找老婆都困难喽。我想想也有道理，就不去了。

　　1960年2月3日，我返回厦门红旗部队四小队无线电报二台任代理台长。6月17日，据说美国总统艾森豪威尔将公然窜访台湾，我们这边要给他个下马威。那时不能用电话，只能用无线电报联络。指挥部指定让我值班，我担负着接受党中央、中央军委的发炮命令，并传递这个命令给叶飞司令员的任务。哇，那个紧张啊！

　　当天，国民党电台干扰信号严重，我紧张得一直冒汗，连长站在我身边，叫我不要紧张。大概是晚上六点下达命令，我这边收完传过去后，叶飞下令开炮。我完成任务后跑出来看，天空一片红，硝烟和夕阳搅在一起……

　　我光荣地完成了任务，也算参战人员了，那时参战人员可以申请战地补贴，一个月600元，我没去申请。

　　就这样，我服役三年后退伍，1961年回到厦门市公安局工作。

姚景良在
部队时的照片

姚景良转业后回到厦门市
公安局工作

　　我在部队三年立了四次三等功，都是业务成绩太突出的缘故。

　　我在公安局文保科当内勤。当时内务工作叫内保或者文保，医疗、文教、卫生都管，内勤岗位与部队文书类似吧。当时我连简报都不大会写，科里两个科长，一个北方人大老粗，另一个是厦门人姓肖，很会写文章，还很认真地改我的文字，连标点都很注意，所以我认为他是我很好的老师。

我努力学习机关文化，进入机关夜校读书。高中程度毕业后又读古典文学、形式逻辑等课程，直到"文革"时才中止。我努力提高自己的基本功，否则不可能有现在这样的水准。

泓　莹： 您 1961 年又回到厦门，在三年困难时期，应该没饿着吧？

姚景良： 还算正常，那三年我在部队。母亲他们也没饿着，有侨汇呢，父亲定时寄一百块。

泓　莹： 您后来为什么又调出公安局呢？

姚景良： "文革"的原因，办专案，又得罪了"头家"。上面怀疑我有什么问题，我感到很冤枉，所以后面就调出来了。

泓　莹： 您一直坚持做闽南文化研究？

姚景良： 我一直没放弃，但早期没什么人知道，因为我从不占用上班时间。直到 1988 年，有一天原开元区文化局局长沈松宝找到我，说福建省发了个通知，要抢救闽南文化，叫我要做些贡献。原来是有一天值班的时候，我整理闽南方言被他看到了，他叫我整理一份送上去。后来省里反馈给厦门文联，杨钧炜就来找我。第一本书就是这样来的，以我的研究成果为主，做了一本小册子，很粗陋，就是《中国民间谚语集成·福建卷·厦门分卷》。

就这样，后来市民俗学会来找我，说要做闽台方言研究，由群艺馆召开会议与台湾人交流。李永裕、李熙泰他们主编"厦门文化丛书"，其中《厦门成语》一本由我来编撰，写闽南话与普通话的对应，比如"掠龟走鳖"等，然后请厦门大学许建生来统稿。后来，在陈耕、曾学文的帮助指导下，又做了一些书。当然，这些书不仅仅是我自己的成果。

现在，我主要做闽南方言别字别称，我一本一本地写，一字一字地说。闽南话与普通话差异太大。闽南方言用的是古汉字。这些手稿都编好了，序言也写好了。

从土改到现在，民间有些顺口溜，很有生活气息。比如当年布票紧张，国家进口了一些日本化肥尿素，袋子是尼龙的，大家都很稀罕，都拿来做衫裤。

还有一些三句半、谜语、数字对联、民谣等。我更多的是收编了《闽南民间故事》五百则左右，《闽南幽默小品》《闽南习俗》《闽南俗语集锦》共有内容十万来条。我收编的范围广，内容多，自己读起来津津有味，自我陶醉。

儿时听古，引起我研究闽南文化的浓厚兴趣。研究需要长期积累，经过考证，最后才能确认。可以说一生一世，我都在研究闽南文化，搜集闽南话故事，辨析闽南方言用词用字。我在部队里还托亲友搜集老故事呢，直到现在我还到处寻找会讲民间故事的人。有一次去采访一位老先生，第一次去人还在，第二次去就不在了，连他自己珍藏的话本都被烧掉了——闽南有把东西烧给逝者的风俗嘛。

抢救即将流逝的闽南文化，这是和时间赛跑的事。

我收集整理了数百个闽南近现代故事。这些故事源头多，版本也多，我认真做好搜集、整合、校对、考证工作。遇到一些生僻字尽量查字典核对，比如查《辞海》《康熙字典》。做这些事是很辛苦的，但不认真不行啊，闽南文化中很多东西，七十岁以下的人已经不懂了，这些东西再不研究整理就没了。只有形成文字，才有据可依（或许还能留下来吧）。

姚景良先生和他的宝贝

闽南话用字很有意思，有的字词典里找不到，就民间造字，造字方法有组字法，有拆分法。我在赖厝埕讲故事，涉及方言问题就一点一点解析，顺带可以谈论许多有趣的民俗问题，说一些老少咸宜的故事。电视台曾经请我去讲古，我讲过一段，但自己不太喜欢。我最喜欢的就是赖厝埕讲古这种没有拘束、自然互动的民间形式。

我研究的是原汁原味的草根文化内容，没有深厚的闽南文化积淀和持之以恒的采访与收集，光坐在书斋里是做不出来的，研究这些东西要接地气啊。我退休十九年，除了锻炼就是到处采风。回家就动脑筋，然后写作，有时说一段故事，有时编一个小品。欣喜的是，我的粉丝们说，他们终于听到原汁原味的闽南故事了。

我能利用我的剩余价值，从事我最喜欢的闽南文化的研究与传承，与热爱闽南文化的人"斗阵来讲古"，分享这份文化遗产，也是一种缘分。我活到这个年纪，还能在这里讲古是一种福气。但生命还能给我多久时间？我们现在是两周一次，一次一小时，从文字开始讲，一个字就可以讲一小时。以我的积累，说上十年也说不完啊，所以我每次都尽可能多说一些。

现在有的电台、报纸上使用的闽南话错误很多，用字用词太随意，太生硬，甚至乱来。我个人认为，闽南话的表述，能与普通话在意思上一致的就尽量保持一致，的确无词可用才用普通话中的同音字代替，否则写出来谁也看不懂？比如"婚陶麦卵蛋"（烟头别乱丢），这样的句子谁看得懂啊。再比如把苍蝇写作"户神"，户神是什么？是门神吗？这太糟糕了。

读音也很难强求一致，泉州比较软，漳州就比较硬，厦门比较平。据厦门大学20世纪60年代的调查，闽南话有上百个不同语音分支。关于方言辨析，大家能提出不同意见更好。大家一起来探讨、研究，把这份文化财富留下来，不能白白让它们流失喽。

鹭江上的一朵浪花

——朱志凌口述实录

口述人：朱志凌

采访人：何宏杰

采访时间：2022 年 10 月 6 日

采访地点：朱志凌家中

【口述人简介】

朱志凌，女，1954 年 4 月出生。1973 年毕业于厦门一中，1988 年毕业于经济管理刊授联合大学厦门大学分校，2000 年毕业于厦门大学新闻专业证书班。编辑过《钟文献诗集》《特区的孩子看特区》及期刊等，出版过《笔下人物》《爱乐文集》个人专集。1973 年至 1976 年 12 月下乡到厦门东孚山边；1976 年 12 月至 1983 年回城到厦门电影系统工作；1983 年至 1989 年调到厦门针织厂任广播员、打字员；1989 年至 1992 年在厦门《特区少儿文学报》任发行部主任兼副刊编辑；1992 年起任厦门市企业管理学会专职副秘书长；1994 年 12 月至 1999 年 4 月在厦门《鹭风报》任副刊编辑兼记者；1999 年 6 月至 2006 年 7 月任厦门爱乐乐团第一任办公室主任；2006 年 8 月，应厦门宏泰集团之邀，到厦门宏泰名典乐器琴行任培训部主任兼厦门宏泰艺术中心主任；2007 年 4 月，应中央音乐学院鼓浪屿钢琴学校之邀，参与学校筹办工作；2009 年 3 月，应厦门市委宣传部之邀，着手筹建厦门市文化创意产业协会，任第一任驻会副秘书长；2014 年，创办公益性讲堂"朱妈讲堂"，致力于帮助年轻人创业，至今已举办逾 100 期。

一、父亲——大山里走出来的干部

（一）贫苦的家庭和青年时代

我的父亲朱盈国，1928 年出生在漳州平和县福塘村。那是一个动荡的时代，但战火还没有完全波及大山。只是在旧社会，穷人连起码的靠劳动养活自己一家人的权利都没有。没有土地，要劳动就得租用地主的地。种人家的地，一年的劳动果实要拿 60% 以上交地租，遇上灾年，全部收成交地租还不够，还得负债。祖父年轻时为了谋生，不惜用瘦弱的身体去建筑工地扛大石条，年纪轻轻就把腰压弯了，再也没法从事重体力劳动了，只能去学一些手艺，赚取微薄的收入，但这连自己都养不活。

祖母年轻时就得挑起一个家庭的重担，想方设法地维持一家人的生活。父亲从小就跟着祖母上山砍柴、耙草去卖给人家当柴烧。就这样，还经常受地主阶级的欺侮，一家人吃不饱穿不暖，过着半饥不饱的生活。

听我叔叔说，父亲从小爱读书，但是家里穷，付不起学费，好在族里有公产可以供他上学。先祖宜伯公，有八个儿子，分成八房，我们是三房。每房都有公共的土地房产，大家一起种，收成后留一些做公产。谁家的孩子会读书，就用这部分公产付学费。喜欢读书的我父亲，就一边读书，一边帮家里干活。得来不易的读书机会，父亲很珍惜，在小学经常考第一名，引起了老师和族人的重视。他们说服了族长，从公产里拿钱来支付父亲上中学的费用。可是好景不长，因为靠公产读书的人越来越多了，族长就找借口取消了补贴，父亲从此失学。

抗战胜利，老百姓还没有来得及高兴，国民党又来了。有消息传来说，要抓父亲去当国民党兵。他不想当兵，连夜逃跑，想跑到厦门找祖父，当时我祖父在厦门谋生。我父亲跑到漳州的时候，得了一场病（出天花）。幸好在同乡的护理下，得以病愈，到了厦门找到我祖父，总算是脱离了当兵的危险，安定下来了。

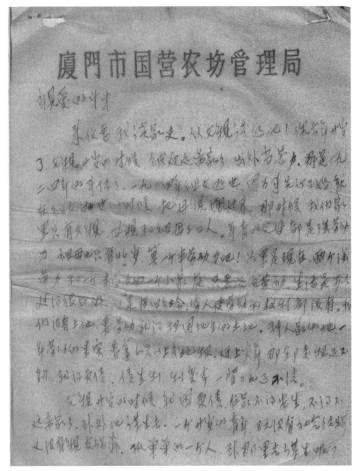

朱盈国应弟弟的要求写的家书，讲述家族历史

到厦门以后，父亲先到位于厦禾路体育场附近的奶牛场做工，后来去了酱油厂当工人，在那里一直干到厦门解放。

经历了艰苦生活的父亲，盼到了厦门解放，他积极参与工人运动，很快成为工人中的积极分子，成为党培养的对象。据我叔叔说，我父亲1952年担任了市劳动局的副局长，1959年到市总工会当了副主席，主持了当时的工人文化宫建设。

1964年，父亲调到原开元区当了区委副书记（没有正书记）。因为文化程度低，直接影响了他后来的提升，但这并没有影响他对党的耿耿忠心。我们看到的他，总是在认认真真、勤勤恳恳地工作。

一直到"文革"那一年，他被下放到南靖县。他自己要求下到大队，当时生活条件很差，住的地方蚊子、跳蚤很多。父亲老花眼看不到，抓不了，只好由它咬，吃的也很差。我下乡后，曾经和叔叔去南靖看过老父亲，他很开心，给了我一些他们自己种的橘子。后来他调到公社，再后来才回到厦门。

（二）建设引水工程

回到厦门后，作为比较早"解放"的干部，他被市政府任命为第二把手，主持了九龙江北溪引水左干渠工程（厦门段）的建设。

1971年，为了开发和利用九龙江流域，使九龙江更好地为沿岸人民服务，缓解和解决厦门地区工农业生产、人民生活用水困难的问题，经中央批准，九龙江北溪引水工程兴建动工。1971年10月，在集美组建九龙江北溪引水左干渠工程（厦门段）建设指挥部。设计与施工任务均由指挥部负责，工程1972年5月动工兴建，1980年5月1日竣工。

今天想要找到当年建设的史料已经难上加难。2007年方志出版社出版的《厦门水利志》记载：1973年7月16日，厦门市革命委员会成立厦门市革命委员会水利局，朱盈国任副局长；1975年7月20日，机构改名为厦门市水利电力局，朱盈国任副局长，任期至1980年11月。与我父亲搭班的局长均为丁德举。

九龙江北溪引水左干渠工程（厦门段）建设历时八年，分三个阶段。

第一阶段——岛内工程。1972年初，经中共福建省委批准，在整个北溪引水工程未获得中央正式批准的情况下，提前动工兴建岛内工程。自1972年5月至1974年4月，先后建成高集海堤石砌渡槽和集美、安兜、高殿三个电灌站。1974年8月兴建安湖支渠。

第二阶段——岛外工程。工程建设指挥部根据工程建设点多、线长、工程量大、技术难度大等特点，制订出先打隧洞、暗涵攻坚战，再发动全市力量突击开挖明渠的施工方案。1973年3月，进行茂林暗涵及部分建筑物的试验性施工；10 月，工程被迫停工。1975 年 2 月，工程重新启动，成立市头、茂林两个工区。市头工区采用隧洞、暗涵同时施工的方案。

九龙江北溪引水左干渠工程

　　第三阶段——会战阶段。粉碎江青反革命集团后，中共厦门市委决定发动全市力量展开工程会战。第一次会战自 1977 年 12 月下旬开始，发动全市10 个部、委、办，72 个区、局，数以百计的工厂、街道、郊区各公社万人上场，突击完成市头暗涵进、出口 550 米，茂林暗涵 310 米、出口 200 米和马銮湾明渠 2 公里的开挖任务。第一次会战于 1978 年 3 月底结束，后转入专业施工队抢砌暗涵施工。第二次会战自 1978 年 11 月开始，民工队伍以区、公社为单位组建，上场 2 万人，负责市头、茂林暗涵地段的回填，开挖茂林进口暗涵 920 米，开挖干渠 13.4 公里。1979 年，组织专业施工队施工会战后遗留下来的暗涵、易塌渠坡砌筑等工程；10 月 25 日打通全长 1141 米的茂林隧洞；11 月 12 日茂林暗涵全线完工。至此，九龙江北溪引水左干渠工程（厦门段）除支渠、配套建筑物外的九大项目全部建成。

九龙江北溪引水左干渠工程（厦门段）于 1980 年 5 月投入运营。工程总投资 1435.43 万元（未计地方自筹资金），使用劳力 490.05 万人次，完成土石方 292.67 万立方米，其中土方 280.28 万立方米、砌石 11.68 万立方米、混凝土 0.71 万立方米，使用钢材 1039 吨、水泥 12697 吨、木材 7650 立方米。

从父亲的履历和北溪引水工程的建设节点看，可以说他经历了九龙江北溪引水左干渠工程建设的始终。整整 8 年时间，为了这项至今仍在发挥巨大作用的工程，父亲始终奋斗在工程第一线，没日没夜，我们想见他一面都难。

（三）负责厦门市污水处理工程

引水工程建设结束后，作为副局长的父亲，又接受了一个新的任务——负责改造厦门第一次污水处理工程。

20 世纪 80 年代，厦门由于围堤造地，把原来通往大海、可以自然更换潮水的筼筜湖出水口堵死了。周边居民的污水都排到筼筜湖，人们只要走到湖滨南路，远远地就能闻到臭味，自古流传的厦门八大美景之一的"筼筜渔火"成了臭水湖。因此政府决定治理筼筜湖的臭水，还清新于民，并成立了筼筜湖治理指挥部，父亲又调到了指挥部负责污水处理项目。我们家也从图强路的市委宿舍搬到了位于湖滨南路上的污水处理厂宿舍，每天闻着臭气过日子。

虽然家离父亲的工作单位近了，但老父亲并没有天天在家里，还是整天泡在工地上。记得当时建成了污水处理厂，有很大的污水处理池，把周边排往筼筜湖的生活污水都集中到污水池里，用科学的方法进行处理。同时，把当年围海造田堵上的海堤打开，修建闸门，涨潮的时候让海水进到内港，退潮的时候让海水把湖里的水带出去。这样不断反复循环，用自然的力量把筼筜湖的水换了个遍。同时组织挖泥清淤，把多年沉淀在湖底的淤泥挖掉。经过多年的治理和努力，筼筜湖的水清了，每天两次的潮起潮落让筼筜湖恢复了生态平衡，周边的空气也清新了。

政府在筼筜湖周边修建了美丽的白鹭洲公园，这里成为举办大型活动和市民休闲散步的好地方。白鹭洲越来越美了，现在也成为游客的打卡地了。

污水处理厂后来并入厦门市公用事业局，后来又改为市政园林局下属单位。老父亲就在市政园林局退休。

当年，记得在公用事业局，他担任副局长同时兼任第三产业的负责人。有一段时间听说他们单位在招工，我朋友鼓动我去应聘，结果老爸一口回绝，不允许我去他的单位应聘。

（四）人生的最后

2006年国庆，辛苦一生、耗尽体能的老父亲已经骨瘦如柴。病魔侵蚀了他的身体，他一边要求回家，一边睁着那双无神的眼睛看着这个他即将离去的世界。

中秋的前夜，我守在病床前，心里期盼着老父亲能与我们再次共度中秋。可是，一个晚上医生连下两次病危通知，值班的医生不停地在他的病床和办公室之间来回奔忙，还是无法挽回他的生命。中秋节凌晨四点多，为厦门建设事业奋斗了一生的老父亲离开了我们！

顾不上号啕大哭，我赶紧打电话通知全家人，紧接着强忍悲痛开始为父亲办理丧事。那天是10月6日，正是国庆长假期间，要去办理讣告及户口等手续，但又碰上公休假期，只得想办法去找人帮忙办理。

我和妹妹正伤心父亲走前什么话也没说，什么遗嘱也没留下。可是赶来的弟弟说有的，父亲曾经交代过他的身后事。弟弟说，就在老父亲走的前一天，父亲把他叫到床边，郑重其事地交代他："不办丧事，不通知任何人，讣告上不写职务，只写共产党员。"

不办丧事？不通知任何人？怎么可能呢？这么一个为党工作一辈子的人，离去时不告知大家，大家会怪我们后辈的。

讣告上不写职务，只写"共产党员"？老父亲从中华人民共和国成立初期就开始担任干部职务，一生中当过市总工会副主席、市劳动局副局长、原开元区党委副书记、引水工程总指挥、污水处理厂筹备处主任、水利局副局长、农业局局长、公共事业局副局长、公共事业局总公司总经理等职务，到最后他却不愿在讣告上写上他的职务。

父亲没有遗产，因此他不用交代如何分配财物。

不让办的丧事最终还是办了，从全市各个角落赶来的不仅有同期为官的同僚，也有曾在他手下工作多年的部下，更有一大批他曾经帮助过的人。有些人我们都不认识，一问才知道老父亲不知在多少年前帮助过他们……尽管是假期，可是来送他的人还是挤满了殡仪馆的整个院子甚至过道。不知道老父亲在天之灵会不会怪我们惊动了大家？

讣告上真的没写他的任何职务，这是他最后的心愿。一个共产党员，生前为党尽责，离去光明磊落。

十多年过去了，父亲的遗嘱仍然回荡在我胸中。谁说他没有遗产留给我们？这就是无法计算价值的遗产啊。

二、童年至少年时期

中华人民共和国成立五年后我诞生了。

小时候，我家住在中山路绿岛饭店后楼的楼上，那是华侨委托外婆看管的房子。我们一家五个人，和外婆挤在前后总共只有三间的房子里，很是拥挤。我很少看到父亲，他总是在工作，母亲也总是在工作。我们的童年时代，基本是和外婆一起过的。

1959年，我五岁。那一年厦门遭遇几十年未遇的大台风。在空前强烈的台风和风暴潮影响下，厦门、漳州沿海灾情严重，满目疮痍。中山路外婆家并不结实，到处漏雨，通往天台的楼梯顶上的那个小屋顶摇摇欲坠。当时父亲是原开元区主持工作的党委副书记，母亲是厦门针织厂支部书记，两位书记都管自己的单位去了。屋外雷鸣电闪，屋内雨滴不断，整座房子好像在晃，幼小的弟弟吓得号啕大哭。可父母亲不在家，他们顾不上我们。我记得母亲戴着个大斗笠，挽着裤脚，从楼下浸满水的小院子走出去。晚上，大台风把外婆家通往楼顶天台的楼梯屋顶吹走了，满屋都是水，可只有外婆管着我们三个孩子，父母亲都在领导单位的人抗灾。在父母那里，单位比家庭重要，这也在小小年纪的我心中留下了种子。后来，我也成了把单位看得比家庭重要的人。

后来，我们家搬到原开元区政府大院里住了。我们住在一幢小楼里，楼下有个小小的院子，我们住二楼，三楼住的是武装部部长的家。那房子客厅非常大，还有四个房间，父亲就把奶奶从平和老家接过来住了，有时候叔叔也来。

虽然就住在他工作的单位里，可我们照样很少见到他。每天，警卫员送我们去上学，回家后就跟保姆和奶奶在一起。同学们在学校里都说些这里那里的好玩的事，可我们却没有什么可说的，我们能玩的地方就只有区委里那个很小很小的花园。有时候，我们也跑到离我们家只有一墙之隔的区委大会议室去玩。没开会的时候，那里就是我们几个小孩子的天地。开会的时候，我们就躲在门外偷听父亲在会上慷慨陈词，当然我也不知道他在说什么。

1962年朱志凌一家合影

我小学刚毕业那年，"文革"开始了。父亲从区党委书记一下子变成"走资派"，很快就被关禁闭了。最初关在区委大院里，造反派通知我们可以送饭，保姆便每天做好饭，让十一岁多的我去送。我得从新搬的图强路的家中，走路到位于故宫路的原开元区委里送饭给父亲吃。走进那曾经住过的地方，我心里格外别扭。一路上，满街都是大字报，其中也有打倒父亲的。虽然我已经识字，但我绝不去看那些攻击父亲的言辞。有一次要给父亲送饭，保姆炒好花生，我拿着一个塑料袋，从锅里直接把热的花生装到袋里，结果袋子立刻就化了，花生掉了一地，我急得哭了。还有一次，母亲把一张小纸条装在要给父亲的烟盒里。我去送饭时，造反派是要检查的，结果被他们检查出来有纸条，之后就再也不让送饭了，我们也不知道父亲在那个阶段吃的是什么。后来，母亲也成了"走资派"，我们从干部子弟瞬间变成了"黑帮子弟"。

后来，"文革"斗争越来越激烈了。父亲虽然可以回家来，但每天都要被他们批斗。当时，我们每天都在阳台张望，等着父亲回来。曾经在会上慷慨陈词的父亲戴着报纸糊的高帽，胸前用极细的铁丝挂着一块很大很重的木板，上面写着"打倒走资派"之类的文字。那段时间，我第一次看到他眼里流出的泪。那个场景，那种感觉，至今难以忘却。

接着，就是没完没了的抄家，家里所有值钱的东西都被抄走了。而我自己最宝贝的东西——在北京读书的叔叔寄来的邮票贴成的邮票册，当然也被抄走了。我们经常被半夜三更的狂敲门惊醒，造反派三天两头地半夜来抄家。我带着十岁的妹妹和八岁的弟弟应付他们，胆子就这么练出来了。

随后，父亲被人带走了，说是带到农村去做检查，实则被农民兄弟保护起来。母亲则被工人兄弟保护起来。很幸运的是，被保护起来的他们没有挨打。家里只剩保姆和我们三个分别只有八岁、十岁、十二岁的孩子。造反派想占我们的家，想让我们搬到位于钟楼下的干部宿舍里。父母亲不在家，我就是不肯搬，死死地护着我们的家。一次，从阳台上看到造反派来了，等他们走到三楼，我从四楼往下泼冷水，趁他们被水浇得一身狼狈时，把门一关，怎么叫也不开。还有一次，他们走到三楼我才发现，只好一手铲着一铲热煤灰，一手把门。一开门，猛地把煤灰往他们身上一撒，赶紧把门锁死，任他敲得惊天动地，就是不开门。

鹭岛人家

武斗的时候，我们位于图强路高坡上的家成了革命派的堡垒。他们拿着枪，直接把我家朝北的玻璃窗捅破，冲锋枪就架在窗台上，冲着当时位于深田路的市委一顿猛打。我和弟弟妹妹及保姆就躲在朝南的房间里，天天听着枪声过日子。那边打过来的穿甲弹把我们家厨房阳台上的几个大砂锅都打碎了。有一次，保姆正走到厨房门口，一颗穿甲弹从厨房阳台的门框里射进来，正好从她头上穿过，把她的头发烧焦了，吓得她领着我们三个小孩连夜爬过层层沙包筑成的街垒，逃到了位于中山路的外婆家。

后来，父亲"解放"了，回家了，可不能上班。但他并没有垂头丧气，而是难得有空地管没有学上的我们读书。他到离家不远的警备区去找了一位部队的干部陈立奎来教我们读书。当时粮食限量供应，市民按人头定量分配一点大米、一些面粉。分配的面粉，很多厦门人不会做，父亲就去请原来机关里的干部教我们做面食。因此，在南方长大的我和妹妹从此会做馒头、包子、饺子，甚至擀面。

好不容易复课了，我们却因为是"黑帮子弟"而被指定最后一批入学。1968年12月28日，历经艰难的我们终于走进了中学的大门。可那是什么样的学校啊？厦门一中的好多教室窗户都没有了，有些教室连课桌椅都没有，我们就坐在地上上课，记得上得最多的课是如何写大字报……而老师们和原来学校的领导们有好多也被关着，好像还派学生去看守。

那时每天一进教室就看到课桌上用白粉笔画的界线和骂我们这些"黑帮子弟"的口号，不愿意再回首那破碎的教室和无奈的老师；可始终不忘的是一中毕竟给了我们知识，也给了我们骄傲。

想想在中学时，我也为城市建设做过自己的贡献。记得开始围海造田时，为了把筼筜湖填起来，全市人民都要拉土去填海。我们从一中的后山上挖了土，三个人拉一部板车，从一中拉到东渡。记得当时的工作餐只发馒头，我们一路上连手都没得洗，吃馒头时，一手推着车，一手拿着馒头啃，还自己逗乐："不干不净，吃了没病！"如今，我们拉过板车填过土的地方叫湖滨西路，已经是非常美丽的一条风景线了。每当走在上面，就想起自己也曾经在这里洒过汗水。

三、我的人生幻灯片：民工—知青—售票员—广播员……

（一）引水工程的民工

1971 年，父亲担任了引水工程厦门段的总指挥。指挥部设在集美堤头的一座小楼里。父亲就住到了位于集美的指挥部里，其实那里离家不是太远，可他很少回来，全身心地投入那对厦门人民来讲是很重要的民生工程。而勉强从"复课闹革命"的一中毕业还没有找到出路的我，第一时间被父亲抓到工地干活，连跟我最要好的同学也被父亲动员到了工地。

当时我们在杏林段，每天的任务就是刨土，然后一车一车地拉走。刚毕业的女中学生，哪会干这种粗活啊？反正整天就和大家一样，站在黄泥土里，挖啊挖啊，硬是挖出一道长长的渠道来。后来，一位老大姐可怜我，让我去了卫生站，学当"赤脚医生"（其实我连当护士的资格都没有）。不过，她教会了我处理伤口、包扎伤口，采草药，打针。那也是我第一次与卫生行业接触，学习了工地救护的基本知识。

（二）光荣的下乡知青

不久，知识青年上山下乡的热潮又一次袭来。当然，这热潮也传到了工地上。为此，父亲特地把我叫到他的办公室，也就是引水工程指挥部二楼的一间办公室。尽管我在他管辖的工地上干活，但我很少到他的办公室。

父亲名为跟我商量下乡的事，其实是命令。我只知道点头，接下去的一切我就不知道怎么回事了，一切全凭父亲安排。后来我才知道，在那间办公室，我们父女俩策划了一次"秘密行动"。我这个长女的下乡，完完全全瞒着母亲，连妹妹都不知道！

1973 年 12 月 5 日下乡那天，我可享尽了一生中的风光。我们披红挂彩，戴着大红花，无数辆卡车载着我们，在仅有的中山路和公园南路等主要路段游行了一圈。好像全厦门市都惊动了。当然，记者也惊动了，一位广播电台的记者张飞舟跟随我们的车队进行采访，后来他还经常到知青点去看望我们，成了我们的好朋友。他也成了我的写作老师，一直到现在都在指导着我的写作。

据我妹妹说，当时母亲是从广播中听到父亲"带头送女下乡"消息的，气不打一处来，这么大的事居然瞒着她。后来一到吃饭时间，母亲就在我的位置上摆上我的筷子，然后不停地哭。

朱志凌戴着大红花光荣下乡

这是我在下乡那天被记者拍下的照片，收藏到今天已经快五十年了。

厦门大学郭志超教授看到我这张照片，很惊奇地说，别人下乡是凄凄惨惨，泪流满面，而我却是一脸踌躇满志，充满向往。其实当时我脸上的那种期待，也许是被领震天的锣鼓给激起来的。才十几岁的我，哪懂得以后要面临的是什么样的生活啊？只是从那一天开始，下乡知青成了跟随我一辈子的身份。

下乡的日子虽然艰难，但我们苦中作乐，还是得到了很大的锻炼。我们这批在郊区下乡的知青因为离家近，粮草可以随时补充，要回个家也方便。我们下乡的第一个春节，就是好几个人约着戴着大斗笠从东孚骑自行车回到厦门过的，狠狠地在市区招摇了一把。

虽然苦，但我也深深体会到这种锻炼还是有收获的。于是，在当时规定每家只能留一个孩子，弟弟妹妹还必须走一个的情况下，我动员舅舅和我一起去说服妈妈让弟弟下乡。男孩子比女孩子更需要锻炼，于是弟弟也成了下乡知青。

我下乡去的东孚公社山边村。我们住的那地方是村委会，村里拿知青资金紧挨着村委会办公楼盖了一座两层的知青宿舍，没让我们住到老百姓家中。我们就这样过起了知识青年的集体生活。

我们下乡那地方集中了很多厦门干部子女，可是大家都不比父母的头衔，而是比谁最能干。由于我父亲是比较早"解放"的干部，又担任了引水工程的总指挥，经常要在工程的线路上来回巡视，有时候他也顺便来看看我，给我带点炸好的猪油什么的。每到这时，知青们总是起哄嘲笑我，好像我在搞特殊化似的。

虽然农村的生活比较艰苦，但我们学会了苦中作乐，当时我们简陋小楼的二楼只盖了一半，我们白天劳动，晚上就在盖了一半的屋顶上乘凉。有的同学还弹着吉他，唱着歌，我当时也有一把六弦琴。晚上的娱乐让白天劳动的辛苦烟消云散，第二天又能继续精神抖擞地去干活。

我们组织了文艺队，我写了小话剧、诗朗诵、对口词、快板、小舞剧，还请人来教一些小舞蹈。我那时很积极地组建文艺队，每大在出去劳动之前，都叫文艺队的同学提早起床练腿功。文艺队白天劳动，晚上排练节目。我们的节目参加了公社的文艺会演，参加了郊区的文艺会演，还代表郊区到市里参加知青文艺会演。我写的小话剧和诗朗诵被选送到市里参加会演，在工人文化宫前面的广场上为市民演出。

（三）再次当民工

下乡以后，引水工程也修到了我下乡的那个村。按规定，引水工程经过的每个村庄都要派民工去参与工程建设。于是，我就成了知青中唯一一个被派到引水工地的民工。

这回我就不在父亲的直接管辖之下了，只是在分区段工作，用不着由他来安排我的工作。有几位干部在管着这些事，我很快被安排到广播室，当起了广播员。

从下乡知青到工地上民工中的广播员，我对这份工作可不敢怠慢，每天很认真地进行采访，播出自己采写的新闻。工程一天天进展着，工地上的民工们形成了一个强有力的集体，我感觉这个集体坚强如钢！

一个漫长的工程中故事无数，涌现出的人物也无数，当然也会有事故。有一次事故到现在我还记忆深刻。

那天，工地上来报出事故了。于是父亲立刻赶到出事地点，而我作为唯一的专职宣传工作者，也跟着去到了事故现场。事故发生在暗渠的涵洞。本来是用做好的半圆木头架子撑在挖好的涵洞里，然后在上面浇灌水泥，砌大石块。可是，在拆木头架子时，由于水泥质量不好，没有凝固住大石条，于是石条砸下来了，砸死了一个正在拆架子的民工。那场景惨不忍睹。

我已经忘了父亲是怎么处理这次事故的，一个历时几年的大工程，事故是难免的。我只知道，父亲经常半夜被叫起到工地处理事情。我在他身边，经常能看到他果断地处理各种突如其来的事情，这也是我比弟弟妹妹幸运的地方。

由于我被调到工地当民工，因此知青返城高潮就没有我的份了，在我那批上山下乡的知青中，我算是最晚返城的。我返城的时候，引水工程已经完成一半了。

工程结束的时候，九龙江北溪引水工程指挥部当然随之拆掉了，同时成立了厦门水利局，父亲自然是局领导之一。

当年给我印象最深的应该是工程中的中层干部陈金木，他跟我接触最多。他是一个淳朴的干部，勤勤恳恳，任劳任怨，工地上有一大批像他这样勤奋的干部。虽然不敢说参与引水工程的干部们和工人们是怎么样的英雄或者功臣，但为了解决厦门人民的用水难题，他们在工地上奋斗了好几年，住的是帐篷，吃的是难以下咽的糙米饭，风吹日晒，霜打雨淋。那份辛苦，那种艰苦，可不是现的人们所能体会得到的。他们的作风和精神影响了我，让我一辈子以勤奋为荣。

工程完工后，厦门人结束了缺水的日子，大家再不用去提水了，包括我们家。这个工程给厦门人民带来了福祉，解决了民生的大问题。

（四）走上工作岗位

转眼就到了返城的时候，有人问我想去哪里工作。我自己是很想去图书馆，可是图书馆没有名额了。他们准备让我去厦门一中当老师，可我不想去，因为"文革"中见到的老师的凄惨遭遇让我对这个职业充满了恐惧。我还是想进文化单位，于是就去了电影院。因为是新人，就得到最远的地方，于是我就"漂洋过海"，到鼓浪屿电影院工作。从1976年12月到1977年12月，虽然才在那里工作短短一年，可是我很开心，因为大家都对我很好。我的师傅，那个老售票员清珠姨手把手地教我怎么卖票怎么排座位怎么装票格子。那时候电影院刚开放，票房很火热，朝鲜的一部电影《卖花姑娘》赚取了中国观众无数的眼泪。上映的时候，每天买票的人从二楼的售票处排队到菜市场。当时还有二流子来捣乱，有个住在附近的老大爷（我们叫他胡须伯）就会出来保护我。因为票很抢手，一般很快就卖完了。所以我卖完票，还有很多空闲时间。我就去帮忙打扫场地，去学习怎么放电影，还去跟美工学画电影海报，画宣传画。影院有什么事情要通知观众，我就兼任了播音员。因为回家要过海，而且以前的渡船不是那么方便，于是大家都住在宿舍里，一个礼拜才回家一次。这是我第一个工作单位，我和同事相处得都非常好，那是很快乐的一年。

一年以后，我调到人民剧场工作，还在同一个系统，也卖票也做场务。电影院照样很火爆，每天一场接一场都没有间断的。好在人民剧场离中山路的外婆家很近，外婆就每天给我送饭。1979年，我结婚生孩子了。那时每天还是要上夜班，而我因为孩子太小无法上夜班，我母亲就把我调到针织厂去了，在那里不用加班了。

在针织厂，我当广播员、打字员，同时也负责给工厂出宣传黑板报。第一次接触打字机，我很快学会了，负责把工厂的文件打印成正式文件。我也经常到各个部门去走动、采访，很认真地为工厂的每一个部门写宣传稿，为自己的广播和宣传板报收集素材。我自己也设计广播节目，尽量让广播内容更丰富多彩。当年一篇《我在针织厂出板报》的文章和相关照片还刊登在《厦门日报》的副刊上。

在针织厂广播室

20 世纪八九十年代的十几年间，我的人生经历像幻灯片一样切换着。我帮人办过进出口公司；在政协办的社会发展研究会工作过；在外商投资信息交流协会当过会刊主编。我办过一个培训中心，专门辅导学生写作文，还组织了全市性的小学生作文竞赛，出版过小学生作文选；还办过一个企业管理服务中心，专门为会员单位提供企业管理方面的服务；也在广播电台当过客座主持，帮助做过经济类节目和生活类节目。我还担任过厦门市通俗文艺研究会、厦门市诗词学会、厦门市企业管理学会的副秘书长；在宏泰名典乐器琴行当过培训部主任；还参与筹建了中央音乐学院鼓浪屿钢琴学校，担任第一任办公室主任；后来还参与组建了厦门市文化创意产业协会，并在那里工作了将近十年。

进入 21 世纪，前七年在爱乐乐团工作，这张幻灯片先按下不表。

在针织厂出黑板报

四、漫漫求学路

我们这一代人，从中学时代起就没什么书读了。进入中学，连课本都没有，我们只能坐在地上，听老师讲怎么写大字报。因此，进入中学，我们接触最多的知识是文学。一直到高中，才有了课本，正式学起了语数英、理化生。

带着知识严重缺乏的遗憾，我们毕业了，紧接着又去下乡。1977 年，恢复高考了，可是那时候我在鼓浪屿电影院工作，完全不知道有这个好消息。一直到第二年，我调到人民剧场以后，才知道恢复高考的消息。

多少年的渴望就在眼前！人民剧场里几个年轻的工作人员都跃跃欲试，可是考上大学对我们这一代人来说太难了，因为在中学我们就没学到多少知识。当年的剧场经理死活不同意我去报考，单位不同意，开不出证明，我生生失去了那唯一的一次机会，因为到第二年我就超龄了。

20 世纪 80 年代初，改革开放的春风吹到了教学领域，成人教育的重新

鹭岛人家

开放令我们这些失去了上大学机会的人又可以重温校园梦了。尽管当时我们的工作已经很忙，又有了家庭和孩子，可是那遥远的求学梦，还是令我们渴望去实现。

好不容易盼到恢复成人高考，我赶紧去报了名，开始复习备考。我还记得我当时报的是文学专业。可是，中学几乎没学到什么东西的我，第一次接触到历史、地理的知识，硬啃都来不及，只好利用下班时间报名参加了补习班。但毕竟知识掌握得不牢固，第一次考试我就败下阵来。但是，也就是那次的补习，让我从此开始对历史感兴趣了。

我还是不死心，第二年继续报考。因为有了前一年的补习经验和学习资料，加上孩子小，我选择了自己复习。由于经常开夜车读书，白天还要工作做家务，结果我在临考前一天晕倒，一头栽进水盆里，满脑子的知识瞬间"清零"，又一次失去了机会。

屡战屡败还不死心的我终于感动了当时的单位领导，他主动给了我一个学经济的机会。于是，我再次奋战考场，这回复习的是经济类的课程。功夫不负苦心人，终于考试过关。我考上的是厦门大学企业管理专业，由国家经委和厦门大学合办，授课单位的全称是"经济管理刊授联合大学厦门大学分校"。我读的是企业管理专业，因为单位里需要这个专业的人才。

我住在厦大旁边，平时把厦大当成公园，常常在林荫道上散步，带着儿子在操场上跑步、到三家村买东西、到食堂买馒头包子饺子、到一条街逛街吃店食，对学校早已熟门熟路。可是，刚获得录取通知书的我第一次以学员身份走进厦大时，仍然感到无比自豪。多年后，一篇随笔文章《那年，我走进厦门大学》竟然获得特区建设三十周年征文比赛优秀奖。

其实已经成家又在上班的我们，坚持读书是很辛苦的。上午上课，下午上班，每天下班回家得先打理完家务，照顾好孩子入睡后，才能坐在灯下学习。那时基本上已是八九点了。有时候哄孩子睡觉，自己也睡着了，醒来再继续学习。上课我努力记课堂笔记，回家后再整理一遍。三十多岁的我，记性已经不如年轻人了，但还得死记硬背。读书就得强打精神，有时候困得不行，咖啡和茶已经不顶用了，就吃那种非常酸的绿葡萄，吃一颗可以提神一会。

三十多岁重返校园，仿佛重新回到了青春时代。班里的同学，各个年龄层都有。当时的招生条件就是在管理岗位上工作两年以上的人才能报考，这些身兼单位管理和家庭两重负担的人一旦走进校园，身心一下子就放松了。上课时大家认真听课做笔记，有不懂的下课问老师。尽管当时有些老师年龄跟我们差不多，刚毕业留校的林志扬、沈维涛两位老师年纪甚至比我还小，可是我们照样尊重他们，认真向他们请教。

当时我最喜欢的教室是映雪楼，位于现在的科艺中心大门正对面。教室有几节台阶，是个阶梯教室，两边窗户采光很好。这个教室离芙蓉湖最近，离操场也最近。整个校园郁郁葱葱，到处是红花绿树，我们下课就在周围优哉游哉地闲庭信步，特别是第二节课和第三节课之间，课间操有 20 分钟。不过有时候要中途换教室，于是大家一下课就抱着课本和笔记本赶紧跑。

我们读的课程有企业管理学、政治经济学、统计学、会计学等，还有高等数学，对于几乎没有中学基础的我来说，高等数学来是何等困难。可是，也只能硬啃，各个击破，一题一题地解，能学到多少算多少。到最后考试的时候，我竟然一次过关，还拿了八十多分。

后来，我又进入了厦门大学新闻系，读了一年半的新闻专业证书班，学到了一些新闻学的基本知识，为当时所从事的新闻工作打下了基础。

2011 年，厦门大学经济学院筹办 EDP 中心文创班，我作为厦门市文化创意产业协会的专职人员，被派去参加组建和招生工作，参与了厦门大学经济学院 EDP 中心第一个文化创意班的筹建、招生、办学与活动的全过程。

五、涉足新闻行业

20 世纪 80 年代末，我调到厦门《特区少儿文学报》工作，担任发行部主任，也经常写稿发稿。

我与《鹭风报》结缘，是在 1994 年下半年。我在这份具有四十年历史的侨报里工作了五年，承担这份报纸《日光岩副刊》的编辑工作。这五年，成了我生命中难以忘却的记忆。

这是一份有着几十年历史的侨报，发行量最高时达到 40 万份，大部分发往国外。当时《鹭风报》的主要任务是把家乡的建设告诉海外的侨胞，并通过《日光岩副刊》让海外游子和他们的第二代、第三代能了解家乡的历史和文化。

在此工作期间，我们与厦门市其他新闻媒体一样，参与了"9·8"投洽会、海峡两岸经贸交易会、第四届世界同安联谊会等重大活动的采访。每年的"9·8"投洽会，往往也是各企业扎堆开工、举行庆典的日子。我们得跑各个点，有时候一小时跑一个地方进行现场采访。投洽会期间，要尽量参加各地来厦举办的招商会。当时会展中心还没建好，招商会往往在不同的地方召开，记者就得一个点一个点地跑。现场采访、人物采访的报道，因为是刊登在周报，所以还可以晚上回家再写稿。如果是日报，那就更辛苦了，得当天就出稿。不过日报的人手会多一些，一人管一块，不像我们人手少，一个人几乎要包办全部的采访任务。

作为《鹭风报》的编辑兼记者，我报道了第一届厦门对台进出口商品交易会、四届"9·8"投洽会，采访了好多来参展的各省市代表团，采访了从市长到企业家、从著名电影演员到著名导演、从书法家到音乐家、从外省的官员到国外的官员等各种人物，给自己积累了不少人物写作的素材和经验，同时也给自己的职业生涯留下了许多有趣的花絮。

六、七年又一个月——我所亲历的爱乐乐团

（一）缘起

担任《鹭风报》副刊编辑时，有一天，报社负责人把一篇在其他杂志上发表的郑小瑛的采访文章《穿裙子的卡拉扬》放到我的版面上。从不刊登文摘稿的《日光岩副刊》破例全文刊登了这篇文章。不知怎的，虽不懂严肃音乐却喜欢欣赏的我，对音乐家总是非常崇拜。而郑小瑛到了厦门，为厦门人

创办了一个专业交响乐团，我是只知其名，不知其迹，总觉得郑小瑛离我很远。

1999 年初的一天，张飞舟老师"命令"我去采访郑小瑛，并带去他的问候。受宠若惊的我做好准备，带上实习生，乘船过海来到鼓浪屿，找到了郑小瑛老师的居室。乍一见面，她那热情奔放的气质，那精神焕发的光彩，立刻把我征服了。这哪像年逾七旬的老人啊？她身上充满着青春活力，倒令中年的我自愧不如了。采访中她接了一个电话，说话时那神情，那口气，足以和年轻人相比。

于是我心里与她的距离感拉近了，便和她聊了起来。听她说如何被厦门市领导建立一个高素质城市的计划所感动，接受邀请来到厦门创办爱乐乐团的经过；听她说自己为了让乐团以全新体制进行管理所付出的心血和代价；听她说自己放弃了在北京这个音乐文化中心的生活条件，来到空享"音乐之岛"名声的厦门，就为了让中国的交响乐事业又多一个新的阵地，就为了继"爱乐女"之后再培养出一个按新体制运作的出色乐团……

七十岁，对许多人来说，是安度晚年的时候了。可古稀之年的郑小瑛老师却觉得她还有干不完的事，对音乐的迷恋和为人们普及古典音乐的使命感，使她永葆青春活力。在她身边，总能感到一股升腾的朝气，让你不由自主地被感染，不由自主地跟着她一起年轻起来，于是我们成了忘年交。郑小瑛老师没名人的架子，而是亲切得像一位善良可爱的老人。她还时不时打电话邀请我去听音乐会，甚至出差在外也会打电话给我，说说乐团的事。我走近了她，也走近了从前没接触过的交响乐团，当她很认真地邀请我："小朱，过来帮我吧？"我已经无法拒绝了。

就这样，人物专访稿没写成，反而在这位传奇老人的感召下，我成了她的第一任办公室主任，主管人事和后勤保障工作，一干就是七年又一个月。

（二）我所认识的郑小瑛

国内著名女指挥家郑小瑛要到厦门创办一个交响乐团的消息，着实在音乐界引起了不小的轰动。各种各样的议论和问号没能阻止这位女指挥家的脚步，她执着地在厦门这方美丽的土地上开拓着同样美丽的事业。

从 1997 年 4 月受厦门市政府邀请第一次到厦考察，到 1998 年着手进行乐团的筹备工作，郑小瑛在临近 70 岁的时候接受了这个极富挑战性的任务。对喜欢挑重担的她来说，这是一件很有乐趣的事。可当她决意在这个远离祖国心脏的海岛小城开创一片交响乐天地的时候，癌症病魔侵袭了她。1997 年 11 月，她被诊断为直肠癌，必须立刻手术。可厦门乐团的筹备工作已经开始，前期的招生广告已经发出，而且出国演出的手续也已办完，怎么办？说出去的话不能言而无信，郑小瑛委托第一任副总监姜克到全国各地招生，她则躺在病床上看招生资料。为了预先安排的在厦门的招考计划，她求医生给她一个最短的休养计划。当医生说她放疗结束一个月后就可以出院工作时，她高兴极了，对所有担心她身体的人们说："我可以出去了，这是医生说的！"于是 1998 年 4 月，69 岁的她，出院仅一个月就直飞厦门参与招考工作。5 天招考工作结束后，她立即赶赴北欧之约，到爱沙尼亚指挥了一场歌剧《卡门》和两场中国交响音乐会，让同行的中国音乐家们感动得热泪盈眶。

爱乐乐团的成立经过了太多的曲折和困难，有些困难竟是郑小瑛始料不及的。乐团起步不久，民营企业家的赞助承诺就无法兑现，于是乐团陷入了没有资金、没有场地的困境。可是坚强的郑小瑛硬是挺着将乐团撑了下去。她这是为了什么呢？在常人眼里她早该享福了，何况她的名望已经够高了。她是名人，也是凡人，一个有血有肉，有热情有毅力的凡人。为了在有生之年再做贡献，为了塑造一个全新的交响乐团，她踏上了新的征程。

可是一个乐团的创建不知比指挥几场音乐会要难上多少倍。资金、人员、乐器；各方面的协调、演出证的办理、演出场地和曲目的选择；每天的日程、演出前的宣传、演出后的小结……方方面面的事都要她考虑、要她确定。为了乐团的生存，她付出了全部的精力，身在旅游胜地厦门几年了，却没时间去观光。她只是想选择更多的优秀曲目，把世界著名的交响乐经典介绍给厦门人民和厦门的客人，她只是想尽力与厦门音乐界、文化界人士沟通、交往，让爱乐乐团融入厦门的文化氛围中；她只是想让爱乐乐团的活动成为厦门文化生活中的一部分，为厦门成为名副其实的"东方音乐岛"添砖加瓦……

为了这些，她认真地安排音乐季的演出曲目，也放弃了许多在北京和其他城市的演出机会和国外的演出邀请。作为一个指挥家，郑小瑛把自己所有的时间都给了音乐。她认为，只有音乐才是她生命中的主要力量，为此她不知疲惫地排练、演出、开音乐讲座。厦门爱乐乐团的建设填满了她除了排练演出外的所有时间，她每天排练五个小时，此外要参加各种社会活动，要与董事会探讨乐团的建设，要接受各新闻单位记者们的采访。有许多关于乐团建设的稿子都是她自己动笔写的。她窗前的灯光，每天都要亮到半夜一两点。

如果说一部作品的成功取决于作者的智慧的话，那么一个交响乐团的成功应取决于一个指挥的能力和素质。作为首席指挥，郑小瑛为厦门爱乐乐团付出了心血，做出了极大的努力。乐团一开始就采取了严格的、富有远见的建团方案，天天严格按时进行五小时排练，任何人不得无故缺席。艺术总监负责制为郑小瑛创造一个有生命力的乐团提供了条件。乐团每位成员都是经过认真挑选、严格考核的，绝没有后门可走。进了乐团的门，就意味着必须敬业、高效率、高质量地工作，而且一切规章制度与排练演出表现、工资报酬挂钩，容不得半点含糊。

郑小瑛不仅对乐团全体成员要求严格，自己更是以身作则。她不以总监身份自居，也不因年迈而对自己稍有放松，每次排练她总是按时到场，认真训练，从不放过一个错音和一点点不和谐的节奏，始终满怀热情地领导大家表现音乐。她关心每位乐手的生活和思想，因为他们是她从全国各地精心挑选出来的优秀演奏者，她希望他们习惯并喜欢这里的生活。

郑小瑛不仅为爱乐乐团的演出质量付出了大量的心血，她更着力于培养更多懂行的欣赏者。她要在厦门培养起一批高雅音乐的听众，"让阳春白雪和者日众"是她的希望。为了提高人们的音乐欣赏水平和音乐素质，她不辞辛苦带着乐团到高校巡回演出，参加各种重大活动的演出，也经常到企事业单位做音乐讲座，用她自己对音乐的深刻理解去感染听众们。

厦门爱乐乐团的演出场面也是别具一格的。身为首席指挥的郑小瑛，在每场演出中都用她那抑扬顿挫的声音为听众讲解每个曲目，甚至每种乐器，这在传统的交响乐演出中是罕见的，因而被称为"郑小瑛模式"。交响乐的演出场所是不设扩音设备的，这就意味着郑小瑛每次讲解时都要提高自己的音量，才能让全体听众都听得清楚。她对每首乐曲的作者、使用的乐器和音乐意境都十分熟悉，她的讲解让听众增加了对音乐的了解，增进了对美的享受。例如在演奏著名童话音乐《别佳与狼》时，她认真地向听众介绍各种不同乐器代表的不同音乐形象，在全曲演奏前，让听众逐段地分清不同音乐形象的乐句，以便他们能更深入地感受音乐的魅力。她的努力获得了成功，每当"鼓浪屿周末交响"演出时，总有许多热情听众挤满渡轮上岛观演，人们在欣赏、感受音乐魅力时，也使自己的思想境界得到升华。

对一名指挥家来说，指挥就是他的艺术生命，指挥台是最能展示自己艺术才华的天地，许多人为此做了毕生的努力。郑小瑛在指挥台上的风采是中国人和中国女性的骄傲。为了让爱乐乐团后继有人，郑小瑛一开始就着力培养乐团内年轻的指挥家。她聘请了内蒙古才华出众、在全国青年指挥比赛中名列前茅的呼德来任驻团指挥。她还为青年学子提供实践的机会，在第一个音乐季结束前曾让中央音乐学院指挥系的学生陈冰登上了指挥台。她在介绍陈冰时对听众说："每个人都有他的第一次，这第一次也是迈向成功的第一步。希望大家能支持、接受陈冰的这个第一次。"即将毕业的陈冰非常感动地说："指挥台就是指挥家的阵地，可郑老师却将这个阵地让给了我，我为有这样的好老师感到幸运。"在返校前的最后一场演出中，陈冰特地买了一个大花篮在谢幕时送给了郑老师，引来了无数闪光灯不停地闪动，大家都为她们的师生情所感动，更为郑小瑛努力培育乐坛新苗的精神所折服。

郑小瑛在指挥上取得的造诣得到了全国音乐爱好者的尊重，她到厦门办了爱乐乐团之后，更是得到了厦门人民的爱戴和尊重，而这些也成为她积极不懈努力的动力。

每当乐团外出演出时，全团最累的就是郑小瑛了。每到一地，她几乎无法休息，总是马上安排乐团的走台、排练，观察演出场地的演出效果。在大家休息时，她还要接受记者们的采访，与当地的有关人员交谈，不厌其烦地会见那些慕名而来的老朋友或乐迷们。然后，她又跟大家一起，走上舞台、登上指挥台进行演出。

在厦门爱乐乐团工作的七年间，是我最刻骨铭心的七年。我跟厦门爱乐乐团一起经历初创的艰难，一起成长。我还用自己在新闻单位所学到的知识，为厦门爱乐乐团办了一张团报（总共出了十期），记录下了厦门爱乐乐团闪光的瞬间。

七、朱妈讲堂——六十岁之后的"创业"

2014年3月1日，为了身边创业的年轻人，我动员了自己身边的社会力量，创办了一个专门面向创业青年的公益讲堂——"朱妈讲堂"，这也成为我自己六十岁开始的"创业"项目。

看到身边创业的年轻人越来越多，也看到他们在缺乏经营管理知识的情况下贸然创业遇到了很多问题，于是我动员自己认识的教授、律师等给创业年轻人讲课，就他们创业中所遇到的难题和有可能遇到的问题，开设务实性的课程，帮助年轻人规避风险，增加行业和企业管理知识。讲堂也给新老厦门人安排了不少厦门相关的文史、文化、城市建设等方面的课题，邀请了厦门的文史学家、城市建设者等知名人士来给大家讲讲厦门历史文化的底蕴、厦门城市建设的发展、厦门精神的内涵等课程。这其中有老市长潘世建、国际奥委会委员吴经国、厦门大学教授潘维廉、残奥会冠军侯斌等各行各业的精英。

从2014年3月创办至今，"朱妈讲堂"坚持每月一堂课，从不间断，即使在疫情防控期间，也是采用上网课的形式开讲。将近9年，办了107场次，吸引了几千人次参与。

赤手空拳创办一个讲堂，没有资金，没有固定场地，全靠社会各界的支持。讲堂能坚持下来，不仅有导师的支持，也有场地提供单位的支持，还有学员们的支持。就是因为有了太多人的支持，所以我才能克服各种困难，将讲堂一个月一期从不间断地办下去。

60 岁开始办讲堂，也相当于 60 岁开始创业，虽然没有利润，但有了太多精神上的收获。太多人帮助了讲堂，讲堂也帮助了不少人。厦门的很多新闻单位主动来报道讲堂，如厦门电视台、厦门日报、厦门晚报、厦门网、海西晨报、海峡导报等。

八、结　语

本次讲述的初衷是想留下我的父亲——朱盈国的人生奋斗史。为此，我已经准备了很多年。可是到养老院向我已近百岁的亲爱的老母亲讲了这个想法的时候，她提出了很坚决的反对意见，理由是："我们这些人的工作，都是在党委组织领导下开展的，是集体智慧和奋斗下才有的成果，绝非个人的功绩。如果把这些记在个人的功劳簿上，既不符合当年实际情况，也绝不是我们的初衷。"

母亲的意见我是接受的，但我仍有一点私心：我有一位忠诚于党和人民、勤奋工作一生的父亲，作为他的女儿，记录他，不也是应当的吗？

遵从妈妈的意见，我转而诉说个人的人生经历，但仍表达了一个心声：我是在共产党员朱盈国同志教育下长大的孩子，无论我多大了，他的教诲我始终不忘。